Die CureVac-Story

Wolfgang Klein ist promovierter Naturwissenschaftler, Mitgründer und CEO des Augenmedikamente entwickelnden Unternehmens Katairo GmbH. Von 1999 bis 2001 hat er ein MBA-Studium in Krems absolviert, zusammen mit Ingmar Hoerr, dem Gründer von CureVac. Von 2002 bis 2010 war er Finanz- und Personalchef bei CureVac. Auch nach seiner aktiven Zeit hat er den Draht zu den führenden Personen im Unternehmen nie verloren und die mRNA-Entwicklung weiter aufmerksam verfolgt.

Wolfgang Klein

Die CureVac-Story

Vom Risiko, die Medizin zu revolutionieren

Campus Verlag
Frankfurt/New York

MIX
Papier aus verantwortungsvollen Quellen
FSC® C089473
www.fsc.org

ISBN 978-3-593-51490-1 Print
ISBN 978-3-593-44905-0 E-Book (PDF)
ISBN 978-3-593-44904-3 E-Book (EPUB)

Umschlaggestaltung: total italic, Thierry Wijnberg, Amsterdam/Berlin
Umschlagmotiv: © Shutterstock/Sergey Nivens
Redaktion: Jan W. Haas
Satz: Publikations Atelier, Dreieich
Gesetzt aus der Minion und der Barlow Semi Condensed
Druck und Bindung: Beltz Grafische Betriebe GmbH, Bad Langensalza
Printed in Germany

www.campus.de

Inhalt

Im Andenken an zwei Weggefährten bei CureVac,
Andreas und Thomas,
die viel zu früh von uns gegangen sind

Vorwort

Als ich 1999 bis 2001 mit Wolfgang Klein während unseres gemeinsamen MBA-Studiums die Schulbank drückte, hatte ich kurz zuvor meine Doktorarbeit abgeschlossen. Darin hatte ich Grundlagen von RNA-Impfstoffen erarbeitet und gezeigt, dass mit messenger-RNA (kurz mRNA) eine gerichtete Immunantwort erzeugt werden kann. Als wir uns kennenlernten, fing ich gerade an zu überlegen, ob man daraus nicht eine Technologie entwickeln und dafür ein Unternehmen gründen könnte.

Im Herbst 2020 rief mich Wolfgang an und erzählte mir, dass er an einem Buch über CureVac schreibe. Dazwischen lagen 20 aufregende Jahre. Sie führten von der Gründung des Unternehmens bis zum Börsengang mit Milliardenbewertung, von den ersten Arbeiten mit mRNA bis zur Entwicklung eines SARS-CoV-2-Impfstoffs. Wolfgang hat die erste Hälfte dieses Prozesses hautnah und in aktiver Rolle im Management bei CureVac miterlebt. Als Finanz- und Personalchef von 2002 bis 2010 wurde er unmittelbarer Zeuge der schwierigen Suche nach Geld in den ersten Jahren. Er war Mitgestalter der ersten Investments von Dietmar Hopp, bevor er sich aufmachte, weitere Unternehmen zu gründen, jeweils im Kontext von Medikamentenentwicklung und deren Finanzierung.

Zur Themenstellung des Buches kann ich Wolfgang nur beglückwünschen. Einerseits erzählt er anekdotenreich und unterhaltsam die spannende Entwicklungsgeschichte von CureVac und geht dabei auf wichtige Personen, Zusammenhänge und Details ein, die teilweise auch Kennern des Unternehmens noch neu sein dürften. Spielerisch und für interessierte Laien verständlich erklärt er aber auch die Funktionsweise von mRNA und zeigt anhand anschaulicher Beispiele auf, was die mRNA-Technologie ausmacht und was man in Zukunft von ihr erwarten darf.

Besondere Relevanz erhält das Buch aber dadurch, dass es den Zusammenhang von Finanzierung und transformativer Innovation behandelt. CureVac hatte ab 2005 das Glück, mit Dietmar Hopp einen geduldigen und potenten Investor an Bord zu wissen, der für eine langfristige und ausreichende finanzielle Ausstattung sorgte und so die Entwicklung der RNA-Technologie ermöglichte.

Völlig zutreffend zeigen die letzten Kapitel des Buches auf, dass dies in Deutschland keine Selbstverständlichkeit ist – und welche Gründe das hat. Besonders gelungen ist dabei das Bild des Einhorns. Es steht für Unternehmen mit Milliardenbewertung, deren transformative Innovation so tragfähig ist, dass sie für künftigen Wohlstand sorgen, wo immer sie »aus dem Ei schlüpfen« – leider bislang noch sehr selten in Deutschland. Wer also mitdiskutieren möchte, wenn es darum geht, wie wir Deutschland wieder zur »Apotheke der Welt« machen können oder warum es bei uns so wenige Einhörner gibt, für den ist dieses Buch ein »Must-read«!

Tübingen, im März 2021
Ingmar Hoerr

Abkürzungen und Fachbegriffe

… aus Biotechnologie und Medizin

Adenin	Kodierender Baustein in DNA und RNA
Adjuvans	Immunreaktion auslösender Hilfsstoff bei Impfstoffen
Aminosäure	Baustein eines Proteins
Basentriplets	mRNA-Sequenz aus drei kodierenden Bausteinen, auch Codon genannt
Cap-Struktur	Erkennungsstruktur einer mRNA an dem Ende, an dem die Ablesung beginnt
Codon	mRNA-Abschnitt aus drei kodierenden Bausteinen – auch Basentriplet
Covid-19	Coronavirus Disease 2019
CRISPR/Cas9	Clustered Regularly Interspaced Short Palindromic Repeats associated protein 9
Cytosin	Kodierender Baustein in DNA und RNA
DNA	Desoxyribonucleic Acid
Endozyotose	Aufnahme von Partikeln in die Zelle durch Umstülpung
EPO	Erythropoetin
Exocytose	Ausscheiden von Partikeln aus der Zelle
GM-CSF	Granulocyte Macrophage Colony-Stimulating Factor

Guanin	Kodierender Baustein in DNA und RNA
HIV	Human Immunodeficiency Virus
HPLC	High-Performance Liquid Cromatography; von CureVac verwendetes Verfahren zur mRNA-Aufreinigung
Integrase	Enzym zur Integration von DNA ins Genom
LNP	Lipid-Nanopartikel; aufnahmeverbessernde Verpackung für mRNA
mRNA	messenger Ribonucleic Acid
Open Reading Frame	Bereich einer mRNA, der für Proteinbausteine kodiert
Primer	Auslösemolekül für die Rückübersetzung von RNA in DNA und zur Integration von RNA in das zelluläre Genom
Protamin	Bestandteil des Fischspermas; wurde von CureVac zur Verbesserung der mRNA verwendet
Reverse	Transkriptase Enzym zur Überschreibung von RNA in DNA
Ribosomen	Proteinfabrik einer Zelle
RNA	Ribonucleic Acid
RNase	RNA-abbauendes Enzym
RPE65	Gen für das Retinoid-Isomerohydrolase-Protein, das im Sehzyklus eine wichtige Rolle spielt
RSV	Respiratorisches Synzytial-Virus
SARS-CoV-2	Severe Acute Respiratory Syndrome Coronavirus 2
siRNA	short interfering RNA
Startcodon	Stelle in der mRNA, an der die Translation beginnt
Stopcodon	Stelle in der mRNA, an der die Translation endet

Thymin	Kodierender Baustein der DNA
Transfektion	Aufnahme von mRNA in die Zelle
Transkription	Umschreiben eines Gens von DNA in RNA
Translation	Synthese von Proteinen in den Zellen lebender Organismen
tRNA	Transfer-RNA; transportiert Aminosäuren in die zelluläre Prtoeinfabrik
Uracil	Kodierender Baustein in RNA
UTR	Untranslated Region; Bereich eines mRNA-Strangs, in dem keine Proteinbausteine kodiert sind

... aus Wirtschaft und Gesellschaft

AnlV	Anlagenverordnung
BMGF	Bill and Melinda Gates Foundation
CEO	Chief Executive Officer
CEPI	Coalition for Epidemic Preparedness Innovations
CFO	Chief Financial Officer
CIR	crédit d'impôt recherche; französisches Steueranreizprogramm für Forschung und Entwicklung
Einhorn-Quote	Anzahl der Einhörner pro eine Million Einwohner
Family Office	Gesellschaft zur Verwaltung des privaten Großvermögens einer Eigentümerfamilie
FDA	Food and Drug Administration
GMP	Good Manufacturing Practices
IFRS	International Financial Reporting Standards
IPO	Initial Public Offering; Börsengang

KfW	Kreditanstalt für Wiederaufbau
MBA	Master of Business Administration
MIT	Massachusetts Institute of Technology
Nasdaq	National Association of Securities Dealers Automated Quotations; größte elektronische Börse der USA
Pre-money-Bewertung	Unternehmensbewertung vor einem Investment
R&DTI	Research & Development Tax Incentive
Risikokapital	außerbörsliches Beteiligungskapital für als riskant geltende Unternehmungen
SEC	Securities and Exchange Commission
SOP	Standard Operating Procedure
tbg	Technologie-Beteiligungsgesellschaft
TTO	Technologietransferorganisation
Unicorn	Einhorn
US	GAAP United States Generally Accepted Accounting Principles
VC	Venture Capital; Wagniskapital

Einleitung

CureVac – ein deutsches Einhorn

Ein Einhorn ist ein seltenes Wesen. Vielleicht kennen Sie es von Bildern, die kreative Menschen für den Einband von Fantasy-Geschichten oder Kinderbüchern gemalt haben. Es sieht aus wie ein edles Pferd. Stolz kommt es daher und strotzt nur so vor Kraft. Mit seinem gewundenen, langen und spitzen Horn erscheint es ganz schön wehrhaft. Meist sieht man es unter blauem Himmel auf saftigen grünen Wiesen grasen, und majestätisch überstrahlt es alles um sich herum mit herrlich glänzendem, von funkelndem Sternenstaub durchwirktem weißem Fell. Manche haben sogar Flügel und können fliegen.

Gibt es Einhörner wirklich? Wer weiß, vielleicht anderswo, sagen wir Kindern, wenn sie uns fragen. Aber der eine oder andere malt sich vermutlich doch aus, was für eine tolle Sache es wäre, wenn ein Einhorn auf seiner Wiese stünde.

Solche Gedanken haben US-amerikanische Investoren irgendwann dazu bewogen, den Begriff des »Unicorn«, also des Einhorns, als Bild für ein außerordentlich erfolgreiches Start-up-Unternehmen zu prägen. Eines, das schon bald nach der Gründung seine Bewertung auf über eine Milliarde US-Dollar gesteigert hat. Und dies womöglich, bevor das Unternehmen auch nur ein einziges Produkt am Markt verkauft hat. Denn Produkte von Einhörnern befinden sich nicht selten noch in der Entwicklung. Den Traum, dass sich ihr zuletzt finanziertes Unternehmen ebenfalls zu einem Einhorn entwickelt, hegen gewiss nicht nur US-amerikanische Risikoinvestoren.

Wer Einhörner aber ausschließlich als gierige Fantasie eines Investors abtut, als Inbegriff des American Dream, wer sie nur als Symbol von Turbokapitalismus wahrnimmt, der verkennt fahrlässig ihre Rolle als Treiber von Innovation, Wohlstand und – in deren Windschatten – sozialer Sicherung. Einhörner sind ein Gewinn für die Gesellschaft, in der sie aus dem Ei schlüpfen. Bewertungen von über einer Milliarde US-Dollar, bevor das erste Produkt verkauft wurde, lassen sich nur rechtfertigen, wenn die Investoren ein Produkt oder eine Dienstleistung (oder auch mehrere) erwarten, die sich mit besonders guter Marge an besonders viele Kunden verkaufen lassen. Dazu müssen diese Produkte oder Dienstleistungen wesentlich besser als alles schon Bestehende oder gänzlich neu sein. Solche Produkte tragen in besonderem Maße zu nachhaltiger Beschäftigung und einem höheren Steueraufkommen bei. Und wenn Einhörner sogar neue Technologien für ganze Produktklassen oder Industrien vorantreiben, dann begründen sie weit über ihr eigenes Unternehmen hinaus einen Wohlstandszuwachs für eine Gesellschaft.

Wie rar sind sie also, diese Vorzeigegründungen? 494 Einhörner zählte eine Statistik des Hurun Research Institute, des *Forbes Magazine* der Chinesen, im Jahr 2019. Ein Schelm, wer angesichts der Tatsache schmunzelt, dass die chinesische Erhebung China (206) auf Platz 1 sah, mit drei Einhörnern Vorsprung vor den zweitplatzierten USA (203). Indien, wer hätte es gedacht, lag auf Platz drei (21). Danach rangierten fast schon unter »ferner liefen« Großbritannien (13), Deutschland (7) und Israel (7), Letzteres trotz seiner gerade mal 9 Millionen Einwohner. Und unser Nachbar, die Schweiz – an Einwohnern kleiner als Baden-Württemberg –, schaffte es mit drei Exemplaren auf Rang elf.

Besonders interessant wird es, wenn man die Zahl der Einhörner an der Bevölkerungsgröße misst. Nennen wir die Kennzahl mal die »Einhorn-Quote« und definieren sie als Zahl der Einhörner pro eine Million Einwohner. Bei dieser Kenngröße schnitt Israel

(0,78) zehnmal besser als Deutschland (0,08) ab und schlug auch die USA (0,68), China (0,15) oder Indien (0,02). Die »Einhorn-Quote« der Schweiz wiederum lag mit 0,33 um das Vierfache höher als in Deutschland.

Noch extremer zeigt sich das Verhältnis beim Blick auf einzelne Regionen in den USA: So beherbergte der vier Millionen Einwohner zählende Großraum Boston mit acht Einhörnern und einer Quote von 2,0 mehr Exemplare der Gattung als ganz Deutschland. Und allein in der San Francisco Bay Area weideten bei einer Quote von knapp 8,0 sogar 55 dieser Wundergeschöpfe. Das sind fast achtmal so viele wie in ganz Deutschland oder hundertmal mehr Einhörner pro Einwohnermillion als bei uns.[1]

Warum sind diese Viecher so ungleich verteilt? Was lockt sie an, was vertreibt sie? Was führt die Mehrzahl in die USA und nach China? Wie kommen kleine Länder mit relativ wenigen Einwohnern und daher kleinen Märkten dennoch zu immens erfolgreichen Gründungen?

Gerade wir Deutschen als viertgrößte Wirtschaftsmacht der Erde müssen uns leider immer noch sehr die Augen reiben, wenn sich ein Einhorn die Ehre gibt, bei uns zu grasen. Doch es gibt sie. Sogar in einer von deutschem Investment derart vernachlässigten Branche wie der Biotechnologie. Allen Widrigkeiten zum Trotz.

Eine dieser Ausnahmeerscheinungen ist die Firma CureVac in Tübingen. Das um die Jahrtausendwende gegründete Unternehmen erfüllte von 2015, als die Bill und Melinda Gates Foundation in seine Entwicklung investierte, bis zum Börsengang 2020 die Kriterien eines Einhorns: eine Bewertung von über einer Milliarde US-Dollar, nicht an der Börse notiert und – kein notwendiges Kriterium, aber durchaus typisch – noch kein Produkt verkauft. Im Sommer 2020 ging CureVac mitten während der Covid-19-Pandemie in New York mit fulminantem Start an die Börse. Ein Treiber seines Unternehmenswerts war seine Impfstoffentwicklung gegen SARS-CoV-2. Der neuartige Impfstoff basierte auf einer von CureVac erfundenen messenger-RNA- (mRNA-)Technologie, die das Unternehmen nach der

Jahrtausendwende fast ein Jahrzehnt lang als Pionier für mRNA-Medikamente unter äußerst schwierigen Voraussetzungen mehr oder weniger allein auf weiter Flur vorangetrieben hatte.

Ein Einhorn ist immer – ganz besonders aber in Deutschland – Anlass, die spannende Unternehmensgeschichte Revue passieren zu lassen. Das gilt umso mehr, wenn das Einhorn, wie im Fall von CureVac, aufgrund eines aufsehenerregenden Investments der Bundesregierung im Sommer 2020 landesweite Bekanntheit erlangt hat. Grund genug also, über die Hintergründe der Geburt des Unternehmens, seine anfangs schwierige Finanzierungsgeschichte und seine ausgefuchste Technologie zu berichten. Was genau ist diese messenger-RNA? Was macht die CureVac-Technologie aus, die das Unternehmen mit der Bewertung eines kleinen DAX-Unternehmens an die New Yorker Börse gehen ließ? Wie funktioniert der gerade entwickelte SARS-CoV-2-Impfstoff? Warum bietet die Herstellung der mRNA einen so großen Vorteil im Vergleich zu anderen therapeutischen Molekülen? Für welche medizinischen Anwendungen ist mRNA wie geschaffen und für welche vielleicht nicht?

Ein Einhorn steht aber auch sinnbildlich für das Risiko, dem sein eigenes Gedeihen ausgesetzt ist. Einhörner können scheitern. Vielleicht erfüllt eine Technologie wichtige Anforderungen nicht, die an ihre Sicherheit, ihre Wirksamkeit oder auch nur an ihre Kosteneffizienz gestellt werden, um im Markt zu überleben. Dasselbe kann für die Produkte gelten, die auf Basis der betreffenden Technologie entwickelt werden. Wenn dieser Fall eintritt, dann scheitern zusammen mit dem Einhorn alle, die sich seinem Gedeihen gewidmet haben: Zunächst müssen sich Gründer und Mitarbeiter eine andere Beschäftigung suchen, und die einst rosigen Karriereaussichten im Technologieunternehmen lösen sich in Luft auf. Dann sind da die Investoren, seien es Business Angels oder Wagniskapitalunternehmen und ihre Finanziers, die in aller Regel ihre Investments komplett abschreiben können. Ihr Geld ist für alle Zeiten verloren. Schließlich leidet das Umfeld einschließlich der Banken und Vermieter, die ebenfalls oft in der Hoffnung auf dauerhafte, profitable

Geschäftsbeziehungen Risiken eingegangen sind. Es entstehen Leerstände beispielsweise bei spezialisierten Laboren, die vielleicht gar nicht so leicht weiterzuvermieten sind. Oder ausstehende Darlehen müssen abgeschrieben werden, wenn ein gescheitertes Start-up in die Insolvenz geht.

Das außergewöhnliche und faszinierende Beispiel von CureVac erlaubt es, gerade angesichts des eben beschriebenen Risikos den Finger auf den Puls des Innovationsstandorts Deutschland zu legen. Denn natürlich wollen wir in Zukunft möglichst viele CureVacs bei uns haben. Wie gut trägt der rechtliche und gesellschaftliche Rahmen in Deutschland dazu bei, dass Gründer, Investoren sowie das unterstützende Umfeld das mit Technologie-Start-ups verbundene Risiko übernehmen?

Die Umstände des besonderen Erfolgs von CureVac belegen, wie sehr dieses leuchtende Beispiel das Ergebnis der besonderen Hingabe und Risikobereitschaft aller Beteiligten war und wie wenig das Produkt einer cleveren Standortpolitik für Innovation. Daraus lässt sich ableiten, was wir ändern müssen, um den Standort Deutschland in eine saftige grüne Weide zu verwandeln, auf der Einhörner gut im Futter stehen und schnell fliegen lernen.

Wir werden erkennen, dass wir alle mit etwas mehr Risikobereitschaft zum Entstehen des nächsten Einhorns und damit vielleicht sogar ein wenig zur Rettung der Welt beitragen können. Denn es werden Unternehmen wie CureVac und Technologien wie seine messenger-RNA-Technologie sein, die an vorderster Front stehen, wenn es um die Lösung der bestehenden Probleme der Menschheit geht. So wie mRNA-Technologie zur Beherrschung der Coronapandemie beiträgt, so werden andere Technologien zur Bewältigung der wichtigen Herausforderungen der Menschheit beitragen. Saubere Energie, wirksame Medikamente und nachhaltige Ressourcennutzung sind wie vieles andere mehr in hohem Maße auf Hightech-Produkte angewiesen, die es heute noch nicht gibt. Immer dann, wenn ihre Entwicklung auf der Basis von Erfindungen in Start-ups erdacht und auf den Weg gebracht wird, wird dazu privates Kapital benötigt.

Es wird sich zeigen, dass wir in Deutschland gerade hinsichtlich der Finanzierung von Technologieentwicklung in Start-ups auf allen Ebenen schlecht aufgestellt sind. Von steuerlichen und regulatorischen Rahmenbedingungen über die vermeintliche Sicherheitskultur beispielsweise bei der Altersvorsorge bis hin zu einer regelrechten Kapitalmarktphobie tragen zahlreiche Faktoren dazu bei, dass die Produkte und Technologien, die wesentlich über die Zukunft unseres Planeten entscheiden, wahrscheinlich nicht in Deutschland entstehen werden. Um in unserem Bild zu bleiben: Einhörner werden nicht in Deutschland schlüpfen und die Welt wird nicht in Deutschland gerettet werden. Daran sollten wir dringend etwas ändern!

Meinen eigenen Zugang zum Thema verdanke ich meiner Bekanntschaft mit Ingmar Hoerr, dem Gründer und langjährigen Geschäftsführer, Vorstandsvorsitzenden und Aufsichtsratsvorsitzenden von CureVac. Wir lernten uns 1999 noch vor Gründung des Unternehmens im Rahmen unseres gemeinsamen MBA-Studiums kennen und schätzen. Von 2002 bis 2010 war ich Finanz- und Personalchef des als GmbH gegründeten Start-ups. In dieser Zeit durfte ich wichtige Entwicklungsschritte miterleben und mitgestalten. Und ich erfuhr am eigenen Leib, wie schwierig es ist, Finanzierung für ein Hightech-Start-up aufzutreiben. Währenddessen konnte ich den Kollegen bei der frühen Entwicklung der Technologie über die Schulter blicken und wurde Zeuge des Aufbaus der Produktion. Nach meinem Ausscheiden aus dem Unternehmen gründete ich (und leite bis heute) ein weiteres Medikamente entwickelndes Start-up, was meinen Einblick in das wirtschaftliche und regulatorische Umfeld vertieft hat. Außerdem verfolge ich mit großem Interesse den Fortgang CureVacs und seit etwa 2010 den rasanten Aufstieg der Konkurrenz.

Ich schreibe dieses Buch für alle, die mehr über CureVacs Geschichte und mRNA-Technologie wissen möchten. Gleichzeitig möchte es einen Beitrag zu der Diskussion leisten, wie transformativer Innovation – als einer Quelle künftigen Wohlstands und sozialer Sicherung in Deutschland – langfristig der Boden bereitet werden kann.

Kapitel 1

CureVacs Anfänge: Von der Doktorarbeit zur Unternehmensgründung

Jedes Start-up steht und fällt mit seinen Gründern. Menschen, die eine Idee für ein neues Produkt entwickeln. Typen, die, anstatt vielversprechende Karrieren einzuschlagen, für die es ihnen an Befähigung nicht fehlen würde, lieber lange Durststrecken in Kauf nehmen, um ihre Idee in die Tat umzusetzen. Charaktere, die auch angesichts des Risikos, komplett zu scheitern, nicht verzweifeln, sondern dies vielmehr als Ansporn empfinden. Nicht nur kreative Köpfe hinsichtlich ihrer Produktidee, sondern auch Pfadfinder für Wege, diesen Produkten zu kommerzieller Relevanz zu verhelfen.

Der Ideengeber und Antrieb hinter CureVac war Ingmar Hoerr. In der zweiten Hälfte der Neunzigerjahre forschte er im Rahmen seiner Dissertation, angeleitet von Professor Günther Jung, über die Möglichkeit, genetische Impfstoffe als Therapeutikum bei Krebs einzusetzen. Dabei verwendete Ingmar sowohl DNA – Desoxyribonukleinsäure, das Molekül, das unsere Erbsubstanz ausmacht – als auch mRNA, messenger-Ribonukleinsäure oder Boten-RNA, das Biomolekül, das in der Natur in kürzeren Abschnitten von DNA abgeschrieben wird. Messenger-RNA ist geringfügig anderes konstruiert als DNA, trägt aber nach der Abschrift die identische Information eines Abschnitts der DNA. Aus der mRNA werden dann in den Proteinfabriken der Zelle Proteine hergestellt – sie sind das Zielmolekül jeder Gentherapie, denn Proteine machen den lebenden Organismus aus, nicht DNA oder mRNA, die nur die Information für die Proteine enthalten.*

Ingmars Promotion fiel in die frühe Zeit der Gentherapie – wohlgemerkt: Gentherapie mit der Erbsubstanz DNA, dem Geschwistermolekül der mRNA.

Erste Erfolge der Gentherapie mit DNA im Tiermodell hatten zu einem sprunghaft steigenden Interesse geführt.In den Achzigerjahren führt PubMed, eine medizinische Literaturdatenbank, durchschnittlich 27 Publikationen pro Jahr zum Thema Gentherapie auf. Allein im Jahr 2000 waren es jährlich bereits über 1500. In manchen Augen reihten sich schon die Dollarzeichen auf wie Gewinnsymbole in einem einarmigen Banditen. Wenn man die Erbsubstanz DNA in Vehikel laden könnte, die sie in die Zellen transportieren, könnte man die Zellen auf diesem Weg jedes beliebige Protein selbst herstellen lassen. Genetische Defekte in Erbkrankheiten könnten ausgeglichen werden – so die Hoffnung.

Da starb 1999 plötzlich ein Patient in einem klinischen Versuch, der die Sicherheit der Behandlung belegen sollte. Jesse Gelsinger hatte eingewilligt, an einer offiziellen und genehmigten Studie teilzunehmen, in der Hoffnung, seine unheilbare Erbkrankheit zu besiegen. Am 13. September 1999 erhielt er im Krankenhaus der University of Pennsylvania eine adenovirale Formulierung von DNA für ein bei ihm fehlendes Gen. Vier Tage später, am 17. September, starb Gelsinger im Alter von 18 Jahren – vermutlich an einer überschießenden Immunreaktion gegen den adenoviralen Vektor, das Transportvehikel, welches das ihm fehlende Gen in die Zellen transportieren sollte.[1]

Es war genau die Zeit, in der Ingmar auf das gigantische Potenzial der mRNA aufmerksam wurde. Ingmars Motive, mit mRNA zu arbeiten, waren zunächst unabhängig von diesem Vorfall. Ganz be-

* Genauere Erläuterungen zu der von CureVac eingesetzten Technologie und zu den Fachbegriffen finden Sie in den Kapiteln 4–6. An dieser Stelle genügt uns ein kurzer Überblick.

stimmt hatte Jesse Gelsinger und der aus seinem Tod resultierende Rückschlag für die DNA-Technologie ihn aber darin bestärkt, die Entwicklung der mRNA als sicherere Alternative voranzutreiben.

Im Zeitraum zwischen 1996, als eine Publikation erschien, die den Auslöser zu den mRNA-bezogenen Aktivitäten in Tübingen bildete,[2] und 1999, als Ingmar seine Dissertation abschloss, war Folgendes geschehen: Die an Gentherapie forschende Welt und auch Ingmar und dessen Umfeld in Tübingen arbeiteten an Möglichkeiten, mithilfe geschickter Verpackungen die Aufnahme von DNA in Zellen zu verbessern, um damit Krebs-Immuntherapie zu betreiben. Der Impuls, auch verpackte mRNA auszuprobieren, stammte von Professor Hans-Georg Rammensee, dem Korreferenten von Ingmars Doktorarbeit. Ingmar erinnert sich:

> *»Hans-Georg hatte 1996 bei einem Kongress von den Ergebnissen erfahren, die Eli Gilboas Forschungsgruppe in den USA erzielt hatte. Sie hatten Immunzellen außerhalb des Körpers mit mRNA für ihre Aufgabe bei der Krebsbekämpfung ›programmiert‹.[3] Mit Immunzellen außerhalb des Körpers zu arbeiten war umständlich und aufwendig. Da schlug er mir vor, es doch auch mal mit direkter Injektion von verpackter mRNA in den Körper zu versuchen. Wer weiß, vielleicht konnte man ja auch so eine Reaktion des Körpers gegen Krebs auslösen.«*

Ein schwieriges Unterfangen. In einem Brief an einen möglichen Investor beschreibt Ingmar Jahre später seine anfängliche Frustration:

> *»Ich war nun schon über anderthalb Jahre an meiner Arbeit, ohne irgendeinen ›Durchbruch‹ erzielt zu haben. Mehr noch, ich wusste eigentlich gar nicht, wann ich nun endlich einmal relevante Daten für die Dissertationsschrift produzieren würde, nachdem ich einige Experimente in den Sand gesetzt hatte (…). So baute ich mir immer mehr Druck auf und ich beschloss, nun endlich ein ›besserer Wissenschaftler‹ zu wer-*

den. Als Erstes verlegte ich meinen Arbeitsplatz für RNA-Arbeiten in eine Dunkelkammer, von der ich wusste, dass sie einigermaßen frei von RNA-Abbauenzymen war. Eigentlich hätte ich es wissen müssen, schon in meiner Diplomarbeit wurde ich von meinen Mitstudenten gewarnt. Jeder versuchte, möglichst alle Arbeiten mit RNA zu umgehen.«[4]

Doch dann kam der Versuch, der alles veränderte und den Grundstein für die Entwicklung einer revolutionären Technologie legte. Ingmar hatte eine Reihe von unterschiedlich verpackten DNA- und mRNA-Konstrukten hergestellt, um ihre immunisierende Wirkung zu testen. Er erhoffte sich, dass etwas dabei war, das besser wirkte als das, was man bereits kannte. Wie jeder gute Wissenschaftler überlegte sich auch Ingmar Kontrollen, darunter Negativkontrollen, von denen er annahm, dass sie keinesfalls funktionieren konnten. Wenn diese doch zur Immunisierung führen würden, dann war etwas am Versuchsaufbau oder an der im Versuch getesteten Hypothese faul. Und eine dieser Negativkontrollen war in Ingmars Experiment eine nicht verpackte mRNA, also eine Abschrift der DNA mit derselben kodierten Information, aber viel zu labil, um so lange zu überleben, bis sie in der Zelle ein Protein bauen konnte. So dachte die Welt. Und so dachte auch Ingmar. Vielleicht, so hoffte er, würden ja die verpackten mRNAs irgendwie funktionieren.

Doch dann geschah das Unerwartete. Die nackte und unverpackte mRNA aus der Negativkontrolle baute das kodierte Protein und erbrachte die beste Immunreaktion.

»Ich nahm an, dass ich die verschiedenen Proben einfach vertauscht hatte, denn manchmal kann ich selber meine eigene Schrift auf den kleinen Reaktionsgefäßen nicht lesen«.[5]

Aber irgendeine verpackte mRNA oder DNA, so vermutete Ingmar, hatte offensichtlich sehr gut funktioniert. Also schnell den Versuch wiederholen und diesmal aufpassen, dass nichts vertauscht wird.

Das Ergebnis war aber wieder dasselbe. Diesmal war ausgeschlossen, dass Proben vertauscht worden waren. Die natürliche unverpackte mRNA aus der Negativkontrolle hatte tatsächlich das in ihr kodierte Protein in den Zellen entstehen lassen und zu einer ausgeprägten Immunreaktion geführt.

> *»Eine Sensation: RNA hat das Potenzial, als Impfstoff gegen Krebs und virale Infektionen eingesetzt werden zu können. Der besonders smarte Ansatz dabei ist, dass keine Liposomen oder sonstige komplizierte Agenzien zum Schutz der RNA gebraucht werden. Viele dieser Transfer-Vehikel zeigten in der Vergangenheit eine sehr toxische Wirkung in präklinischen Tiermodellen.*
>
> *Und damit war die Idee geboren, RNA als Krebsmedikament zu entwickeln, ja noch vielmehr, die etablierte unsichere DNA-Gentherapie durch RNA-Technologie zu ersetzen.«*[6]

Im Februar 2021 wurde Ingmar Hoerr für seine wissenschaftliche Arbeit an mRNA-Impfstoffen für den Nobelpreis nominiert.[7]

Es tut der Sache keinen Abbruch, dass Ingmar mit seiner Entdeckung nicht der Erste war, der die Anwendbarkeit von mRNA in Versuchen bestätigt hatte. Andere hatten schon früher aufregende Ergebnisse aus Experimenten mit mRNA in anderen Bereichen publiziert. Bereits in den Siebzigerjahren hatten Wissenschaftler mit nackter mRNA gearbeitet und die Zielproteine in Froscheiern bauen lassen.[8] Eine Gruppe in San Diego etablierte 1989 mRNA-basierte Proteinherstellung in Zellen unterschiedlicher Organismen, darunter auch humanen Zellen. Sie manipulierten die mRNA und konnten die produzierte Proteinmenge um den Faktor 1000 verbessern.[9] Anfang der Neunzigerjahre gelang das Gleiche dann auch schon in den Muskelzellen einer Maus in vivo.[10] Ein Neuropharmakologe erreichte 1992 eine Unterbrechung einer bestimmten Diabetesform im Rattenmodell durch die Injektion aufgereinigter mRNA in den Hypothalamus. Die mRNA kodierte für ein fehlendes Gen, das die Ausbildung der Krankheit verursachte.[11] Ein Franzose namens Martinon veröffentlichte mit seinen Kollegen 1993 einen Artikel über eine Immunisierung von Mäusen gegen Grippeviren mittels Injektion von in Liposomen verpackter mRNA.[12] Und wie bereits erwähnt, arbeitete ein Team um Eli Gilboa in Durham, North Carolina, Mitte der Neunzigerjahre an einem Ansatz, bestimmte Immunzellen außerhalb des Körpers mit Informationen über Krebszellen zu beladen. Sie arbeiteten zu diesem Zweck mit aus Tumoren gewonnener mRNA.

Die aus diesen Forschungsarbeiten resultierenden Veröffentlichungen stellten ein erstes Aufblitzen der Erkenntnis über die mögliche Nutzung von mRNA am insgesamt dunklen Nachthimmel der mRNA-Technologie dar. Diese Ansätze führten jedoch nicht zu einem nachhaltigen Durchbruch, teilweise waren sie nicht einmal von Aktivitäten im Umfeld der Veröffentlichung begleitet, die der Nachwelt erhalten blieben. Man glaubte offensichtlich nicht an das Potenzial von mRNA im Allgemeinen und schon gar nicht an ein Potenzial von direkt in den Körper verabreichter mRNA. Man misstraute den verwendeten Verpackungen. Oder man hatte Wichtigeres zu tun.

Anders als bei seinen Vorgängern hatten Ingmars Ergebnisse seine Gedanken in Schwung gebracht, und sie hörten nicht mehr auf zu kreisen. Sein visionärer Kopf machte nach dem ersten gelungenen Versuch mit messenger-RNA Überstunden. Er begann das Potenzial von mRNA zu erahnen. Wenn man ihre Stabilität und die Menge an Protein, die pro Menge mRNA hergestellt wird – die sogenannte Expressionshöhe – verbessern könnte, dann wären plötzlich ungeahnte medizinische Anwendungen denkbar.

Denn wie Softwarecode mit einer überschaubaren Anzahl von Befehlen jede App gestaltet, die wir benutzen, so kann mRNA mit gerade einmal vier Bausteinen jedes Protein auf diesem Planeten kodieren. Und Proteine sind die Bausteine des Lebens. Wer mRNA beherrschen könnte, der könnte die Zellen eines Organismus fehlende Proteine selbst herstellen lassen. Oder Proteine, die ein Organismus noch gar nicht kannte – zum Beispiel charakteristische Proteine von Viren und Bakterien, zusammen mit einem Alarmsignal, um tatsächliche Infektionen zu simulieren. Das konnte die Impftechnologie revolutionieren. Ein wahres Füllhorn an molekularbiologischen Möglichkeiten tat sich auf. Und Anwendungen für Märkte mit Multi-Milliarden-Euro-Potenzial.

Doch zunächst konnten Ingmars Kollegen nur über ihn staunen. Warum um Himmelswillen verwendete er mRNA? Mit DNA konnte man im Labor mühelos arbeiten. Sie war stabil und beherrschbar. Sie wurde von den Zellen der Labortiere zuverlässig aufgenommen und man konnte dann ihre Effekte mühelos studieren. Ergebnisse, die sich für Veröffentlichungen eigneten, waren quasi garantiert. Aber was mRNA anging, so war doch bekannt, dass sie im Laboralltag völlig unpraktikabel war. Überall vorhandene Abbauenzyme, im Fachjargon RNasen genannt, machten ihr den Garaus, lange bevor sie in der Zelle ankam, und erst recht, bevor dort das in ihr enkodierte Protein produziert werden konnte. So lautete die herrschende Meinung. Nur Spinner ließen sich auf die Arbeit mit dieser Diva von Molekül ein. Die allgemeine Erwartung war also, dass Ingmar sich mit seiner fixen Idee auf dem Holzweg befand.

Ingmar kam zugute, dass man bereits wusste, wie man den richtigen mRNA-Code für ein bekanntes Protein findet und wie man die so kodierende mRNA herstellt. Man glaubte eben nur nicht daran, dass die mRNA in lebenden Zellen ankommt, damit dort das kodierte Protein entstehen kann. Zumindest schienen medizinische Anwendungen undenkbar. Zu unkontrollierbar erschien das Molekül, zu gering war stets die Proteinausbeute. Messenger-RNA-Forschung war damals ein wenig beachtetes Feld fernab größerer wissenschaftlicher oder gar kommerzieller Relevanz.

Doch Ingmars Arbeit an seiner Dissertation legte den Grundstein für eine beispiellose deutsche Biotechnologie-Erfolgsgeschichte. Sie wurde zum ersten Dominostein in einer langen Reihe, die zu einer Revolution in der Medizin führte, deren Zeugen wir heute sind. Diese Geschichte ist untrennbar mit dem Kopf verbunden, der visionär genug denken konnte und sich von nichts und niemandem beirren ließ. Und der unbeleckt genug war, die vielen Hürden, die vor ihm lagen, nicht zu erkennen. In einem Artikel aus dem Jahr 2017 gestand Ingmar seine anfängliche Naivität ein und berichtete gleichzeitig von seiner Dankbarkeit dafür, denn hätte er gewusst, wie beschwerlich der Weg werden würde, hätte er vermutlich niemals den ersten Schritt getan.[13]

Für Ingmars Ansatz sprach, dass sich die Technologie gut mit Patenten schützen ließ. Wer herausgefunden hat, wie man mRNA für den therapeutischen Einsatz verbessert, der kann darauf Patente anmelden und damit anderen so lange verbieten, dieselbe Technologie kommerziell einzusetzen, bis das Patent abgelaufen ist.

Vieles, was die DNA-Therapie versprach, konnte mit mRNA wesentlich eleganter erreicht werden. Messenger-RNA war vergänglich! Was wie eine Schwäche klingt, ist für den Einsatz als Arzneimittel eine entscheidende Stärke: Sie konnte nicht wie etwa ein künstlicher DNA-Strang unkontrolliert in die körpereigene DNA eingebaut werden. Sollte zu viel Protein hergestellt werden, würde man die Dosis wieder reduzieren können, indem weitere mRNA-Gaben einfach abgesetzt würden. Der natürliche Wirkort von mRNA war genau dort, wo sie mit der Aufnahme in die Zelle hingelangte: im Zellplasma, wo sie für die zelleigenen Proteinfabriken von Natur aus benötigt wird. Der natürliche Wirkort der DNA dagegen ist der Zellkern, dort, wo sich auch die körpereigene DNA befindet, wohin aber mit einer Injektion verabreichte DNA nicht ohne Weiteres gelangte.

Und was bislang als Nachteil gesehen worden war, nämlich dass die mRNA so instabil ist, konnte sich plötzlich in einen Vorteil verwandeln: Denn von mRNA erwartete niemand, dass ihre Bausteine im Körper Schaden anrichten könnten. Schnell würde mRNA von den RNasen in ihre Tausende natürlichen Bausteine Adenin, Cytosin, Guanin und Uracil abgebaut werden, um dann zu neuen natürlichen mRNA-Strängen mit Tausenden Bausteinen, abgekürzt als A, C, G und U, zusammengebaut zu werden – so wie das uralte Abläufe in jeder lebenden Zelle vorsehen, seit der Zeit, als Leben auf unserer Erde entstand. Ganz natürlich. Rückstandsfrei.

Messenger-RNA. Die Vision war geboren. Und die Begeisterung dafür ließ sich übertragen: auf junge Wissenschaftler in Ingmars Umfeld, die sich auf die Arbeit mit mRNA einließen. Wie sehr manche von der Idee eingenommen waren, wird anhand einer Anekdote deutlich. Man erzählt sich, ein CureVac-Wissenschaftler habe zu Werbezwecken für einen Kongress ein lebensgroßes Plakat mit zwei nackten Menschen, einer Frau und einem Mann, als dunkle Silhouette im Gegenlicht erstellt. Die Aufschrift lautete in etwa»CureVac – Naked RNA«. Damit sollte wohl versinnbildlicht werden, dass nackte RNA an der Entstehung allen Lebens beteiligt ist. Und welch urwüchsige Kraft in dem Ansatz steckt, nackte RNA zu verwenden. Man munkelt, der Wissenschaftler habe für das Plakat selbst Modell gestanden.

Die Mitstreiter gingen zunächst im Rahmen ihrer Diplom- oder Doktorarbeiten Fragestellungen nach, die das Wissen über mRNA-Anwendungen mehren sollten. Antworten auf brennende Fragen wurden gefunden, neue Fragen tauchten auf. Das Leben spielte sich in der Universität ab. Keiner der Beteiligten dachte ernsthaft über eine Firmengründung nach.

Die Gründung von CureVac

Bis auf Ingmar. Er hatte das rasante Wachstum von Gründungen zu Beginn der »New Economy« miterlebt. Und er begriff, dass die Gründung eines Unternehmens die Voraussetzung für eine breitere Nutzung seiner Ideen sein würde. Gleichwohl empfand er, dass er sich das nötige Rüstzeug erst noch besorgen aneignen musste. So beschloss er, ein MBA-Programm (Master of Business Administration) zu buchen, ein wirtschaftliches Aufbaustudium für Akademiker.

Solche Programme waren 1999 neu in Deutschland. Erst vor Kurzem war das Hochschulrahmengesetz geändert worden, welches das Auflegen von Wirtschaftsaufbaustudiengängen und die Verleihung von Masterabschlüssen nun erlaubte. Namhafte Schulen, die solche Studiengänge anboten, wie INSEAD in Frankreich, Bocconi in Mailand, die London School of Economics oder auch die illustren US-amerikanischen Vorbilder wie zum Beispiel die Harvard Business School, gab es hierzulande freilich nicht.

Aber auf den unbestellten Boden fielen schnell Samen und Studiengänge schossen wie Pilze aus dem Boden – die meisten ungeprüft und unbewertet, was die Auswahl erschwerte. Eines dieser Programme wurde von der Steinbeis-Organisation in Stuttgart in Kooperation mit der bereits etablierten Hochschule Krems in Österreich aufgelegt. Als berufsbegleitendes Studium erlaubte es die gleichzeitige Wahrnehmung einer weitgehend regulären Beschäftigung. Einige der Kollegen waren als Assistenten der Geschäftsführung tätig, andere als Juristen, Berater oder in irgendeiner anderen Funktion. Studiert wurde im monatlichen Turnus donnerstags bis samstags sowie in acht einwöchigen Präsenzmodulen, verteilt über zwei Jahre. Arbeitgeber und Studenten sollten gleichermaßen Geld und Zeit investieren und davon profitieren.

Bei diesem berufsbegleitenden MBA-Studium lernte ich Ingmar kennen. Zusammen mit einem bunten Haufen aus Juristen und BWLern, gemischt mit Absolventen etlicher anderer Fachrichtungen, machten wir uns auf, per Crashkurs die Geheimnisse des Unternehmertums zu erlernen. Unter der Woche versuchten wir, uns in unseren Unternehmen zu behaupten. Alle vier Wochen drückten wir von Donnerstag bis Samstag die Schulbank und widmeten uns dem besseren Verständnis dessen, was wir im Unternehmen erlebten.

Wir tauschten uns über die Tätigkeiten der Kommilitonen aus und genossen die so unterschiedlichen Blickwinkel, die auf den zahlreichen vertretenen Fachrichtungen und den unterschiedlichen Stärken der Teilnehmer fußten. Wir ertrugen miteinander die besondere Anstrengung der berufsbegleitenden Ausbildung. Wir schimpften zusammen über Dozenten, die uns nicht gefielen, und fachsimpelten über die Studieninhalte, die uns umtrieben.

Und wir gingen segeln. Ingmar besaß den Segelschein und hatte schon einmal mit Freunden eine Yacht gechartert. Diesmal forderte er den ganzen Kurs auf, eine Woche mitzusegeln. Er charterte einen Seelenverkäufer, der groß genug für zwölf Leute war. Er taufte den Kessel »die dicke Berta«, weil das Boot groß und schwerfällig war, und ab ging es auf die Ostsee. Wir anderen hatten von Tuten und Blasen keine Ahnung. Aber gerüstet mit geballter MBA-Team-Methodik wurden in Crashkursen Knoten, Segelbegriffe und was sonst noch so nötig war vermittelt. Manöver wurden erst am Vorabend der Abreise in der Kajüte vorbesprochen – und morgens auf hoher See erprobt. Und siehe da: Alle packten an, und irgendwie klappte es immer besser.

Abbildung 1: Ingmar Hoerr beim Segeln mit MBA-Kommilitonen

Quelle: privat

Ingmar ging mehrfach mit Mitstreitern segeln. Dabei blieb nicht aus, dass man sich besser kennenlernte. Beim Hafenbierchen genauso wie dann, wenn es bei kritischen Manövern hektisch wurde. Es offenbarte sich im Nu, wer von selbst mit anpackte und wer sich bedienen ließ, wer sich in den Dienst des Teams stellte und wer das nicht hinbekam. Nicht umsonst wird Segeln oft als Sinnbild für Unternehmertum herangezogen und gilt als aufschlussreicher Test für Teams.

Im Verlauf der beiden MBA-Jahre entstand bei einigen Kommilitonen allmählich die Lust, etwas auf die Beine zu stellen. Eine geeignete Geschäftsidee wurde gesucht. Abenteuerlust waberte durch den Kurs. Aber der Einzige, der eine wirklich große Idee hatte und tatsächlich gründete, war Ingmar.

Zunächst wurde CureVac im Jahr 2000 als Gesellschaft bürgerlichen Rechts (GbR) gegründet. Der Name CureVac – »Cure« für heilen und »Vaccination« für Impfung – stand für nicht weniger als eine heilende Impfung. Die Vision dahinter beinhaltete, mit therapeutischen Impfstoffen Immunreaktionen insbesondere in Krebspatienten hervorzurufen, die damit ihre Tumoren loswerden sollten. Ganz sanft, ohne Chemotherapie oder Bestrahlung. Mit kaum stärkeren Nebenwirkungen als bei einer Grippeimpfung.

Ingmar selbst wurde CEO – Chief Executive Officer. Für den Chef eines modernen Start-ups war es Pflicht, einen anglophonen Titel zu tragen. Man orientierte sich ohnehin international, und wer wusste schon jenseits des Rheins, was ein Geschäftsführer war.

Bei der Auswahl seiner Mitgründer verfolgte Ingmar die Strategie, nach Charakteren zu suchen, die ihn ergänzten. Aufrichtigkeit sich selbst und anderen gegenüber war Ingmar stets wichtig. Und so übersah er auch nicht, dass zu seinem Profil neben enormen Stärken auch Schwächen gehörten. Die galt es mithilfe geeigneter Partner auszugleichen.

Einen kongenialen Mitstreiter hatte Ingmar Jahre zuvor in Florian von der Mülbe kennengelernt. Florian und Ingmar hatten im gleichen Labor und unter Anleitung desselben Doktorvaters, Professor Günther Jung, an ihrer Dissertation gearbeitet. Aber auch außerhalb der Arbeit hatten die beiden sich angefreundet. Florian erinnert sich: »Noch bevor die Idee mit der mRNA aufkam, waren Ingmar und ich mit Studienfreunden aus ganz unterschiedlichen Disziplinen zusammen segeln gegangen.«

Schon dieser Segeltörn hatte auf der bisweilen rauen Ostsee stattgefunden. Damit die Reise der bunten Truppe nach Bornholm den studentischen Geldbeutel nicht allzu sehr strapazierte, habe man einen Antrag auf Sponsoring bei Banken und Industrieunternehmen eingereicht. Ein interdisziplinäres Forscherteam mit Teilnehmern aus Biologie, Biochemie, Medizin, Jura und Rhetorik sollte gefördert werden. Der Antrag habe einen detaillierten Plan zu täglichem Segeln auf der Ostsee und abendlichen Impulsreferaten aus den verschiedenen Disziplinen enthalten. Tatsächlich sei die Reise von einer lokalen Bank gesponsert worden. Und Florian beteuert: »Ja sicher, die Impulsreferate sind tatsächlich gehalten worden. Nach einem ganzen Tag auf See war das ganz schön anstrengend.«

Florian brachte Eigenschaften mit, die in Ingmars eigenem Wesen weniger ausgeprägt waren. Wo Florian Dinge konsequent und strukturiert ausarbeitete, war Ingmar selbst viel ungeduldiger und auf rasche Fortschritte aus. Florian wurde COO – chief operating officer. Er kümmerte sich insbesondere um die Herstellung von mRNA.

Man kann getrost sagen, dass Florian der ausgeglichenere, weniger aufbrausende Charakter von beiden ist und Ingmar der emotionalere und unruhigere. Und so überrascht es, dass Ingmar sich an eine Begebenheit erinnert, bei der Florian aus der Haut fuhr und die Ingmar zurückblickend als Initialzündung für seine vollständige Hingabe an den Aufbau des Unternehmens betrachtet. Gemeinsam waren die beiden nach Hannover zur Biotechnika-Messe gefahren, um RNA-Produkte zu präsentieren. Das Ergebnis muss niederschmetternd gewesen sein. Niemand hatte sich für die RNA-Angebote erwärmen können. Beide hatten sich einfach nur die Füße in den Bauch gestanden; der ganze Aufwand – Plakate, Flyer, Anfahrt, Gebühren und so weiter – waren ein einziger Schuss in den Ofen gewesen. Beim Abbau des Messestands fing es auch noch an zu regnen. Entsprechend nörgelte, haderte und zweifelte Ingmar unentwegt beim Einladen der Gerätschaften auf dem Parkplatz. Und dies muss bei Florian einen Wutausbruch heraufbeschworen haben, der darin mündete, Ingmar die Leviten zu lesen: »Entweder wir machen das richtig oder gar nicht. Wenn wir es richtig machen, dann kommen wir mit einem Fehlschlag wie heute klar. Und wenn wir es gar nicht machen, dann sag es mir bitte gleich.«

Ich selbst habe Florian so nie erlebt. Und ich kann mir lebhaft vorstellen, welchen Eindruck dieser Ausbruch auf Ingmar gemacht haben muss. Florian ist bis heute dabei und inzwischen Vorstand für den Bereich Herstellung.

In Steve Pascolo sah Ingmar einen besseren und kreativeren Wissenschaftler als in sich selbst. Steve war im Mai 1998 zu Professor Hans-Georg Rammensee, dem Zweitgutachter von Ingmars Dissertation, nach Tübingen gekommen, um die Eignung unterschiedlicher Impfstoffe für die Krebstherapie zu vergleichen. Dabei hörte Steve über einen Kollegen von Ingmars Arbeit an einem mRNA-Impfstoff. Steve erinnert sich: »Ingmar war zurückhaltend und wollte erst nicht gerne über seine Arbeit reden. Aber wir unterhielten uns auf dem Korridor und ich erinnere mich an ein gemeinsam angeschautes Fußballspiel während der WM 1998.«

Irgendwann nahm Steve mRNA in seinen Vergleich auf und sie funktionierte auf Anhieb gut. Und als Ingmar ihn dann fragte, ob er mit ihm zusammen eine Firma gründen wollte, sagte er sofort zu:

> *»Die Vorstellung, ein Unternehmen auf den Weg zu bringen, machte mir große Freude und Ingmar war ein aufrichtiger und umgänglicher Kerl. Ich liebte den Enthusiasmus im Team. Außerdem ergänzten wir uns. Ingmar galoppierte mit seinen Ideen immer weit voraus, was gut war, weil er damit die Dinge antrieb und eine Richtung vorgab. Ich selbst wollte immer sorgfältig Schritt für Schritt vorgehen, was auch gut war, weil so langsam ein solides Fundament entstand.«*

So wurde Steve CSO, chief scientific officer. Und er arbeitete mit großer Leidenschaft an der Entwicklung von Impfstoffen gegen Krebs, die zu dieser Zeit im Fokus standen. In einem Interview mit der *Neuen Zürcher Zeitung* (NZZ) erzählt er, dass er das schon als dreizehnjähriger Junge wollte. Und ob CureVacs injizierte mRNA in menschlichem Hautgewebe das gewünschte Protein herstellt, war ihm einen Selbstversuch wert, bei dem er Hautproben aus seiner Wade stanzte. Die so entstandenen Narben seien noch heute sichtbar. Im Zusammenhang mit der ersten Finanzierung durch die Familie Hopp, über die in Kapitel 2 berichtet wird, schied er aus dem Unternehmen aus und ging nach Zürich, zurück in ein akademisches Umfeld.

> *»Mir war in der Zeit vor dem Investment schon klar geworden, dass ich nicht der Richtige für die administrative Seite des Unternehmertums war. Die Arbeit im Büro, die Anleitung von Mitarbeitern, Einstellungen von neuen Mitarbeitern, Verwaltung, Planung, umfangreiche Meetings, das langweilte mich und die Arbeit machte mir immer weniger Spaß. Ich liebe das Labor und war am Ende kaum noch drin. Es war für mich die absolut richtige Entscheidung, CureVac zu verlassen. Außerdem sah ich CureVac mit dem Investment von Dietmar Hopp auf einem gesicherten Weg. Wäre das nicht der Fall gewesen, wäre ich noch geblieben.«* [14]

Die Journalistin der NZZ, die ihn im Sommer 2020 traf, fasst es so zusammen:

> *»… der Wissenschaftler wirkt wie jemand, der sich selbst und seine Bedürfnisse gut kennt. Der Ruhm und das Geld, die ihm eine Karriere bei CureVac vielleicht eingebracht hätten, scheinen ihm egal zu sein. Denn damit sei auch Verantwortung verbunden. Man müsse Kontakte pflegen, Financiers überzeugen, ›ein Politiker sein‹. Er selbst aber sieht sich als Inno-*

vator – er wird auf 26 Patenten genannt –, und er fühle sich wohl in der Rolle des Forschers.«[15]

Darüber hinaus war in der Gründungsriege zunächst Ingmars Doktorvater, Professor Günther Jung, vertreten. Etwas später kam Ingmars Zweitkorrektor, Professor Hans-Georg Rammensee, hinzu. Beide gelten als führende Experten in ihren Disziplinen: Günther als organischer Chemiker und Vorreiter in Sachen Synthese und Analytik auf dem Gebiet der Immunologie, Hans-Georg im Bereich der Immunologie und Krebsforschung. Gemeinsame Aktivitäten der beiden Forscher mündeten in wichtigen Erkenntnissen über das Immunsystem – und in vielen Publikationen, darunter einer Reihe von Veröffentlichungen in der renommierten Fachzeitschrift *Nature*. Insbesondere in der Anfangszeit, als das Unternehmen noch an der Universität logierte und Einrichtungen der Universität nutzte, nahmen die beiden Professoren eine wichtige Bindegliedfunktion ein und konnten Anliegen des in der Universität eher als Konkurrenz denn als Bereicherung wahrgenommenen Unternehmensgastes mit ihrem Gewicht unterstützen. Insbesondere Günther Jung hatte bereits Erfahrungen in der Ausgründung von Unternehmungen gesammelt und stellte auch Kontakte zu früheren Doktoranden her, die in die Wirtschaft gegangen und in Disziplinen tätig waren, die für CureVac eine wichtige Rolle spielten – etwa dem Aufbau einer pharmazeutischen Herstellungsanlage. Außerdem war und ist der freundschaftliche und wissenschaftliche Rat der beiden Professoren den im Unternehmen tätigen Gründern wichtig und willkommen. Hans-Georg ist bis heute Mitglied des Wissenschaftlichen Beirats.

Günther erinnert sich, dass seine Doktoranden Ingmar und Florian mit dem Plan, ein Unternehmen zu gründen, auf ihn zukamen.

»Was Ingmar in seiner Doktorarbeit gezeigt hat, war bahnbrechend und eine sehr gute Grundlage für eine immunologische Ausgründung. Zugetraut habe ich den beiden viel. Mir war aber schon auch klar, dass eine riesige Aufgabe vor den jungen

Wissenschaftlern lag. Es gehört Vision und Ausdauer dazu, mit Ergebnissen der Dissertation eine Ausgründung zu wagen. Umso mehr, wenn es um eine revolutionäre Technologie in der Medizin geht. Besonders wichtig war es, zuerst eine Patentierung der mRNA-Technologie auf den Weg zu bringen.«

Zunächst waren die drei operativen Hirten Ingmar, Florian und Steve ein Team ohne Herde. Denn Angestellte konnte sich das Unternehmen nicht leisten. Es gab noch keine Finanzierung, Produkte verkaufte man keine, die Unternehmenskasse war leer und entsprechend konnten die drei sich nicht einmal selbst ein Gehalt aus der Firmenkasse zahlen.

Vor diesem Hintergrund kann man nur den Hut davor ziehen, dass im Gegensatz zu den meisten MBA-Kommilitonen in unserem Programm, deren Ausbildung vom kooperierenden Unternehmen finanziert wurde, Ingmar seine Teilnahme aus eigener Tasche bezahlte.

Nachdem wir das MBA-Programm mit dem Abschluss im Jahr 2001 schon eine Weile hinter uns gelassen hatten, fragte mich Ingmar im Herbst 2002 eines Tages, ob ich nicht als Kompagnon in sein soeben als GmbH gegründetes Start-up eintreten wolle – als Finanz- und Personalchef. Ich hatte gerade die Folgen des Abschwungs nach dem Platzen der Dotcom-Blase als Berater in einer Stuttgarter Management- und Organisationsberatung erlebt und war auf der Suche nach einer neuen Aufgabe. Dennoch erschien mir Ingmars Idee im ersten Moment weit hergeholt. Ohne Gehalt mit auf Finanzsuche zu gehen – wer wusste schon, ob es überhaupt klappen würde. Außerdem fand ich nicht, dass meine Erfahrungen perfekt zum Jobprofil passten. Ich war daher erst einmal skeptisch. Aber Ingmar meinte: »Komm doch mal nach Tübingen und hör dir alles an. Wenn es nichts wird, dann haben wir uns wenigstens wieder einmal gesehen.«

Dagegen war nicht viel zu sagen. Das »Vorstellungsgespräch« in Tübingen fand mit Currywurst und Fritten von »X« in der Kornhausstraße sowie Wulle-Bier in spätsommerlichem Idyll auf den

Stufen des Tübinger Marktbrunnens statt. Den »Fit« zur Stellenbeschreibung sah Ingmar ganz anders als ich: »Ich brauch keinen, der Finanzmathematik auf dem Hochseil tanzt. Ich brauch einen, der Plus und Minus draufhat. Und jemanden, der Strukturen in unseren Laden bringt.«

An Plus und Minus konnte ich mich grob erinnern und auch zu Strukturen würde ich etwas beitragen können. Und ich dachte mir, dass ich dann wenigstens Ingmar nicht enttäuschen würde. Letztendlich musste ich mir eingestehen, dass ich trotz aufmerksamer Suche keine wirklich attraktive Geschäftsidee gefunden hatte. Das Gründen war aber spätestens während des MBA mein Herzenswunsch geworden. Ich war zu dem Zeitpunkt ungebunden, schuldenfrei und bereit für ein Abenteuer. Und so dachte ich mir: Wann, wenn nicht jetzt. Ich schlug also ein und half bis 2010 mit, den Dampfer in Fahrt zu bringen oder vielmehr das Boot – gut, anfangs war es ein improvisiertes Floß, das ständig zu sinken drohte.

Kapitel 2

Die schwierige Suche nach Geld für Forschung und Entwicklung

Aus Schneebällen ein Feuer entfachen: Vor dem ersten Investment

Die Gründung von CureVac erfolgte ein oder zwei Jahre zu spät. 1999 und 2000 waren Börsengänge mit astronomischen Bewertungen, die auf nicht viel mehr als einer guten Idee beruhten, noch durchaus möglich. Manche Biotech-Firmen sammelten 50 oder 100 Millionen Euro und mehr am Kapitalmarkt ein, um ihre Produktentwicklungen zu finanzieren.

Dann folgte der Einbruch. Einstigen Biotech-Stars des Neuen Marktes wie Medigene, LION Bioscience, Morphosys, Evotech oder auch QIAGEN wurde plötzlich das zuvor vermutete Wachstumspotenzial nicht mehr zugetraut. Der Aktienkurs von Medigene beispielsweise sank binnen zweier Jahre von seinem Höchstwert im Jahr 2000 bei über 480 Euro auf rund 10 Euro oder nur noch etwa 2 Prozent des Wertes, den das Unternehmen zu Hochzeiten der Blase im Herbst 2000 erreicht hatte.

Die Kurse der anderen Biotechnologieaktien am Neuen Markt entwickelten sich ähnlich. Dabei hatten fast alle der im Boom an die Börse gegangenen Unternehmen genügend Kapital eingesammelt, um sich den schon begonnenen oder auch neuen Produktentwicklungen zu widmen. Manche fingen nach Fehlschlägen fast wieder bei null an. Die eingebrochenen Bewertungen indes hatten für die

Bilanzen der Investoren und deren Bereitschaft, Geld in die Hand zu nehmen, katastrophale Folgen. Insbesondere die Medikamente entwickelnde Biotechnologie mit den hohen ihr innewohnenden Entwicklungsrisiken und den viele Jahre oder gar Jahrzehnte dauernden Entwicklungszyklen verschwand erst einmal aus dem Beuteschema der Risikokapitalgesellschaften. Lieber leckten diese ihre Wunden und pflegten ihre angeschlagenen Investments, anstatt sich neue potenzielle Problemfälle ans Bein zu binden. Privatinvestoren wandten sich von der Biotechnologie ab.

Entsprechend schwierig gestaltete sich die Suche nach dem dringend benötigten Kapital für CureVacs Geschäftsplan, der damals genau zur »Don't-Liste« der aus dem Platzen der Blase gelernten Lektionen passte: Schnell zu vermarktende Produkte waren gesucht, nicht mehr Technologien mit langer Entwicklungszeit. Medikamentenentwicklung wurde trotz enormer Gewinnpotenziale als zu langwierig und zu risikobehaftet angesehen. Dem unerfahrenen Management von CureVac wurde nicht zugetraut, sich zu behaupten. Kurz gesagt, die vor wenigen Jahren noch sprudelnden Kapitalquellen waren versiegt und gute Alternativen nicht in Sicht. Guter Rat war teuer.

Was hier in einem kurzen Absatz zum Thema Kapitalsuche zusammengefasst wird, ist tatsächlich eine uferlose Anstrengung gewesen: Geschäftspläne schreiben. Daraus Zusammenfassungen generieren – etwa »Elevator Pitches« für die sprichwörtliche Fahrt im Aufzug mit einer vielbeschäftigten Person, die über Vermögen verfügt. Oder »Executive Summaries«, die ähnlich kurz auf ein paar Seiten alle Informationen für Entscheider aufführen. Im Hintergrund natürlich immer den aktuellen ausführlichen »Business Plan«. Dann die Kontaktaufnahme mit Banken, Risikokapitalunternehmen, Business Angels, sprich: mit jedem, der vermeintlich Geld hatte und geneigt sein könnte, es in das Unternehmen zu investieren. Wurde man dann mal zum Besuch eingeladen, war man schon einen großen Schritt weiter. Unter Vereinbarung von Vertraulichkeit wurden dann PowerPoint-Präsentationen vorgetragen, die einen tieferen

Einblick in die Technologie, die Patentsituation, Entwicklungsdaten und dergleichen boten. Gleichwohl entstand der Eindruck, dass nicht alle Einladungen aus wirklichem Interesse an einem Investment ausgesprochen worden waren. Informationen über die Technologie oder die Einschätzung des Bedrohungspotenzials für bereits getätigte Investments und ähnliche weniger lautere Absichten mögen durchaus eine große Rolle gespielt haben.

Und gefeit vor Herablassung war man schon gar nicht. Bei einem dieser Besuche, der bei einem renommierten Münchner Risikokapitalunternehmen stattfand, stand der einladende Partner mitten in der Präsentation auf, verschwand grußlos und ward nicht mehr gesehen. Ob er nun unter Magenverstimmungen litt, sein Desinteresse erkannt hatte oder beides, ob gar das eine das andere verursacht hatte, darüber konnte man nur mutmaßen.

Florians schlimmste Erinnerung an verschwendete Zeit für eine Präsentation bei Wagniskapitalvertretern spielte sich ebenfalls in München ab. Nach der Vorstellung des Geschäftsplans wurde er gefragt: »Warum sollte ich bei Ihnen in Medikamentenentwicklung investieren, wenn es hier diese Handy-Klingeltöne gibt?«

Das brachte Florian gehörig auf die Palme: »Wir waren ausgezogen, um die Welt zu retten, und dann kam der mit Handy-Klingeltönen als vorzugswürdigem Investment daher.«

Und tatsächlich hätte der smarte Investor diesen Gedanken vielleicht schon vor der Anreise des CureVac-Teams wälzen können. Der Hintergrund ist freilich, dass ein Investment in Klingeltöne sich wesentlich schneller amortisieren kann als ein frühes Engagement in Wirkstoffe, die Heilung von Krebs versprechen. Was dort schon binnen Monaten Rendite verheißt, kann hier nach vielen Jahren noch scheitern. Andererseits werden Anbieter für Handy-Klingeltöne es schwer haben, eine mit angehenden Pharmaunternehmen vergleichbare wirtschaftliche Bedeutung auf die Waage zu bringen. Wünschen wir dem Herrn, dass er mit seinen Klingeltönen glücklich wurde.

Zurückblickend fasst Ingmar die erfolglosen Anstrengungen mit einem gewissen Sarkasmus zusammen: »Wir können eigentlich froh sein, dass diese Anstrengungen nicht gefruchtet haben, denn wären sie erfolgreich gewesen, wären wir nie zu Investments von Familie Hopp oder der Gates-Stiftung gekommen, die uns nachhaltig zum Erfolg getragen haben.«

Tatsächlich ist fraglich, ob herkömmliche Risikokapitalunternehmen, bei denen CureVac damals um Finanzierung nachsuchte, die nötige Geduld und die Kapitalkraft aufgebracht hätten, zumal in Deutschland.

Wenn man Ingmar Hoerr und Florian von der Mülbe heute fragt, welche Gründerunterstützung ihnen wirklich geholfen habe, dann verweisen beide sofort auf das Gründerprogramm »Junge Innovatoren« des Landes Baden-Württemberg. Es sicherte ihnen für zwei Jahre 50 Prozent des Gehalts eines Nachwuchswissenschaftlers an der Universität und die kostenfreie Nutzung der Universitätsinfrastruktur für die Belange ihres Unternehmens. Ein voll ausgestattetes Labor nutzen zu können und grundgesichert wie ein Doktorand an der Entwicklung des frisch gegründeten Unternehmens arbeiten zu können, war für die beiden ein Segen und für das Gedeihen der Firma existenziell. Das im Förderprogramm zugesagte Labor musste zwar in der Realität erst noch erkämpft werden, aber dann konnte es losgehen.

Ingmars Einschätzung zufolge war diese Förderung nicht weniger als die Initialzündung der Entwicklung von CureVac: »Ohne diese Förderung hätte es CureVac nicht gegeben.«

In diesem Labor der »Jungen Innovatoren« fanden sich in der Folge weitere Kräfte, die an ihrer Diplomarbeit – sprich ohne Bezahlung – oder während ihrer Doktorarbeit an mRNA-Fragestellungen arbeiteten, zu einem Team zusammen. Schließlich wurden Gelder aus einem EU-Förderprogramm eingeworben, welches CureVac sogar ermöglichte, zwei technische Angestellte zu rekrutieren, die allen versammelten Wissenschaftlern unter die Arme griffen. Beide wurden langjährige wertvolle Mitarbeiter von CureVac, einer ist bis heute in verantwortungsvoller Position im Unternehmen tätig.

Der Abstellraum neben dem Labor wurde zur Chefetage der »Jungen Innovatoren«. Regale bis unter die Decke platzten aus allen Nähten und der Platz reichte kaum für zwei Stühle und zwei Tische.

Abbildung 2: Ingmar Hoerr im »Abstellraum-Büro« der Räumlichkeiten in der Universität Tübingen, 2002

Quelle: privat

Als Konferenzraum diente eine Sitzgruppe aus den Siebzigerjahren vor dem Lift des Tübinger Chemiehochhauses auf dem Stockwerk, in dem sich das Labor befand. Dass Besprechungen von auf den Lift wartenden Unbeteiligten mitgehört wurden, gehörte zum Alltag und störte weder die, die sich gerade besprachen, noch die, die auf den Lift warteten.

Der eine oder andere, der nach dem Platzen der Dotcom-Blase arbeitslos geworden war, unternahm ein ausgedehntes Praktikum bei CureVac in der Hoffnung, dass eine Finanzierung ihm später ein Auskommen und den Start einer Karriere ermöglichen würde.

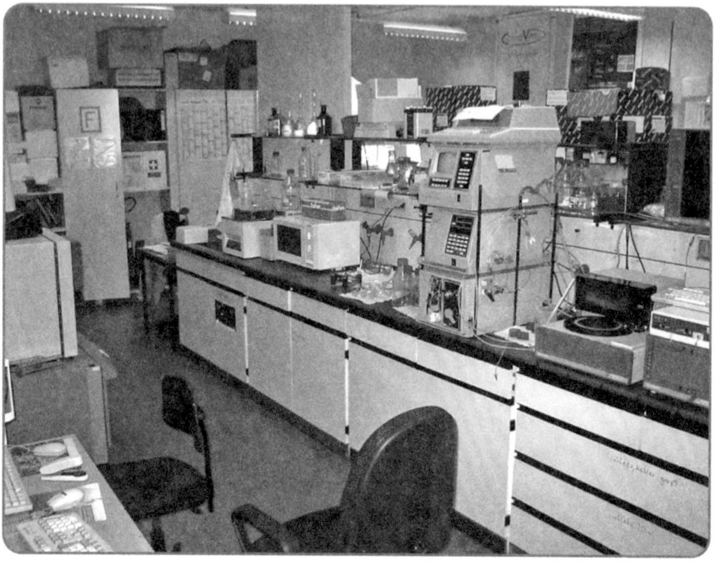

Abbildung 3: Labor der »Jungen Innovatoren« im Chemiehochhaus »Auf der Morgenstelle« in Tübingen

Quelle: privat

Bis zum Frühjahr 2002 firmierte CureVac noch als GbR. Ein Grund mag gewesen sein, dass die Gründer schlicht und einfach zögerten, das zur Gründung einer GmbH erforderliche Stammkapital von 25 000 Euro aufzubringen. Die Aussichten auf Beteiligungskapital standen angesichts der Katerstimmung im Land ohnehin schlecht. Gleichzeitig schrie die immer wichtiger werdende Beschaffung von Beteiligungskapital aber immer dringlicher nach der Gründung einer Kapitalgesellschaft, in Deutschland eben einer Gesellschaft mit beschränkter Haftung, einer GmbH. Sie war nicht nur Grundvoraussetzung für Kapitalbeteiligungen, sondern auch unverzichtbar für die zuverlässige Übertragung von Patenten in die Gesellschaft sowie für eine solide Außenwahrnehmung. Das Aufbringen des Stammkapitals stellte für die Gründer eine Herausforderung dar. In leere Taschen kann man schlecht hineingreifen, um Geld herauszuholen. Aber wo ein Wille ist, ist auch ein

Weg: Am 11. März 2002 wurde die CureVac GmbH ins Handelsregister eingetragen.

Nach nunmehr fast zwei Jahren, einem Zeitraum, der manchem Dotcom-Gründer spielend ausgereicht hatte, um Porschefahrer zu werden und dann sein Unternehmen mit viel PS an die Wand zu fahren, hatten die CureVac-Jungs mit ihrer Firma gerade einmal knapp überlebt.

Und dann führte eine Episode mit einem Business Angel doch noch beinahe zum Konkurs. Business Angels sind Menschen mit etwas Geld und möglichst viel Erfahrung mit dem Gegenstand des Unternehmens. Aufgrund ihrer selbst wahrgenommenen Kompetenz wagen sie es, früh und zu günstigen Konditionen in Unternehmen zu investieren, in der Hoffnung, vom identifizierten Wachstumspotenzial zu profitieren. Typischerweise steuern sie mit Rat, Tat und Kontakten maßgeblich zur positiven Entwicklung des Start-ups bei. So ließ sich auch CureVacs Kooperation mit einem schottischen Unternehmensberater an, der über das Internet gefunden worden war. Nach ersten Gesprächen überwies er als vertrauensbildende Maßnahme einen fünfstelligen Betrag. Es wurde ein Anteil vereinbart, den er bei der nächsten Kapitalerhöhung erhalten sollte. Auf dem Weg zu jener Kapitalerhöhung sprach der Schotte dann einen Satz aus, der für die Gründer zum geflügelten Wort wurde:

> *»I need a little more.«*

Auf gut Deutsch wollte er mehr Anteile am Unternehmen bekommen. Als sich herausstellte, dass das kein Witz war und »a little« ein sehr britisches Understatement, war es für die Gründer an der Zeit, Charakter zu beweisen, und zwar in einem Moment, als dies besonders schwerfiel. Denn als die Anteilseigner dem Wunsch des Geschäftsengels nicht stattgaben, lautete sein nächster Satz:

> *»I want my money back.«*

Anstatt die Allianz mit dem Unternehmer einzugehen, bekam dieser sein Geld also zurück. Und der bereits ausgegebene Teil wurde woher auch immer zusammengekratzt. Ingmar persönlich nahm zu diesem Zweck einen Kredit auf.[1]

Die Suche nach Finanzmitteln war bis auf Fördermittel in eher untergeordnetem Umfang erfolglos geblieben. Zwar hatte ihr Businessplan Achtungserfolge bei Wettbewerben erzielt. Ein fünfter Platz beim internationalen »Genius«-Wettbewerb noch zu Hochzeiten der Dotcom-Blase war mehr als respektabel. Im Südwest-Ländle landete man bei »Business Chance 2000« gar ganz oben auf dem Siegertreppchen. Ein Förderprogramm unterstützte die universitäre Forschung zu mRNA-Fragestellungen und das Programm »Junge Innovatoren« hielt zwei der drei Gründer über Wasser. Ein Business Angel konnte zu einem Engagement bewegt werden, auch wenn sich seine Beinahebeteiligung als existenzielle Bedrohung für das Unternehmen erwiesen hatte. Doch der wichtigste Schritt, Risikokapitalgeber zum Investment zu motivieren, war noch nicht gemeistert worden. Bisweilen kam man sich vor wie in einer Endlosschleife von Fehlschlägen.

Dass sich auch das private Umfeld der Gründer seine Gedanken machte, gestand mir Ingmar Hoerrs Frau kürzlich, als wir zusammen zurückblickten.

> *»Als ich Ingmar kennenlernte, war er 33 Jahre alt. Ich war verliebt und alles, es war eine tolle Zeit. Was er mit CureVac auf die Beine zu stellen versuchte, fand ich bewundernswert. Aber ich fragte mich schon auch, wann er etwas Richtiges anfangen würde.«*

Zu viel zum Sterben, zu wenig, um zu leben: Das erste Investment

Im Frühjahr 2003 konnte endlich das erste Investment unter Dach und Fach gebracht werden. Ein junges und kleines Risikokapitalunternehmen ließ sich für CureVacs Technologie begeistern: Leonardo Venture aus Mannheim. Dabei geriet der Weg zur Unterschrift zur Achterbahnfahrt für die Gemütslage der Gründer. Eigentlich war vereinbart worden, dass eine Hamburger Wagniskapitalgesellschaft als Biotech-erfahrener Investor den Löwenanteil des Investments übernehmen sollte. Leonardo war lediglich für ein Co-Investment vorgesehen. Am Tag der geplanten Unterschrift unter den Beteiligungsvertrag überlegten es sich die Hamburger dann anders und zogen sich zurück. Der bereitgestellte Sekt blieb im Kühlschrank. CureVac stand erneut kurz vor dem Aus. Im wirklich allerletzten Moment konnte Leonardo wenige Wochen später dazu bewegt werden, das Investment allein zu übernehmen. Chapeau.

Denn Leonardo hatte im Grunde mit Biotechnologie nichts am Hut. Die große Idee fand aber Anklang und dasselbe galt für den Geschäftsplan, der baldige Produktverkäufe in Aussicht stellte – nämlich aus einem Service-Geschäft, bei dem es darum ging, RNA-Moleküle im Auftrag von Forschungslaboren herzustellen. Zudem scheute man sich nicht, antizyklisch zu handeln, also zu investieren, wenn es sonst kaum jemand tat. Als später das erste Investment von Dietmar Hopp zustande kam, setzte sich dessen Family Office dievini mit Leonardo an einen Tisch und gemeinsam wurden die Interessen sortiert. Am Ende stieg Leonardo bei CureVac aus und Dietmar Hopp bei CureVac sowie bei Leonardo ein.[2]

Bestandteil der Finanzierungsrunde mit Leonardo war außerdem ein Mezzanine-Darlehen der Technologie Beteiligungsgesellschaft (tbg), eines Finanzierungsarms der Kreditanstalt für Wiederaufbau (KfW). Auch dieses wurde später mit Geld von dievini abgelöst.

Die Beurkundung der Kapitalerhöhung fand bei dem vom Investor ausgesuchten Notar statt, einem Herrn mit dem schönen Vornamen Ludwig. Weil es auf dem Weg zur Kanzlei an einem Sexshop vorbeiging, hing ihm CureVac-intern schnell der Spitzname »Rotlicht-Ludwig« an. Der Notar stellte sich als Original und als Persönlichkeit heraus, deren Autorität und Neutralität über jeden Zweifel erhaben war. Jedenfalls erwies sich unsere Erwartung, dass hier nur der anwaltlich vorbereitete Text verlesen werden sollte, schnell als falsch. Mit Strickjacke und in Hausschuhen thronte Ludwig am Tischende und beschäftigte beim Verlesen und Redigieren der zu beurkundenden Verträge zwei Sekretärinnen. Die eine brachte vollgesprochene Diktierbänder ins benachbarte Schreibzimmer und kam mit abgearbeiteten Bändern und neugefassten Seiten zurück, die nach kurzem Verlesen der Änderung in den Stapel der bereits verlesenen Seiten einsortiert wurden. Die andere tippte die auf die Bänder gesprochenen Änderungen in den bestehenden Text ein. Ludwig las, redigierte und sortierte in rasendem Tempo. Weder die Gründer noch der Geschäftsführer von Leonardo Venture konnten schnell genug mitlesen oder aus rechtlicher Warte die Änderungen nachvollziehen. Am Ende wurde Rotlicht-Ludwigs Vertrag unterzeichnet und beurkundet. Und das CureVac-Team ging mit dem unbestimmten, aber guten Gefühl nach Hause, dass das eine oder andere unbotmäßige Investoreninteresse im Vertrag geglättet worden war.

Drei weitere Risikoinvestoren ungewöhnlicher Prägung müssen hier ebenfalls Erwähnung finden: die Städte Tübingen und Reutlingen sowie die Kreissparkasse Tübingen.

Die beiden Städte investierten während der Amtszeit der Oberbürgermeisterinnen Brigitte Russ-Scherer (SPD) und Barbara Bosch (parteilos) mit dem Bau des Technologieparks über die gemeinsame Technologieförderungs GmbH zwar indirekt, aber in sehr relevantem Umfang unter anderem in CureVac. Beim Bau des Technologieparks wurden die Wünsche der Gründer berücksichtigt und finanziert – insbesondere der Einbau eines GMP-Labors für die pharmazeutische Herstellung von mRNA im Wert von mehreren Hunderttausend Euro.

Abbildung 4: Florian von der Mülbe, Steve Pascolo und Ingmar Hoerr am 17. Februar 2003. Die notarielle Beurkundung des Beteiligungsvertrags mit Leonardo Venture wurde in einer Pizzeria gebührend gefeiert.

Quelle: privat

GMP steht dabei für »good manufacturing practices«, zu Deutsch: gute Herstellungspraxis. Die Einhaltung dieses Standards ist die Voraussetzung für die Durchführung später präklinischer und klinischer Versuche. Teil des Standards ist unter anderem die Verwendung von kostenintensiven Reinraumlaboren.

Dieses Investment wurde über die monatliche Miete zurückbezahlt und rentierte sich für den Vermieter erst nach einigen Jahren. Zum Zeitpunkt des Baus war es unklar, ob CureVac so lange überleben würde. Hätte das Unternehmen eine Bruchlandung hingelegt, wäre das meiste Geld, das in den Bau des GMP-Labors geflossen war, mit hoher Wahrscheinlichkeit verloren gewesen. Und hätten die Städte das GMP-Labor nicht vorfinanziert, hätte CureVac die immens wichtige Herstellung nicht aufbauen können und wäre sehr viel langsamer vorangekommen – wenn überhaupt.

Die Kreissparkasse Tübingen begleitete als kommunale Hausbank das Investment mit einem Kredit für Gerätschaften und Instrumente in ähnlicher Höhe wie das Investment der Leonardo oder der tbg. Für dieses Darlehen galt dasselbe wie für den Einbau des GMP-Labors: Es war offen, ob es je zurückgezahlt werden würde.

Insgesamt flossen gut eine Million Euro Bares in die Unternehmenskasse. Zu diesem Zeitpunkt war das Geld überlebensnotwendig. Und eine Million klingt ja erst einmal nach einer Stange Geld.

Wer sich nie mit Biotechnologie und Medikamentenentwicklung beschäftigt hat und die Möglichkeiten der mRNA-Technologie nicht kennt, mag nur schwer ermessen, welche Demütigung diese mühsam zusammengekratzten Moneten im Grunde bedeuteten. Zur Illustration kann ein erster Blick auf die zehn Jahre später gegründete Moderna Inc., die US-Konkurrenz aus Cambridge, Massachusetts, dienen. Die Harvard-Ausgründung betreibt das gleiche Geschäft wie CureVac – Medikamentenentwicklung auf der Basis von messenger-RNA. Ende 2010 gegründet, brachte die Firma nach zwei Jahren 40 Millionen US-Dollar an Wagniskapital auf die Waage. Zu diesem Zeitpunkt war sie Jahre davon entfernt, ihre mRNA-Kandidaten im Menschen zu testen. Schon vier Monate später schloss sie eine Kooperation mit dem Pharmaunternehmen AstraZeneca ab, die das Unternehmen mit einer Vorauszahlung von 240 Millionen US-Dollar überspülte – für Rechte an Dutzenden von mRNA-Medikamenten, die noch gar nicht existierten.[3] Bis Ende des Jahrzehnts sammelte Moderna insgesamt 3,2 Milliarden US-Dollar Bares ein, unter anderem aus dem größten Biotech-Börsengang aller Zeiten im Dezember 2018.

Wer dachte, der Hunger nach Geld müsste nun erst einmal ein Ende haben, der täuschte sich. Kurz nach einer durch die Coronapandemie nach oben getriebenen Bewertung an der Börse nahm das Unternehmen im Frühjahr 2020 weitere 1,5 Milliarden US-Dollar an Kapital an der Börse auf und erhielt 483 Millionen US-Dollar an Staatshilfen für die Beschleunigung der Entwicklung eines Corona-Impfstoffs. Sein Börsenwert lag beim Börsengang 2018 genauso wie

Ende 2019 bei etwa 7 Milliarden US-Dollar und stieg während der Coronapandemie, nach einer alle Geschwindigkeitsrekorde brechenden erfolgreichen Impfstoffentwicklung, im Dezember 2020 auf über 60 Milliarden US-Dollar an. Das hätte in puncto Marktkapitalisierung zu diesem Zeitpunkt Platz sieben im DAX bedeutet, noch vor Daimler oder der BASF, ein höherer Wert als die kleinsten fünf DAX-Unternehmen zusammengenommen.

Von solchen Summen war CureVac gegen Ende 2020 bei einer Marktkapitalisierung von zeitweise über 20 Milliarden US-Dollar auch nicht mehr Größenordnungen weit entfernt, aber 2003, also 17 Jahre früher, operierte man bildlich gesprochen bei Wasser und kaum Brot. Dennoch war das Team nicht undankbar für das zu dieser anderen Zeit und in anderem Kontext eingeworbene wenige Geld. Es ermöglichte der Firma, ihre mühsame Pionierarbeit fortzusetzen. Übrigens trug man mit dieser nicht zuletzt maßgeblich zur Erfolgsgeschichte von Moderna bei. Denn 2003 war die durch CureVac fast im Alleingang etablierte mRNA-Technologie bei Weitem noch nicht so gut belegt wie sieben Jahre später.

Mit dem eingeworbenen Geld konnten Räume im neu erbauten Technologiepark an der Sternwarte in Tübingen bezogen werden. Strategisch von enormer Bedeutung war der Aufbau eines GMP-Labors. In ihm konnte die für künftige toxikologische Tierexperimente und daran anschließende klinische Versuche benötigte mRNA nach pharmazeutischen Regeln, den bereits erwähnten »good manufacturing practices« (GMP), hergestellt werden. In den Forschungslaboren wurde an Wirksamkeitsnachweisen in Zellen und Tieren gearbeitet. Messenger-RNA wurde optimiert und deren Eigenschaften weiter verbessert – und zwar je nach beabsichtigter Anwendung. Mitarbeiter konnten eingestellt und bestehende Mitwirkende endlich aus eigener Tasche bezahlt werden.

CureVac war seinerzeit der erste Mieter im neu errichteten Technologiepark. Während des Dotcom-Booms hatten viele Städte und bisweilen sogar Dörfer ihren eigenen Technologiepark planen und bauen lassen. Vorangetrieben wurde das Gemeinschaftsprojekt der

Abbildung 5: Der Tübinger Technologiepark an der Sternwarte im Jahr 2003

Quelle: privat

Städte Reutlingen und Tübingen über eine gemeinsam finanzierte GmbH zur Wirtschaftsförderung. Am akademisch geprägten Standort der Gebäude in Tübingen legte sich die amtierende SPD-Oberbürgermeisterin und ausgebildete Juristin Brigitte Russ-Scherer mit guten Argumenten und langfristigen Konzepten ins Zeug. Als Ironie zyklischen Handelns wurden die meisten Technologieparks erst nach Platzen der Blase fertig. Wie viele seiner Geschwister war auch der Tübinger Technologiepark lange Zeit nach Fertigstellung nicht voll belegt und in der Lokalpolitik ein heißes Eisen, weil er als Technologiehaus ohne Mieter die Stadt als Hauptmieterin in den ersten Jahren viel Geld kostete: Der Eigentümer, eine Landesbank, hatte sich wohlweislich von der Stadt das Mietausfallrisiko abnehmen lassen.

Im »Schimpfeck« eines Tübinger Wochenblatts las sich das im Frühjahr 2003 so:

»Ein anderer Fall ist der Technologiepark. Auf der Oberen Viehweide hat die Stadt einen Wechsel auf die Zukunft unterschrieben, der sich als ungedeckt erweisen könnte. Im Schlepptau des Nobelpreises für Christiane Nüsslein-Vollhard und zu Zeiten einer börsengesteuerten Euphorie für Zukunftstechnologien ist man auf einen vermeintlich bald mit Volldampf fahrenden Zug ins nächste Jahrtausend aufgesprungen. Der aber sprang, wiederum börsengesteuert, unerwartet schnell aus dem Gleis – mit katastrophalen Kollateralschäden für die gesamte Wirtschaft. Die erste Gründerfirma (CureVac) ist letzte Woche eingezogen, doch klingen die Prognosen von Peter Wilke, dem Chef der Wirtschaftsförderung Tübingen, reichlich optimistisch. Fast wie ein Pfeifen im Walde.«[4]

Im Juli desselben Jahres forderte ein Mitglied des Tübinger Stadtrats gar den Ausstieg aus dem Projekt, weil er in der eben beschlossenen Aufstockung des Zuschusses für den Technologiepark in Höhe von 300 000 Euro auf nun 900 000 Euro für das laufende Jahr eine »planvolle Verschwendung von Steuergeldern« erkannte.[5]

Wer weiß, in welchem Maße der Technologiepark für Frau Russ-Scherer ein Stolperstein bei dem Versuch war, sich eine zweite Amtszeit als Oberbürgermeisterin zu sichern. Kontrovers diskutiert wurde das Thema im Oberbürgermeister-Wahlkampf im Jahr 2006 jedenfalls und wiedergewählt wurde sie nicht. Der Technologiepark wurde von vielen als Millionengrab wahrgenommen und die spätere Erfolgsgeschichte der Initiative war noch nicht abzusehen. Die Evolution frisst ihre Eltern, könnte man sagen.

Für die ersten Mieter war die brachliegende Innovationswirtschaft in der Krise zunächst einmal ein Segen, denn sie konnten lange nach Lust und Laune beziehungsweise maßgeschneidert am Bedarf expandieren und wachsen, bevor sie aus räumlicher Sicht an Grenzen stießen.

Eine weitere Firma zog fast zeitgleich mit CureVac in den Technologiepark ein: Sympore. In ihren großen Labors fand noch im

Rohbau eine epochale Kennenlernparty statt, mit der das Sympore-Management Teamgeist unter den bereits eingezogenen und gerade einziehenden Firmen fördern wollte. CSO Michael Burnet war ein großer Freund des Cocktail-Mixens. Vom entsprechenden Angebot wurde reichlich Gebrauch gemacht. Über kurz oder lang waren alle sturzbetrunken, auch der Vertreter des Technologieparkeigentümers. Michael erinnert sich: »Der meinte, er müsse jetzt heimfahren, getreu dem Motto ›Tragt mich ins Auto – ich fahre euch alle nach Hause.‹ Gott sei Dank hatte ich kaum Zeit für einen Mojito gehabt und konnte dies verhindern.«

Am nächsten Morgen schien die Sonne auf die Überreste eines Schlachtfeldes und der separate Entsorgungsraum im Technologiepark wurde einem ersten Stresstest unterzogen.

Ein der Zeit nach dem Scheitern der New Economy geschuldeter Ansatz war, möglichst sofort auch irgendwelche Produkte zu verkaufen und damit etwas Geld hinzuzuverdienen. Entsprechend versuchte CureVac die seit 2001 rasant wachsende und 2006 mit dem Nobelpreis ausgezeichnete siRNA-Forschung in aller Welt mit kurzen, 20 Bausteine langen RNA-Schnipseln aus dem Syntheseroboter zu versorgen. SiRNA macht etwa das Gegenteil von mRNA; es verhindert die Ausbildung von Proteinen, indem sich die kurzen RNA-Stücke wie Parkkrallen an die langen mRNA-Stränge legen und so den reibungslosen Durchlauf durch die zellulären Proteinfabriken verhindern. CureVac verkaufte einige Jahre lang solche siRNA-Produkte an diverse Labore, die damit Forschung betrieben. Das Kundenfeedback hinsichtlich der Qualität war ausgezeichnet und von den erarbeiteten Herstellungsprozessen konnte das Unternehmen später auch für die interne Herstellung stark profitieren. Doch im Grunde war dieses Geschäftsmodell, auf irgendeiner Biotech-Konferenz nach dem Platzen der New-Economy-Blase einmal hochtrabend und etwas vernebelnd als »Reverse Dual Business Model« bezeichnet, für CureVac keine dauerhafte Option. Zu sehr lenkten Kundenaufträge vom Kerngeschäft der Entwicklung ab, zu wenig ertragreich waren die letztlich doch nebenher betriebenen Produktverkäufe. »Schuster, bleib bei deinen Leisten«, lautete folglich die Devise. Mit Hochdurchsatz-Robotern siRNA-Schnipsel synthetisieren konnten andere bald deutlich günstiger. Und mRNA als Servicegeschäft aufzuziehen, war zu dieser Zeit immer noch kein aussichtsreiches Modell. Mangels Nachfrage – denn niemand arbeitete mit mRNA.

Auch mit dem ersten Investment im Rücken blieb der Alltag von schwäbischer Sparsamkeit und einem von eisernem Willen genährten Einfallsreichtum geprägt. Ein paar Anekdoten mögen dies illustrieren.

Mit dem Einzug in den Technologiepark wurden die Labore im Chemiehochhaus der Universität aufgegeben. Das Darlehen der örtlichen Bank für den Erwerb von Geräten und Büromöbeln erlaubte keine großen Sprünge. So musste mit viel Kreativität das beschafft werden, was mangelnde Finanzierung nicht zu kaufen erlaubte. Da kam es CureVac sehr zupass, dass beim Ausräumen des Labors im Chemiehochhaus, um dem Nachfolger besenreine Räume zu hinterlassen, eine beträchtliche Menge Altgeräte anfiel, die anscheinend niemand mehr gebrauchen konnte. Statt sie aber im Container zu entsorgen, wurde von der gesamten Mannschaft mit Geschick und Weitsicht gerettet, was noch irgendwie nutzbar war, und in den Technologiepark verbracht. Ingmar erinnert sich, dass dieses Vorgehen einen Professor der Universität zu einem Protestschreiben an die Firma veranlasste, dem man aber nicht gleich nachgehen konnte – es war einfach wahnsinnig viel zu tun – und dem kein weiteres Schreiben folgte. Ein Schelm, wer Böses dabei denkt. An der Universität scheint indes kein bleibender schlechter Eindruck entstanden zu sein, denn 2018 verlieh sie Ingmar Hoerr die Ehrensenatorwürde.

Beim Einrichten der Labors und Räume im Technologiepark bewies Ingmar ein spezielles Talent, das ihm den zeitweiligen Spitznamen »Schnäppchen-Ingmar« einbrachte. Mit der Geschwindigkeit eines Wiesels sowie dem Jagdinstinkt und der Ausdauer eines Wolfes fischte er aus dem Internet alle möglichen irgendwie brauchbaren Sachen – vom gebrauchten Pumpenmotor über Computerzubehör bis zur Flurdekoration aus originalen Ölbildern – und stets, wenn nicht gar geschenkt, dann doch zu unglaublich günstigen Preisen. Dass die Rechnungen dann nicht immer ganz den hohen Anforderungen des Finanzamts genügen würden, darüber konnte man schon mal hinwegsehen.

Unter Ingmars Funden war auch das Sonderangebot eines Möbeldiscounters für Büromöbel, die ja in großer Zahl für die neu bezogenen Büroräume benötigt wurden. Das als »Komplettangebot« bezeichnete Ensemble bestand aus einem großen und einem kleinen Schreibtisch, einem Rollcontainer und einem Eck-Verbindungsstück zwischen den beiden Schreibtischen. Ergänzt wurde es durch farbgleiche Büroschränke. Zur Auswahl standen die Farbvarianten »Eisbirke Cognac« und »Ahorn Melanin«. Zu dem nun folgenden Verwirrspiel trug diese Farbnamensgebung des Möbeldiscounters zweifellos maßgeblich bei. Wie die bei CureVac beschäftigten Biologen wussten, sind sowohl Birke als auch Ahorn hellgelbe Hölzer. Die Zusätze »Cognac« und »Melanin« ließen jeweils auf braune und dunkle Farbtöne schließen. Während also beide Farbvarianten dieselben Farbtöne vermuten ließen, war tatsächlich eine Farbvariante ausschließlich hellgelb und die andere ganz und gar dunkelbraun.

Abbildung 6: Ingmars Interneteinkäufe. Beleg aus der Anfangszeit im Technologiepark (2003)

Quelle: privat

Um Streit zwischen den Hierarchieebenen – so weit war man inzwischen – von vornherein zu unterbinden, wurde die Farbzuteilung von oben dekretiert. Statt allen Mitarbeitern dieselbe Farbe zu kaufen, wurde dem Management je ein dunkelbraunes Komplettangebot spendiert, der Rest war vermutlich froh, je ein halbes hellgelbes Komplettangebot sowie einen zusätzlichen Rollcontainer in derselben hellen Farbe zu erhalten, damit jeder Schreibtisch entsprechend von einem Rollcontainer flankiert wäre. Alle bekamen Schränke nach Bedarf – und zwar in der zum Komplettangebot passenden Farbe.

Und dann ging auf wundersame Weise alles schief. Helle Rollcontainer wurden in dunkel geliefert, die Zahl der dunklen Komplettangebote war zu hoch und die der hellen zu niedrig. Die Zahl der farblich »passenden« Schränke passte gar nicht zur Zahl der Komplettangebote. Das falsch Gelieferte ging natürlich zurück, mit der entsprechenden Order, so und so viele Stücke Ahorn Melanin in Eisbirke Cognac zu tauschen – oder andersherum. Beim zweiten Versuch klappte es noch nicht und beim dritten ebenfalls nicht. Der Stapel der Lieferscheine, Retourenscheine und Teilrechnungen muss am Ende etwa 100 Seiten umfasst haben, aus denen niemand mehr schlau wurde. Schließlich befasste sich die Abteilungsleitung des Möbeldiscounters in einem ausführlichen Telefonat mit der Sache und aufgelaufene Differenzen konnten auf einen Betrag unter 100 Euro begrenzt werden, bevor auch die Abteilungsleitung entnervt aufgab und sich kulant zeigte.

Wer nichts zu lachen hatte, war der Kurier, der über Wochen die schweren Möbelpackstücke unter südländisch anmutenden Flüchen in den Technologiepark bis zum Glasabschluss rein- und rausschleppen musste.

Überflüssig zu erwähnen, dass alle CureVac-Mitarbeiter, inklusive des CEO, die Möbel in ihrem Büro selbst aufbauten. Böse Zungen behaupten, dass manche der Billigmöbel in der Chefetage schneller wieder auseinanderfielen als sonst üblich.

In dieser Zeit wurde auch der erste Firmenwagen angeschafft – nicht etwa ein schicker Sportwagen für den Chef, sondern ein Kastenwagen für die Mitarbeiter. Das »CureVac-Mobil«, wie es genannt wurde, war wegen seiner orangefarbenen »CureVac«-Aufschrift bald stadtbekannt. Damit mussten die auf Trockeneis in Styroporkisten gelagerten Proben und Auslieferungen an die Universität sowie lokal beschafftes Spezialgas und dergleichen nicht mehr mit Privatautos transportiert oder durch den öffentlichen Bus getragen werden.

Abbildung 7: Ingmar Hoerr neben dem soeben vom Händler abgeholten ersten Firmenwagen CureVacs

Quelle: privat

Und noch einen weiteren sehr angenehmen Effekt hatte der Firmenwagen für jene Mitarbeiter, die für Erledigungen zur Universität fuhren. Ein verbreitet als »Der Schließmuskel« verunglimpfter Aufpasser an der Parkplatzschranke der Universität, der sich auf die Entlarvung unberechtigt parkender Studenten und Doktoranden spezialisiert hatte, verzichtete fortan auf inquisitorische Fragen nach Person und Begehr. Ein Fahrer des CureVac-Autos wurde als Lieferant erkannt und durfte unbehelligt vor der Universität parken.

Vom Standstreifen auf die Überholspur: Das Investment der Familie Hopp

Eine alte Weisheit in der Biotech-Start-up-Szene lautet: »Nach der Finanzierung ist vor der Finanzierung.« Die Vorbereitung der Folgefinanzierung ist so zeitaufwendig und die Erfolgsaussichten sind so zweifelhaft, dass bei einem Finanzierungshorizont von wenig mehr als einem Jahr keine Zeit bleibt, um sich auszuruhen. Die Suche nach neuem Geld war für uns eine ständige und allgegenwärtige Aufgabe. So wurden immer neue Kontakte geknüpft, Konferenzen besucht, Pitches präsentiert, Absagen verdaut und neue Anläufe unternommen. CureVac arbeitete 2004 mit dem Münchner Unternehmensberater Götz Hoyer zusammen, der zunächst für Mackewicz & Partner auftrat und später unter FHP Private Equity Consultants firmierte. Der Weg zum Investment der Familie Hopp war verschlungen und nicht planbar. Er ergab sich einfach aus dem stetigen Wühlen im Dickicht. Bereinigt man den am Ende erfolgreichen Pfad zum nächsten Investment von allem unseligen und erfolglosen Abstrampeln, dann sah dieser im Detail wie folgt aus:

Das Verdienst, Dietmar Hopp für CureVac zu interessieren, geht auf das Konto von Friedrich von Bohlen. Dieser kannte CureVac dank der Initiative eines Ostküsten-Rechtsanwalts aus Boston namens Sven Riethmueller, der früher mit Friedrich zusammengearbeitet hatte. Sven wiederum war auf CureVac aufmerksam geworden, als er sich auf einer Akquisetour durch Deutschland befand, um deutsche Firmen für Ostküsten-Geldgeber zu interessieren und umgekehrt. Er erhoffte sich dabei für seine Anwaltskanzlei ein Geschäft durch die rechtliche Begleitung derartiger Beteiligungen. Abgesehen davon lebte der Deutschamerikaner, der nach dem Abitur in die USA ausgewandert war, um dort zu studieren und zu arbeiten, mit seinen Aktivitäten aber auch seine Passion für innovative Start-ups aus – eine für Rechtsanwälte in Deutschland eher ungewöhnliche Vorliebe, der Sven bis heute treu geblieben ist. Er lehrt inzwischen als Professor an der renommierten Yale Law School und leitet dort das Programm für den Bereich Entrepreneurship & Innovation.

Auf seiner Akquisetour war Sven damals auf die Unternehmensberatung Mackewicz & Partner zugegangen, auf die er durch einen Artikel in der *Frankfurter Allgemeinen Zeitung* aufmerksam geworden war. Der Artikel berichtete über das VC-Panel, eine vierteljährliche Befragung der deutschen Wagniskapitalfirmen, die Götz Hoyer betreute. Sven hoffte darauf, dass die Unternehmensberatung eine eigene interessante Mandantschaft besaß, die sich auf der Suche nach Kapital befand, das in Deutschland nicht aufzutreiben war.

Götz Hoyer hatte zu diesem Zeitpunkt unter anderem CureVac unter Vertrag, mit dem Ziel der Kapitalbeschaffung. Und wie Sven richtig vermutet hatte, gestaltete sich die Suche nach Kapital in Deutschland als recht frustrierend. Götz Hoyer runzelte dieser Tage beim Blättern durch alte E-Mails die Stirn: »Die Liste der Wagniskapitalfirmen und Pharmafirmen, die an CureVac gar nicht interessiert waren oder nach mehr oder weniger eingehender Prüfung absagten, ist schon sehr beeindruckend.«

Natürlich erzählte Götz Hoyer Sven von CureVac. Die Idee, deutsche Biotech-Unternehmen aus den USA finanzieren zu lassen, barg für Investoren wie für Start-ups Potenzial. Und die Beziehungen zu Wagniskapitalfirmen an der Ostküste aufzubürsten, konnte auch ihm persönlich nicht schaden.

Sven war sofort angetan vom Potenzial, das dem Pitch innewohnte. Zunächst wurde ein Telefonat mit mir auf den Weg gebracht. Nachdem auch dieses positiv verlaufen war, stand Sven anderntags in Tübingen auf der Matte und lernte das CureVac-Team kennen. Er erinnert sich, dass er sofort begeistert war.

»Die Grundidee von CureVac war hochattraktiv: messenger-RNA zu stabilisieren und als Programmcode für Proteine zu verwenden. Die kritische Rolle von mRNA war mir noch aus der Schulbiologie bekannt. Darüber hinaus hatte ich – obwohl heute Anwalt – einen Informatik-Background. Vor meinem Jurastudium an der Columbia-Universität in New York hatte ich Politikwissenschaft am Dartmouth College studiert und dort als Programmierer gearbeitet. Außerdem hatte mich neben der Technologie das Team überzeugt.«

Sven, ganz der Machertyp, der jedem Start-up zur Ehre gereichen würde, nahm die Dinge gleich in die Hand. Zunächst wurde eine Reise des CureVac-Finanzchefs und des Beraters Götz Hoyer an die Ostküste organisiert. Um die Liquidität des Start-ups zu schonen, durfte ich im Riethmueller'schen Gästezimmer außerhalb von Boston übernachten. Dann organisierte er eine Präsentation seiner deutschen Schäfchen, darunter auch CureVac, vor einer Reihe von Ostküsten-Wagniskapitalfirmen.

Als der Drang, Dollar über den großen Teich zu werfen, doch verhalten blieb, meinte Sven: Nur keine Sorge – wenn das nicht funktioniere, kenne er noch jemanden in Deutschland, der könne ganz bestimmt helfen. Friedrich von Bohlen.

Sven kannte Friedrich aus gemeinsamen Jahren bei LION Bioscience, wo Friedrich Gründer und Vorstandsvorsitzender war und Sven als Vice President & Global General Counsel die weltweiten juristischen Angelegenheiten des New-Economy-Unternehmens leitete, darunter auch LIONs Börsengang, ein sogenanntes Dual Listing in Frankfurt und New York im Jahr 2001, bei dem das Unternehmen gleichzeitig an zwei unterschiedlichen Börsen notiert wurde. Übrigens war der heutige Vorstandsvorsitzende von CureVac, Franz-Werner Haas, in Svens Team als Leiter der deutschen Rechtsabteilung bei LION Bioscience tätig und später sein Nachfolger. Sven erinnert sich:

»Aus meiner Sicht war Friedrich der ideale Partner für CureVac, da er weder Herdenmentalität noch Kleindenkertum kannte. Und Friedrich war klar, dass es sogenanntes »Patient Capital« (geduldiges Kapital) braucht, um Ansätzen wie dem von CureVac zum Durchbruch zu verhelfen. Ich musste Friedrich allerdings meine Zusicherung geben, dass Ingmar und seine Kollegen bei CureVac keine Spinner waren, sondern seriöse Gründer, und dass ein Meeting keine Zeitverschwendung sein würde.«

Auch Friedrich von Bohlen erinnert sich an das Telefonat mit Sven: »Sven rief an und sagte ›Friedrich, pass auf, ich glaube, das ist richtig interessant‹. Ich hatte von Sven nie zuvor und auch nicht danach einen Anruf in der Art erhalten.«

Nachdem Sven den Kontakt vermittelt hatte, schrieb Ingmar Friedrich einen Brief. Darin schilderte er die Motivation des Teams und das Potenzial der Technologie und ließ auch die bisherige Misere hinsichtlich der Versuche, Geld von Venture-Capital-Gesellschaften (VC) einzuwerben, nicht aus:

»Wir wurden von den meisten angesprochenen VCs technologisch nicht angegriffen, sondern im Hinblick auf ›Portfolioschwierigkeiten‹ ›on hold‹ gesetzt. Wir haben allgemein den Eindruck erlangt, dass von vielen VCs eine ›Me-too‹-Strategie als sicherer erachtet wird als eine wirklich chancenreiche technologische Innovation, wie sie unsere RNA-Technologie bedeutet. Auch dies wird ein Grund dafür sein, dass wir von vielen VCs hören, dass sie gerne ein Co-Investment übernehmen würden, aber nicht die Verantwortung als ›first mover‹ tragen wollen.«[6]

Nicht »me too«, sondern »first mover«. Da hatte Ingmar ganz den Geschmack von Friedrich getroffen. Über zehn Jahre später, in einem Artikel des *manager magazin* von 2017 über das Biotech-Portfolio von Dietmar Hopp, wird Friedrich als »intellektueller Kopf der Holding« mit den Worten zitiert: »Wir haben keine Me-too-Strategie, wir wollen First-in-class sein.«[7]

Auch im Jahr 2004 sprang Friedrich von Bohlen auf diesen Pitch an. Er schickte Ingmar als Nächstes einen Fragebogen: was die Technologie genau sei, welche Ziele man habe und so weiter. Ingmar füllte diesen geflissentlich aus. Daraufhin wurde ein Termin für einen Besuch Friedrichs in Tübingen vereinbart.

An Friedrichs ersten Besuch bei CureVac erinnert sich Ingmar wie folgt:

> *»Den musste ich erst mal bremsen. Der stürmte nach kurzem ›Hallo‹ an mir vorbei in Richtung Besprechungsraum. Fast noch auf dem Flur fing er an aufzuzählen, was jetzt als Erstes ganz wichtig wäre.«*

Es war offensichtlich, dass Friedrich von Bohlen seine Begeisterung für CureVacs mRNA-Technologie trotz aller gebotenen Skepsis und offenen Fragen nur mühsam verbergen konnte. Als Biochemiker waren ihm die wissenschaftlichen Grundlagen vertraut. Als Betriebswirt und Gründer von LION Bioscience hatte er Aufstieg und Niedergang am Neuen Markt hautnah miterlebt, war mit allen Biotech-Wassern gewaschen und konnte eine Geschäftsidee mit Perspektive von einer wenig aussichtsreichen Idee unterscheiden. Er erkannte gleich die immensen Möglichkeiten, die CureVacs Technologie eröffnete:

> *»Ich sagte mir sofort, wenn das klappt, wenn man stabilisierte mRNA für medizinische Anwendungen tatsächlich einsetzen kann, dann gilt ›the sky is the limit‹ (Alles ist möglich)«.*

Und Angst davor, zu große Räder zu drehen, kannte der Sprössling einer der großen deutschen Industriedynastien und Neffe von Stahlmagnat Alfried Krupp nicht.

Abgesehen davon war er gerade zusammen mit dem Schweizer Ex-Banker und Alumni-Kollegen seiner einstigen Privatschule, Chris Tanner, auf der Suche nach Unternehmen, die sich für ein Investment eigneten. Chris Tanner hatte in den Neunzigerjahren den Kapitalmarkt- und Corporate-Finance-Bereich der UBS in Zürich geleitet, war aber nach der Fusion mit dem Schweizerischen Bankverein aus dem Unternehmen ausgetreten und hatte die Finanzierung der Pendlerzeitung *20 Minuten* organisiert. Die beiden hatten sich im Zusammenhang mit der eher zufällig entstandenen Kapitalvermittlung an das italienische Pharmaunternehmen Cosmo Pharmaceuticals kennengelernt. Ein Schulfreund und Vermögensverwalter, Willi Leimer, hatte Friedrich angerufen und gefragt, was er von Cosmo halte. Die Firma benötige zwischen 20 und 25 Millionen Euro und er könne sich vorstellen, dass seine Kunden daran Interesse hätten; er kenne sich selbst aber nicht mit Biotechnologie aus. Nachdem Friedrich sich die Sache angeschaut hatte, meldete er dem Schulfreund zurück, dass dieses Investment hochinteressant und durchführenswert sei.

Die beiden einigten sich darauf, eine dritte Person mit ins Boot zu nehmen, welche die Finanzlage des Unternehmens prüfen sollte: ihren Alumni-Kollegen Chris Tanner. Und Friedrich schlug Chris vor, auch bei anderen Investmentgelegenheiten gemeinsam und mit sich ergänzenden Expertisen vorzugehen. Eine der ersten solchen Gelegenheiten war CureVac. Und auch bei CureVac schien nach eingehender Prüfung alles zu passen. Friedrich von Bohlen, Chris Tanner und CureVac vereinbarten, bei der Suche nach Geldgebern zusammenzuarbeiten. Die Zusammenarbeit mit Götz Hoyer wurde in gegenseitigem Einvernehmen beendet. Er wollte künftigen Chancen nicht im Wege stehen, nachdem sich aus der bisherigen Suche keine vielversprechenden Möglichkeiten ergeben hatten.

Eine Sache jedoch schmeckte Friedrich bei CureVac nicht: der Kaffee. Das Gebräu aus einem der Ingmar'schen Schnäppchen sei geeignet, künftige Verhandlungen zum Scheitern zu bringen. Außerdem seien Gespräche an der Kaffeemaschine ja von sprichwörtlicher

Bedeutung für eine junge Firma. Also zauberte er nach Abschluss der Vereinbarung zur Zusammenarbeit eine neue Kaffeemaschine aus seinem Kofferraum und schenkte sie der Firma – mit dem von Augenzwinkern begleiteten Hinweis, dass auch er bei weiteren Besuchen mit Kaffee aus dieser Maschine bedient werden wolle. Tatsächlich kam seine Kaffeemaschine hauptsächlich bei Friedrichs Besuchen und bei Meetings mit Firmenfremden zum Einsatz, denn von den teuren Kapseln im Alltag Gebrauch zu machen widersprach der schwäbischen Seele der meisten Mitarbeiter und vielleicht auch deren Umweltbewusstsein.

In den Monaten nach Abschluss der Vereinbarung mit CureVac ging Friedrich dem Vorhaben der Cosmo-Finanzierung weiter nach. Dies führte schließlich 2005 zur Gründung des Investmentvehikels »dievini«. Wie sich Friedrich erinnert, genügte Willi Leimer nämlich seine eindeutige verbale Empfehlung nicht; er wollte sichergehen, dass weitere Investoren den Fall ebenso positiv bewerteten. Schon etwas irritiert von diesem unerwarteten Hindernis, aber überzeugt von Cosmo, ließ Friedrich seine Kontakte spielen und konnte einen Luxemburger Fonds überzeugen, dessen Investmentmanager befugt war, in geringem Umfang in Wagniskapital zu investieren. Es handelte sich zwar um nur kleinere Beträge, aber die Credit Suisse, die den Fonds führte, war bereit, ihre Spezialisten zur »Due Diligence« zu entsenden. Da erinnerte sich Friedrich, dass er in der Zeitung von Dietmar Hopps Rettung der in Not geratenen Heidelberg Pharma gelesen hatte. Wer weiß, vielleicht bestand bei Hopp ja Interesse an weiteren Biotech-Engagements? Ein Treffen konnte nicht schaden, schließlich kannte man sich von einer Geburtstagfeier bei Capri-Sonne-Milliardär Hans-Peter Wild.

Das erste Treffen zwischen Friedrich von Bohlen und Dietmar Hopp im Büro des Milliardärs auf der Golfanlage in St. Leon-Rot geriet zum Startschuss einer groß angelegten Zusammenarbeit. Dabei kam Friedrich zunächst nur auf das Cosmo-Investment zu sprechen: »Wir hatten uns über Cosmo unterhalten. Herr Hopp stellte am Ende des Gesprächs 10 Millionen Euro in Aussicht. Dann nahm er sein Mobiltelefon, rief Christof Hettich an und sagte, wir beide sollten uns treffen.«

Nach der Zusage Dietmar Hopps öffneten die Kontakte des Vermögensverwalters Willi Leimer die Schleusen und die erhofften 25 Millionen Euro wurden binnen weniger Wochen aufgetrieben. Chris Tanner wechselte daraufhin als Finanzchef zu Cosmo, um es 2007 in der Schweiz an die Börse zu bringen. Cosmo wurde zu einem kaum beachteten, aber sehr erfolgreichen und lukrativen Investment für dievini und Dietmar Hopp. Nach dem Börsengang 2007 mit einem Kurs von 22,50 Schweizer Franken stieg der Wert der Anteile um mehr als das Sechsfache und lag im Zeitraum zwischen 2014 und 2017 bei über 150 Schweizer Franken.

Auch der Aufforderung, sich mit dem Mannheimer Wirtschaftsanwalt Christof Hettich zu treffen, kam Friedrich von Bohlen nach. Beide wussten zunächst nicht so recht, wohin die Reise gehen sollte. Aber man verstand sich und bei weiteren Treffen mit Dietmar Hopp nahm das Investmentvehikel dievini Gestalt an.

Christof Hettich hatte Dietmar Hopp kurz zuvor Investments in Heidelberg Pharma und Cytonet vermittelt. Und Hopp wollte weiteres Geld in die regionale Biotechnologie investieren. Er sah die Branche am Beginn einer bedeutenden Entwicklung mit großem Zukunftspotenzial.

> *»Die ersten Erfolge in der Behandlung zum Beispiel von Krebs zeigten damals schon, dass eine individualisierte Therapie für Patienten machbar und von großem Nutzen ist. Es war abzusehen, dass Einzelne, aber auch das Gesundheitssystem im Gesamten künftig mehr und mehr von maßgeschneiderten, individuellen Diagnose- und Behandlungsmöglichkeiten profitieren würden.«*

Dabei war ihm das Risiko, mit einzelnen Investitionen oder gar mit einer Mehrzahl von Einzelinvestments zu scheitern, sehr wohl bewusst.

»Ich habe in meinem Leben viel Glück gehabt. Scheitern war für mich ein Fremdwort, ehe ich es mit dievini kennengelernt habe. Das allerdings wissentlich. Zunächst hatte ich mir nicht vorstellen können, dass ich mit meinen Biotech-Investitionen so viel Geduld aufbringen müsste.

Mein Investitionsbudget betrug 500 Millionen Euro. Als das dann aufgebraucht war, konnte man allerdings Hoffnung schöpfen, und so landete ich schließlich in der Spitze bei fast 1,5 Milliarden Euro. (…) Die Zuversicht hat sich gelohnt.«

Dabei wurde die Zuversicht zwischenzeitlich auf harte Proben gestellt, und manchem wäre sie womöglich abhandengekommen. Als ich Dietmar Hopp in Anlehnung an Gepflogenheiten im Fußball fragte, ob er angesichts einer zwischenzeitlichen Misserfolgsbilanz nicht daran gedacht habe, die Trainer auszutauschen, war seine Antwort:

»Dass von 16 dievini-Investitionen bis heute sechs gescheitert sind, kam für mich nicht überraschend, zumal es sich fast ausschließlich um Start-ups handelte. Ich bin sehr fußballaffin und habe bei einem Vortrag einmal gesagt: ›Und wenn die Sache 3:13 zu meinen Ungunsten ausgehen wird, bin ich überzeugt, kein Geld zu verlieren.‹

Also: Die Trainer sitzen fest im Sattel, denn es steht 10:6 für mich. Spaß beiseite. Ich habe stets darauf hingewiesen, wie wichtig der soziale Aspekt für mich ist. Insofern wäre auch ein totales Scheitern für mich kein Weltuntergang gewesen.«

Dabei war schon das Engagement des »Trainers« Friedrich von Bohlen zum Auftakt der gemeinsamen Biotechnologie-Investments 2005 kein selbstverständlicher Schritt. Erst zum Jahresende 2003 war er als Vorstandsvorsitzender von LION Biosciences zurückgetreten. Sein Wirken für das Bioinformatik- und Arzneimittelforschungs-Unternehmen war in den Augen des Kapitalmarkts und vieler Kommentatoren keine Erfolgsgeschichte gewesen.[8]

Dietmar Hopp hingegen hatte sich sein eigenes Bild von Friedrich von Bohlen gemacht: »Völlig unabhängig vom Misserfolg mit LION Bioscience hielt ich Friedrich von Bohlen für einen ideenreichen, zielstrebigen Wissenschaftler.«

Jedenfalls traf Friedrich von Bohlens äußerst ambitionierte und mit hohem Risiko verbundene strategische Ausrichtung auf eine Grundüberzeugung, die auch Dietmar Hopp teilte: Risiko ist in Ordnung, wenn entsprechende Chancen vorhanden sind. Und die avisierten Investmentgebiete Tumor-Immuntherapie, personalisierte Behandlung neurodegenerativer Erkrankungen und Präzisionsmedizin versprachen jeweils im Erfolgsfall eine medizinische Revolution. Eine Bedingung hatte Dietmar Hopp: Die Investments sollten in Deutschland stattfinden, am liebsten im Rhein-Neckar-Raum; Amerika brauche sein Geld nicht.

Und so wurden Friedrich von Bohlen und Christof Hettich Geschäftsführer des Biotech-Investment-Fonds von Dietmar Hopp namens dievini. Auch Chris Tanner ist dievini bis heute verbunden geblieben, er übernahm immer wieder Aufgaben in Aufsichtsgremien von Beteiligungsunternehmen.

Wer übrigens vermutet, dievini sei bei einem der im Badischen so verbreiteten Weinfeste aus der Taufe gehoben wurde, liegt nicht richtig. Es stimmt: dievini könnte auseinander geschrieben als lateinischer Ausdruck erkannt werden – »die vini«, am Tag des Weines. Als ich aber Friedrich einmal danach fragte, erklärte er mir, der Name habe einen baltischen Ursprung; er sei verwandt mit dem lateinischen Wort »deus«, zu Deutsch Gott, und dievini bedeute »die guten Geister, die auf Haus und Hof aufpassen«. Und diesem Anspruch ist dievini dann zumindest für CureVac bis heute in vielerlei Hinsicht gerecht geworden.

Denn auch CureVac benötigte frisches Geld, nachdem eine Zwischenfinanzierung mit den bestehenden Investoren Leonardo und tbg schon wieder aufgebraucht war. Friedrich von Bohlen schlug Dietmar Hopp vor, in CureVac zu investieren, und so wurde ein Treffen zwischen Ingmar, mir, dem dievini-Team und Herrn Hopp in St. Leon-Rot anberaumt. Es fand im Besprechungsraum des Golfclubs des Milliardärs statt.

Für Ingmar wurde es zur Präsentation seines Lebens. Bereits am Vorabend waren wir angereist, um in Heidelberg zu übernachten. Wer wusste schon, wie der Verkehr am Morgen aussähe – Ingmar und ich wollten zum vereinbarten Termin nicht im Stau stecken. Wo Ingmars Gedanken waren, verriet auch der Umstand, dass er seinen Rasierapparat vergessen hatte. Im Hotel musste ich ihm mit meinem Rasierzeug aushelfen – und prompt schnitt er sich bei der ungewohnten Nassrasur am scharfen Stahl der unbenutzten Klinge.

In seiner Präsentation zog Ingmar dann Analogien zum Softwaregeschäft von Dietmar Hopp. RNA sei wie eine Software, die auf vielen Geräten laufe – im Grunde in allen Organismen dieses Planeten. Sie sei die Software des Lebens.

Dietmar Hopp erinnert sich, dass Ingmar ihm geduldig, sachlich und ehrlich die Funktionsweise von mRNA erläutert habe. Und aus dem ersten Treffen habe sich über die Jahre hinweg ein »inniges Vertrauensverhältnis« entwickelt.

Vertrauen ist für Dietmar Hopp nicht nur in Bezug auf dievini und CureVac eine wichtige Währung. Es sei vielmehr die Grundlage produktiver Führung. In einem Vortrag für »seine« SAP führte er dies so aus:

> *»Erfolgreiche Firmen fördern einen Geist, der die Freiheit lässt, Fehler zu machen, und damit den Mut zum Risiko bestärkt. Nur in einem solchen Umfeld können sich kreative Querdenker herausbilden.*
>
> *Der Mensch ist, wie wir wissen, nicht nur die teuerste, sondern auch die entscheidende Ressource für die Zukunft. (…)*
>
> *Damit fällt der Qualität der Führungskräfte eine ganz entscheidende Rolle zu. Sie müssen zulassen, dass ihre Mitarbeiter selbstbewusst und unabhängig sind und sich nicht zuallererst Gedanken machen müssen, was der Chef wohl gerne hört.«*

Und in Ingmar Hoerr muss Dietmar Hopp eine Keimzelle produktiver Führung wahrgenommen haben. Solche Führung sieht Dietmar Hopp gekennzeichnet durch Optimismus, Angstfreiheit, Entschlossenheit und Mut. Zur Durchsetzung überzeugungskräftiger Entscheidungen gehöre sowohl Verstand als auch Bauchgefühl. Aber auch die respektvolle Behandlung anderer – beispielsweise durch die Anerkennung von deren Leistungen – und nicht zuletzt menschliche Wärme spielten eine tragende Rolle: »Zweifellos sind die persönlichen Eigenschaften notwendige Bedingungen für den Erfolg. Sind sie jedoch gepaart mit Hochmut und menschlicher Kälte, schließt dies einen langfristigen Erfolg aus.«

Dass die Hoffnung, die er in Ingmar Hoerr setzte, nicht enttäuscht wurde, drückt Dietmar Hopp so aus: »Bei mehreren Besuchen in Tübingen habe ich den beglückenden Moment verspürt, eine verschworene Gemeinschaft zu treffen, die in etwa das lebt, was ich in Bezug auf sinnvolle Führung beschrieben habe und bei der SAP umsetzen konnte.«

Bezüglich des Investments in CureVac stellt er klar: »Einzig Ingmars Schilderung der Planungen mit der mRNA gaben den Ausschlag für meine Entscheidung.«

Die Entscheidung für ein Investment in CureVac fiel dann schnell. Einen Tag nach dem Treffen in St. Leon-Rot signalisierte Friedrich von Bohlen grünes Licht. Ende 2005 injizierte das kurz zuvor gegründete und der heimischen Biotechnologie gewidmete Family Office dievini zunächst eine 23 Millionen Euro schwere Finanzspritze in das nach Kapital dürstende Unternehmen. Es folgten über die Jahre weitere Investments und Co-Investments. In einem Interview aus dem Jahr 2018 berichtet Dietmar Hopp, er habe seit 2005 1,4 Milliarden Euro in seine 16 Biotechnologie-Engagements investiert, ein signifikanter Anteil davon sei an CureVac geflossen.[9] Heute ist Dietmar Hopp mit seiner Familie größter Anteilseigner bei CureVac und blieb bis zum Börsengang 2020 Garant für ausreichende Finanzierung. Der Aufstieg, den CureVac seit 2006 hinlegte, wäre ohne sein finanzielles Engagement nicht denkbar gewesen.

Umgekehrt wurde CureVac zur »größten Hoffnung« im hinter vorgehaltener Hand von Insidern der Risikokapitalzunft bisweilen heftig kritisierten Portfolio der Hopp'schen Biotech-Holding.[10] Erst im Jahr 2020 kehrte sich die Beurteilung mit dem Börsengang von CureVac um, und im *manager magazin* hieß es in einem Artikel mit der Überschrift »Dietmar Hopp – Der zweite Coup« nun anerkennend:

> *»Als Mitgründer von SAP hat er den aktuell wertvollsten deutschen Konzern geschaffen. Nun gelingt Dietmar Hopp beim Impfstoffhersteller CureVac abermals ein spektakulärer Volltreffer. Nach vielen Fehlschlägen mit Biotech zahlt sich sein Investment aus.«*[11]

Mit Dietmar Hopp und Friedrich von Bohlen haben sich zwei gefunden, die den Reiz großer Chancen lieben und das damit verbundene Risiko und die langfristige Perspektive nicht scheuen – bis heute eine Ausnahme in Deutschland.

Und damit ist es Zeit für eine Zäsur und ein passioniertes Plädoyer.

The Risking Pledge: Das Versprechen, ein Risiko einzugehen

Mit seinem systematischen Engagement als privater Risikoinvestor in vorwiegend heimische, mit hohem Entwicklungsrisiko behaftete Biotechnologie-Unternehmen unterscheidet sich Dietmar Hopp von vielen superreichen Philanthropen. Und dies ist deshalb bemerkenswert, weil gerade in seinem Vorgehen ein besonders sozialer und nachhaltiger Ansatz begründet liegt, den zum Leidwesen deutscher Innovationskraft und zum Nachteil für künftigen Wohlstand in Deutschland viele nicht als solchen wahrnehmen.

Dabei ist die Kausalkette, die Wohlstand und in dessen Kielwasser auch soziale Sicherung befördert, relativ leicht nachvollziehbar. Wohlstand erfordert Beschäftigung. Beschäftigung erfordert konkurrenzfähige Produkte. Besonders konkurrenzfähig sind innovative Produkte, die deutlich besser als bestehende oder auch ganz und gar neu sind. Innovative Produkte erfordern Produktentwicklung, die in aller Regel sehr viel Kapital verschlingt. Wohlgemerkt, Beteiligungskapital – nicht Fremdkapital und schon gar nicht Spenden. Leider ist Produktentwicklung mit Risiko behaftet. Sie könnte scheitern, und in vielen Fällen geschieht das auch. Dann ist das Kapital weg. Und weil das so ist, meidet der brave und nach Sicherheit strebende deutsche Michel, wenn er vermögend ist, allzu gerne Investitionen in Produktentwicklungen. Lieber kauft er noch ein Häusle oder entscheidet sich für eine festverzinsliche Anlageform mit geringem Risiko. Oder er gründet eine Stiftung, die ewigen Glanz verspricht. Nichts gegen Häusle, nichts gegen festverzinsliche Anlagen und ganz besonders nichts gegen Stiftungen.

Wenn Bill Gates und Warren Buffett mit ihrem »The Giving Pledge«[12] (Das Versprechen zu spenden) Milliardäre dazu auffordern, den größten Teil ihres Vermögens für wohltätige Zwecke einzusetzen, ist das selbstredend ein nobler Ansatz. Mindestens so sozial und im Zweifel viel nachhaltiger ist es aber, gerade derart große Vermögen sinnvoll gestreut in teure und riskante Entwicklungen innovativer Produkte und Technologien zu stecken.

Das ethisch wertvolle Thema kann sich jeder Investor selbst aussuchen: Gesundheit, Umweltschutz, alternative Energien oder was auch immer. Durch Risikoinvestments entstehen im Erfolgsfall Produkte mit Innovationshöhe. Daraus erwächst nachhaltiger künftiger Wohlstand – und über Beschäftigung und Konsum eben Wohlstand für viele sowie über Steuern Wohlstand für alle. Was wir gerade in Deutschland benötigen, ist nicht »The Giving Pledge«, sondern »The Risking Pledge« also »Das Versprechen, ein Risiko einzugehen«! Deshalb: Bravo, Dietmar Hopp!

Und danke für das mit den Biotech-Investments seit 15 Jahren in Kauf genommene Risiko. Einige Engagements sind schon gescheitert. Es hätte alles scheitern können. Dann wäre der Einsatz verloren gewesen. Und wer den Schaden hat, braucht bekanntlich für den Spott nicht zu sorgen.

So aber können wir Danke sagen. Danke von den Tausenden von Arbeitnehmern, denen die finanzierten Biotech-Unternehmen eine Einkommensmöglichkeit und berufliche Zukunft geschaffen haben, wie auch von den Beschäftigten ihrer Auftragnehmer und Lieferanten. Vorab ein Dankeschön von denen, die künftig für die teilweise schnell wachsenden Unternehmen und ihre Auftragnehmer oder Lieferanten arbeiten werden. Danke von uns allen, für die Chance, dass künftig die Produkte von CureVac und den anderen Portfoliounternehmen unser Leben verbessern: im Fall von CureVac durch Impfstoffe, die uns vor Infektionskrankheiten schützen oder Krebserkrankungen heilen. Oder Behandlungen ermöglichen, die uns bei ererbten Krankheiten das fehlende Gen in Form von mRNA ersetzen. Und danke für die positiven Steuereffekte vor allem für Deutschland, aber auch Europa und den ganzen Globus, wo Steuern auf Unternehmensgewinne, Einkommen von Mitarbeitern oder Produktverkäufe schon heute helfen oder künftig helfen werden, die Aufgaben des Staates zu finanzieren.

Wäre Dietmar Hopp mit seinem der Biotechnologie gewidmeten Kapital dem »Giving Pledge« von Bill Gates gefolgt und hätte sein Eigentum daran zugunsten einer weiteren Stiftung aufgegeben, wäre es auf zweierlei Weise sehr schwer gewesen, die soziale und nachhaltige Strahlkraft von Produktentwicklung mit großer Innovationshöhe hier in Deutschland zu stärken.

Erstens: Das Vermögen selbst wäre zugunsten der Stiftung mit dem Ziel des Kapitalerhalts verwaltet worden. Sichere Anlagen also, kein Risikokapital.

Zweitens: Die so für den Stiftungszweck erarbeiteten Mittel – so wenige dies bei den heutigen Renditen sicherer Anlagen auch gewesen wären – hätten nicht oder nur unter Schwierigkeiten in riskante

Produktentwicklungen investiert werden können. Stifter achten bei der Einrichtung ihrer Stiftung auf steuerliche Erleichterungen – das dem Stiftungszweck zur Verfügung stehende Kapital soll ja auch maximiert werden. Leider dürfen dann aber Gelder aus steuerprivilegierter Quelle eben nur für gemeinnützige Zwecke eingesetzt werden. Produktentwicklung gilt jedoch trotz der oben dargestellten positiven Effekte für die Gesellschaft nicht als gemeinnützig, denn es verdient ja ein Unternehmer am Ende sein Geld damit. Die Verwendung für Produktentwicklung wäre Wettbewerbsverzerrung. Mit der Finanzierung von riskanter Produktentwicklung wird es wieder nichts.

Also, liebe Vermögende mit sozialer Ader in Deutschland: Tun Sie es. Investieren Sie einen namhaften Teil Ihres Vermögens in mit Risiko behaftete Unternehmungen, die Produktentwicklungen mit großer Innovationshöhe in ethisch wertvollen Bereichen vorantreiben. Steigen Sie früh ein, wenn die Kapitalnot groß ist. Und bleiben Sie lange dabei, damit die Entwickler die erforderliche Zeit haben, ihre Arbeit zu erledigen, und auch Rückschläge überwunden werden können. Sie würden damit Ihrer Verantwortung als Eigentümer großer Vermögen in beispielhafter Weise gerecht. Und Ihren Landsleuten, aber auch der Menschheit würden Sie auf die denkbar nachhaltigste und sozialste Weise dienen, indem sie Industrien mit ethisch wertvollen Produkten zum Durchbruch verhelfen. Einziger Haken an der Sache: Das gilt nur für den Erfolgsfall.

Kapitel 3

Wachstum mit Investoren aller Couleur und CureVacs Börsengang

Der Einstieg der Gates-Stiftung: Ein Einhorn wird geboren

Nach dem obigen Plädoyer mutet es vielleicht seltsam an, wenn als nächster bemerkenswerter Schritt auf der Finanzierungsleiter für CureVac ein Engagement der Bill and Melinda Gates Foundation (BMGF) folgte. Eine Stiftung »investiert«? Tatsächlich ist es so, dass Stiftungen in Deutschland und manch anderen Staaten gar nicht ohne Weiteres in Unternehmen investieren dürfen, sofern ihr Kapital aus einer steuerlich für den Stifter und oder die Stiftung vorteilhaften Zuwendung stammt. In den USA sind die rechtlichen Grundlagen ähnlich, die Gepflogenheiten aber etwas anders. Solange Gewinne aus einem Investment der Stiftung wieder dem Stiftungszweck zufließen, ist ein Investment unschädlich. Für die Abwicklung solcher Investments schaffen die Stiftungen ein spezielles Vehikel; im Fall der Gates Foundation ist dies der sogenannte Strategic Investment Fund.[1]

Damit stellt die Bill and Melinda Gates Foundation für CureVac nichts anderes dar als ein Risikokapitalunternehmer. Übrigens ein recht großer, denn CureVac ist nur eines von über 70 solcher strategischen Investments des BMGF Strategic Investment Fund in Firmen auf der ganzen Welt, die dem Stiftungszweck dienen. Daher also auch: Bravo, Bill und Melinda Gates!

Für die BMGF war das Engagement in CureVac also nichts Außergewöhnliches, für CureVac und die deutsche Öffentlichkeit allerdings schon. Die Nachricht schlug im Frühjahr 2015 ein wie eine Bombe. Bill Gates investierte in CureVac! Und keinen Pappenstiel, sondern 46 Millionen Euro für den Neubau einer Produktionseinheit sowie weitere Gelder für gemeinsame Entwicklungsprogramme gegen virale Erkrankungen wie HIV und Rotavirus.

Doch die eigentliche Sensation berichtete die *Frankfurter Allgemeine Zeitung* in ihrem Artikel vom 6. März 2015, einen Tag nach der Pressemitteilung des Unternehmens: Die Bewertung, zu der BMGF bei CureVac einstieg, lag bei 1,1 Milliarden Euro und damit über der Schwelle von einer Milliarde US-Dollar.[2]

Das Einhorn war geboren.

Man ist geneigt zu sagen: nach schwieriger Frühschwangerschaft und geraume Zeit nach dem angestrebten Geburtstermin. Oder eben auf die schwäbische Art: immer schön auf dem Boden bleiben und nicht abheben. Letzteren Vorwurf konnte man den Tübingern nun wirklich nicht machen.

Den *Stuttgarter Nachrichten* gegenüber plauderte Ingmar Hoerr aus dem Nähkästchen darüber, wie es war, den Microsoft-Gründer zum ersten Mal persönlich zu treffen:

> *»Das Hotelzimmer in Paris sah aus wie ein Heizungskeller, mit gewaltigen gemalten Rohren an den Wänden. Da saß Gates mit seinen Beratern, und die Tübinger Forscher hatten Audienz. ›Der hat uns gelöchert und wusste bestens Bescheid‹, sagt Hoerr. Er und sein Partner hatten eine elektronische Präsentation vorbereitet, doch Gates wollte nur den Ausdruck und hat geblättert. ›Ich war auf Seite 2 und der schon auf Seite 18. Der war extrem fit‹, erinnert sich Hoerr. ›Das war fast schon wie in einer Prüfung – Gates gegenüberzusitzen und ins Schwitzen zu geraten.‹«*[3]

Wie kam es, dass die Stiftung eines Software-Tycoons an einem strategischen Investment in ein mRNA-Unternehmen interessiert war? Die Gates Foundation selbst äußert sich dazu auf ihrer Homepage recht knapp:

> *»Die Stiftung hat in CureVac investiert, um die Entwicklung der Impfstofftechnologie zu beschleunigen und um lebensrettende und kostengünstige Impfstoffe zu den Menschen zu bringen, die sie am meisten benötigen. CureVac leistet Pionierarbeit bei der Nutzung natürlicher und chemisch nicht modifizierter mRNA-basierter Impfstofftechnologien, um Krankheiten zu bekämpfen, die unverhältnismäßig oft Menschen in Entwicklungsländern befallen.«[4] [Übersetzung durch den Autor]*

Auch Bill Gates muss aufgefallen sein, was Dietmar Hopp in der Pressemitteilung zum BMGF-Investment in den Mund gelegt wurde: mRNA sei wie Software. Diese Einsicht hat sicher dazu beigetragen, den SAP- wie den Microsoft-Gründer zu begeistern. Aber man darf annehmen, dass Bill Gates und seine Stiftung CureVac in der Tat als strategisches Investment betrachteten, mithilfe dessen sie die Tür der mRNA-Technologie für die Zwecke der Gates'schen Stiftungsidee öffneten: mit Impfungen Leben in der Dritten Welt zu retten und so zu Wachstum und Wohlstand in armen Ländern beizutragen. Warum ist mRNA dafür besonders geeignet? Die Stiftung listet die Gründe in ihrem oben zitierten Webseitentext zum CureVac-Investment auf:

- »*beschleunigen*«: Impfstoffentwicklungen waren vor Corona als langwierige Projekte mit vielen Hürden bekannt. mRNA verspricht einige Abkürzungen.
- »*kostengünstig*«: mRNA kann in den immer gleichen Laboren und unter Einsatz der immer gleichen Prozesse produziert werden. Das Einzige, was sich ändert, ist der Code. Das wirkt sich auf

die Kosten aus. Proteine, die herkömmliche und seit Langem verwendete Alternative, sind da wesentlich komplizierter.

- »*natürliche und chemisch nicht modifizierte mRNA*«: Diese Eigenschaft der CureVac-RNA wirkt sich auf das Programm aus, mit dem im Zulassungsverfahren toxische Unbedenklichkeit nachgewiesen werden muss – ein weiterer möglicher Zeit-, Risiko- und Kostenfaktor.
- »*zu den Menschen bringen, die sie am meisten benötigen*«: Entsprechend der Strategie der BMGF sind damit Menschen in Entwicklungsländern gemeint, überwiegend in wärmeren Gegenden der Welt. Proteinbasierte Impfstoffe erfordern eine Kühlkette und zuverlässig gekühlte Lagerung am Bestimmungsort. CureVacs mRNA kann – zur Überraschung aller Experten – mit geeigneten Verfahren so haltbar gemacht werden, dass keine Kühlkette erforderlich ist und die Lagerung bei Raumtemperatur ausreicht. Für die Ziele der BMGF ein durchschlagender Vorteil.

Weiteres Geld von einem institutionellen Investor und Family Offices

Im Oktober 2015 erweiterte CureVac sein Kapital um weitere 100 Millionen Euro. Die Investmentrunde wurde angeführt durch Baillie Gifford im Reigen mit einer Reihe von Family Offices.

Mit Baillie Gifford investierte der erste institutionelle Anleger in CureVac. Auch wenn das schottische Urgestein der Investmentszene mit über 100-jähriger Geschichte hierzulande wenig bekannt ist, gehört Baillie Gifford zu den großen und sehr etablierten internationalen Investoren und verwaltet nach eigenen Angaben Vermögen im Wert von über 300 Milliarden US-Dollar.[5] Und wer den Slogan »Actual investors think in decades. Not quarters.« (Zu Deutsch: »Echte Investoren denken in Jahrzehnten. Nicht in Quartalen.«) exponiert auf seine Webseite stellt,[6] der passt ausgezeichnet zu der von dievini bekundeten Strategie, die sich wenig an Quartalsergebnissen ausrichtet.

Rund ein Jahr später schlossen sich zwei lokale Akteure, die Baden-Württembergische Versorgungsanstalt für Ärzte, Zahnärzte und Tierärzte sowie die L-Bank, der Runde an und leisteten eine Einlage von insgesamt 26 Millionen Euro. Auch die strategischen Engagements von Eli Lilly und Genmab hatten Equity-Komponenten.[7, 8] Auf strategische Investments werden wir in Kapitel 7 noch genauer eingehen.

Die Bundesrepublik Deutschland beteiligt sich

Nach diesen Investments seit 2015, die in der Öffentlichkeit kaum eine Rolle spielten, gelangte im Juni 2020 wieder eine Sensation auf die Titelseiten der Zeitungen: Der Bund stieg mit einem Betrag von 300 Millionen Euro bei CureVac ein und erwarb so einen Unternehmensanteil von 23 Prozent. Manch einem Leser fiel da buchstäblich die Kinnlade herunter. War CureVac während der Coronakrise in Schieflage geraten, so wie die Lufthansa? Bundeswirtschaftsminister Peter Altmaier, Mehrheitseigentümer Dietmar Hopp und Unternehmenschef Franz-Werner Haas beeilten sich, in einer gemeinsamen Bundespressekonferenz die Beweggründe zu erläutern. Altmaier sagte, die Technologie von CureVac habe »das Potenzial, neue Impfstoffe und therapeutische Behandlungsmöglichkeiten für viele Menschen zu entwickeln«.[9] Mit der Kapitalspritze wolle der Bund Entwicklungen beschleunigen und dem Unternehmen finanzielle Sicherheit geben.

Doch auch die industriepolitische Dimension des Engagements wurde nicht verheimlicht. Seit Längerem war Altmaier bestrebt, ausländische Aufkäufe von Schlüsseltechnologien etwa aus China zu erschweren. Im Mai 2020 beispielsweise war eine schärfere Außenwirtschaftsverordnung beschlossen worden, mit einer Meldepflicht beim Verkauf von mehr als 10 Prozent an deutschen Impfstoff-, Arzneimittel- und Hygienemittel-Unternehmen ins Ausland. In dieses Horn blies Altmaier auch in der Bundespressekonferenz zum Einstieg bei CureVac – wie er selbst bemerkte, mit etwas burschikosen Worten: »Germany is not for sale. Wir verkaufen unser Tafelsilber nicht.«[10]

Dietmar Hopp zeigte sich bei derselben Gelegenheit erfreut darüber, dass Biotechnologie als Schlüsselindustrie erkannt worden sei und über die frühen Phasen der Entwicklung hinaus unterstützt werde.

Altmaier beugte Bedenken vor, der Staat wolle Einfluss auf die Geschäftspolitik nehmen. Dies sei nicht der Fall, versicherte er den Journalisten: »Der Staat ist nicht der bessere Unternehmer. Unternehmerische Entscheidungen sollen von Unternehmern getroffen werden. Der Staat soll sich darauf konzentrieren, die Rahmenbedingungen positiv zu setzen und dort zu helfen, wo Hilfe nötig ist.«[11]

Und auch CureVac-CEO Franz-Werner Haas freute sich über das Investment und versicherte, dass das Unternehmen die Verpflichtung empfinde, die in Deutschland entwickelte Innovation der gesamten Welt zur Verfügung zu stellen.[12]

Man kann den Vorgang vermutlich nur vor dem Hintergrund der Geschehnisse im März des Jahres verstehen, als die Coronapandemie die höchsten politischen Wellen schlug. Am 2. März 2020 hatte US-Präsident Donald Trump die Chefs der führenden Pharmaunternehmen zur Pressekonferenz ins Weiße Haus antanzen lassen, um sich einen Eindruck von ihren SARS-CoV-2-Impfstoffentwicklungen und Covid-19-Medikamentenentwicklungen zu verschaffen. Die Pressekonferenz wurde live übertragen. In einer für Trump typischen Darbietung, in der die Kamera die ganze Zeit ausschließlich auf den Präsidenten der Vereinigten Staaten gerichtet war, ging das Wort reihum an die Industrieführer, die kaum im Bild auftauchten. Eine der Stimmen aus dem Off gehörte Daniel Menichella, dem damaligen CEO von CureVac, der die Vorzüge der mRNA-Technologie aus dem schwäbischen Tübingen vorstellte.[13]

Am 11. März 2020 teilte CureVac in einer Pressemitteilung mit, dass Firmengründer und Aufsichtsratschef Ingmar Hoerr Menichella im Amt des CEO nachfolgen werde.

Bereits am 16. März 2020 veröffentlichte CureVac in einer Pressemitteilung die Nachricht, dass Ingmar Hoerr seine gerade wieder übernommene Funktion als Vorstandsvorsitzender für gewisse Zeit aus gesundheitlichen Gründen nicht ausüben könnte. Er werde zunächst durch Franz-Werner Haas vertreten.[14] Am 4. August wurde die vorübergehende Vertretungsrolle in ein dauerhaftes Amt umgewandelt.[15] Ingmar Hoerr erschien erst am Tag des Börsengangs am 14. August wieder in der Öffentlichkeit. Im November des Jahres sprach er im *Tagesspiegel* zum ersten Mal und in der Weihnachtsausgabe der *Süddeutschen Zeitung* ausführlich über die Gründe für sein Abtauchen. Er hatte am 13. März in Berlin im Hotel während eines Austauschs per WhatsApp mit seiner Assistentin eine Hirnblutung erlitten. Als der Austausch abbrach und die Assistentin ihn per Telefon nicht erreichen konnte, informierte sie die Rezeption. Nur deshalb wurde Ingmar rechtzeitig entdeckt und in der benachbarten Charité notoperiert. Nach Wochen im Koma musste er in monatelanger Reha das Sprechen, Laufen und Essen neu erlernen.[16, 17]

Zur gleichen Zeit, als erst Daniel Menichella und danach Ingmar aus dem Amt des Vorstandsvorsitzenden ausschieden, ereignete sich ein skandalöser Vorgang: Am 15. März meldete die *Welt am Sonntag* eine »handfeste – wenn auch indirekte – wirtschaftspolitische Auseinandersetzung«, von der die Autoren aus deutschen Regierungskreisen erfahren hätten. Demnach wolle Donald Trump versuchen, CureVacs Impfstoff-Wissenschaftler mit hohen finanziellen Zuwendungen nach Amerika zu locken beziehungsweise sich exklusiven Zugriff auf den Impfstoff für die USA sichern.

> *»Von einer Milliarde Dollar ist in Berlin die Rede. Besonders problematisch ist: Trump tue alles, um einen Impfstoff für die Vereinigten Staaten zu bekommen. ›Aber eben nur für die USA‹, heißt es in der Bundesregierung.«*[18]

CureVac hat sowohl das Vorliegen von Angeboten aus dem Weißen Haus als auch einen Zusammenhang des Wechsels an der Führungsspitze mit den kolportierten Angeboten stets dementiert. In einem Tweet erklärte die Firma:

> *»Um eine Sache zum Coronavirus klarzustellen: CureVac hat weder von der US-Regierung noch von mit ihr verbundenen Stellen ein Angebot erhalten, nicht vor, nicht während und auch nicht nach dem Task-Force-Treffen im Weißen Haus am 2. März 2020.«*[19] *[Übersetzung durch den Autor]*

Auch vonseiten des Mehrheitsinvestors kamen entsprechende Dementis.[20]

Für das Nichts, das sich angeblich ereignet hatte, zog eine Menge Rauch durch die Flure des Berliner Regierungsviertels. Gleich von mehreren regierungsamtlichen Seiten gab es Kommentare: Gesundheitsminister Jens Spahn meinte, er sei in guten Gesprächen mit CureVac, Innenminister Horst Seehofer berichtete, das Thema werde in einem neu geschaffenen Krisenstab besprochen, und Wirtschaftsminister Peter Altmaier äußerte auch damals schon markig, Deutschland stehe nicht zum Verkauf.[21, 22]

Schon vor den Berichten in der *Welt am Sonntag* vom 15. März müssen die Bundesregierung und CureVac im Austausch über eine Beteiligung gestanden haben, wie aus dem Beitrag hervorgeht. Es ist von laufenden Verhandlungen mit CureVac die Rede und vom Interesse der Bundesregierung, Impfstoffe in Deutschland und Europa zu entwickeln.

In einem Kommentar der im Ausland viel gehörten »Deutschen Welle« werden die vermutlichen Beweggründe für den Einstieg des Bundes nüchtern zusammengefasst.[23] Die Gelder, die in die Erforschung neuer Präparate oder Impfstoffe flössen, seien im Vergleich zu den Kosten für die Testung vorhandener Wirkstoffe auf ihre Anwendbarkeit gegen Corona hoch. Und wegen der Ungewissheit über einen Erfolg oder Misserfolg seien sie auch mit hohen Risiken behaftet. Auch das dürfte die Bundesregierung dazu bewogen haben, den finanziellen Spielraum von CureVac mit einem staatlichen Investment zu erhöhen. Auch in anderen Ländern steckten die Regierungen viel Geld in Unternehmen, die an möglichen Impfstoffen arbeiteten. Tatsächlich waren beispielsweise Moderna in den USA von staatlicher Seite bis zu diesem Zeitpunkt bereits 483 Millionen US-Dollar an Fördergeldern – nicht etwa Beteiligungskapital – zur Beschleunigung der Impfstoffentwicklung gegen Corona zugeflossen. Der Kommentar führte weiter an, dass neben den mit Risiken verbundenen Entwicklungskosten Produktionskapazitäten aufgebaut werden müssten, um ein mögliches Präparat in großem Maßstab dann schnell produzieren und weltweit verteilen zu können. Dem Sieger im Wettrennen um einen Corona-Impfstoff jedenfalls winkten Milliardengewinne, da seien sich alle Branchenbeobachter einig. Möglich, dass sich eine solche Investition des Bundes wie im Fall des Einstiegs bei CureVac also in ferner Zukunft auszahlen könnte, schloss der Kommentar in der »Deutschen Welle«.

Im Zuge des Investments des Bundes wurde dann auch erstmals ein bevorstehender Börsengang kolportiert. *Die Welt* hatte aus einem Schreiben des Bundesfinanzministeriums an den Bundestag von einem von CureVac geplanten Börsengang an der Nasdaq in New York im Juli 2020 erfahren. Demnach solle der Erwerb der Bundesbeteiligung die Übernahme durch einen ausländischen Investor und ein Abwandern ins Ausland verhindern. Aus einem der Deutschen Presse-Agentur vorliegenden Schreiben gehe hervor, dass »die Entscheidung zum Bundeseinstieg wegen kapitalmarktrechtlicher Vorgaben ›höchst eilbedürftig‹ gewesen« sei.[24]

Bezüglich des staatlichen Investments in CureVac hielt sich die Opposition im Bundestag mit Kritik auffallend zurück. Es sei richtig, wenn der Staat hier bereit sei, Risiken zu tragen, die private Investoren möglicherweise scheuten, war vom Grünen-Politiker Danyal Bayaz zu hören.[25] Sogar aus den Reihen der FDP, die gewöhnlich dem schlanken Staat und der Freiheit der Wirtschaft das Wort redet, wurde begrüßt, dass die KfW die Unabhängigkeit des Herstellers sichere und so garantiere, dass der Impfstoff auch in Deutschland zur Verfügung stehen werde. Fraktionsvize Michael Theurer wandte lediglich ein, es müsse sichergestellt werden, dass durch die Staatsbeteiligung keine Interessenskonflikte bei der Zulassung entstünden.[26]

Ein Argument, das vor Donald Trump wohl kaum den Weg in die Berichterstattung gefunden hätte und das einen kleinen Exkurs wert ist. Dass »The Donald« sich nicht scheuen würde, Druck auf die Food and Drug Administration (FDA), die regulatorische Bundesbehörde in den USA, auszuüben, musste man zu diesem Zeitpunkt schon befürchten, und dies bestätigte sich spätestens im August 2020 mit der Affäre um den Nutzen von Plasma von Rekonvaleszenten zur Behandlung von Covid-19.[27]

Sein Engagement für eine schnelle Lösung der Coronapandemie erstreckte sich ja sogar auf einen Selbstversuch mit einem umstrittenen Medikament – lange vor seiner eigenen Erkrankung an Covid-19. Selbstverordnet führte er höchstpersönlich einen Selbstversuch mit dem umstrittenen Wirkstoff Hydroxychloroquin durch, der üblicherweise zur Malariaprophylaxe eingesetzt wird. Mehrere Tage lang nahm er anscheinend eine nicht näher bezeichnete Dosis zu sich.[28] Es sei angemerkt, dass Trump seine eigene wissenschaftliche Kompetenz einmal in einem Interview damit begründete, dass sein Onkel Professor am Massachusetts Institute of Technology (MIT) gewesen sei.[29] Vermutlich geht er davon aus, dass die Fähigkeit, wissenschaftliche Zusammenhänge zu begreifen, sich ähnlich wie blondes Haar vererbt. Dass er auch die Injektion eines Desinfektionsmittels im Rahmen einer Pressekonferenz im Weißen Haus als interessanten Ansatz zur Behandlung von Covid-19 ins Spiel brachte,[30] wäre demnach vermutlich darauf zurückzuführen, dass sein mit akademischen Weihen gesegneter Onkel kein Arzt war. Schlecht gelaufen.

Kurz vor der Zulassung des ersten mRNA-Impfstoffes der Firmen BioNTech und Pfizer gegen Covid-19 im Dezember 2020 forderte der Stabschef des abgewählten Präsidenten, Mark Meadows, aus dem Weißen Haus per Twitter den Kopf der FDA, Stephen Hahn, auf, seinen Rücktritt einzureichen, wenn das Vakzin nicht bis zum Abend zugelassen sei.[31]

Die Tatsache, dass Donald Trump den politischen Durchsetzungsanspruch hatte und sich durch mangelnde Kompetenz nicht gebremst fühlen würde, legte den Verdacht nahe, dass er versucht sein könnte, Einfluss zu nehmen. Eine solche Befürchtung teilten gemäßigte Journalisten im Wahlkampfsommer 2020 in den USA noch häufig und mutmaßten, ein halbgarer Wirkstoff würde in der Woche vor den Präsidentschaftswahlen auf den Markt gebracht. Dem widersprach die FDA mit ihrem Kommissar Stephen Hahn freilich explizit. Eine Einflussnahme der Politik komme nicht infrage.[32] Wenig später musste Hahn eine nur elf Tage zuvor eingestellte Sprecherin entlassen. Sie hatte ohne wissenschaftliche Grundlage die Wirkung einer möglichen Covid-19-Behandlung übertrieben, die Trump während des republikanischen Nominierungsparteitags gepriesen hatte, um sein vielfach kritisiertes Management während der Coronakrise aufzubürsten. Emily Miller, die geschasste Sprecherin, hatte vor ihrem kurzen Intermezzo bei der FDA kaum Erfahrung im Bereich der Gesundheitspolitik gesammelt, dafür umso mehr in Aktivitäten für republikanische Organe.[33]

Sogar die großen in der Impfstoffentwicklung tätigen Pharmaunternehmen verwehrten sich dagegen, die Erfolge ihrer Bemühungen zur Bekämpfung von Covid-19 nach anderen als den üblichen wissenschaftlichen Maßstäben zu bewerten.[34] Trotz aller effektheischenden Sprüche aus dem Weißen Haus darf man annehmen, dass die Behörde pflichtbewusst ihre Arbeit gemacht und eine rationale Entscheidung getroffen hat. Und auch für das Robert Koch-Institut, die deutsche Oberbehörde für Impfstoffzulassung, gibt es keinerlei Hinweise, die auf eine Bereitschaft hindeuten würden, eine Einflussnahme von oben oder gar von außen zugunsten einer Zulassung von CureVacs Wirkstoffen zu tolerieren.

Nachdenkliche Stimmen zum CureVac-Investment des Bundes gab es aber dennoch, zum Beispiel vonseiten der Monopolkommission. Wenig überraschend erkannte deren Vorsitzender Achim

Wambach in dem Schritt eine Gefahr für den freien Wettbewerb. Unternehmen, an denen der Bund beteiligt sei, erlangten allein schon durch diese Tatsache einen Vorteil.[35] Und der Staat solle bei CureVac auch schnell wieder aussteigen.[36] Auch der Kommentator des *Handelsblatts*, Gregor Waschinski, hielt Staatsbeteiligungen für das äußerste Mittel und selbst in einer Coronakrise für nicht gerechtfertigt.[37] Ebenso wie Lars Feld, seines Zeichens oberster Wirtschaftsweiser, der gegenüber der Zeitung *Die Welt* von einer »falschen Strategie« sprach, die vor allem »protektionistischen Zwecken« diene.[38]

Es bleibt anzumerken, dass dem Staat mit einem Investment ja auch der Gegenwert an Aktien des Unternehmens zufällt, was eine ungleich geringere staatliche Unterstützung bedeutet als beispielsweise die in den USA geöffneten Subventionsfässer, aus denen 483 Millionen und 472 Millionen US-Dollar an jeweils nicht rückzahlbaren Fördergeldern an CureVacs Konkurrenz Moderna Inc. anlässlich deren Corona-Impfstoffentwicklung flossen.[39, 40] Dagegen nimmt sich eine Beteiligung in Höhe von 300 Millionen Euro gegen die Ausreichung von Unternehmensanteilen schon wieder sehr bescheiden aus oder – aus Sicht der Bundesregierung – wie ein aussichtsreiches Investment. Erwähnt sei allerdings, dass auch CureVac zu einem späteren Zeitpunkt nicht rückzahlbare Fördergelder erhalten hat, im September 2020 beispielsweise einen Zuschuss von 250 Millionen Euro für die Impfstoffentwicklung.

Besonders spannend ist die Frage, warum diese »Einmischung« des Staates abseits seiner Kernaufgaben wirklich nötig war. Weshalb gab es anscheinend nicht genügend deutsche, europäische oder weltweite Privatinvestoren, die zu gleichen Konditionen in das Unternehmen einsteigen wollten? Denn auch wenn man dem schwäbischen Unternehmen mit seiner schwierigen Finanzierungsgeschichte keinen Vorwurf daraus machen kann, Geld dort aufzusammeln, wo es herumliegt – der Einstieg des Staates musste, abgesehen von der kostenlosen Publicity und der kräftigen Finanzspritze, ein seltsames Gefühl hinterlassen. Von einer für CureVacs Anteilseigner günstigen – also hohen – Bewertung konnte man schon zum

Zeitpunkt des Investments des Bundes bei einer Bewertung von einer Milliarde Euro, verglichen mit früheren Bewertungen von CureVac oder der Konkurrenz im mRNA-Geschäft, kaum ausgehen. Moderna wartete zum Zeitpunkt des Investments des Bundes mit einem Börsenwert von mehr als 20 Milliarden US-Dollar auf. Die an der Nasdaq notierte deutsche Konkurrenz BioNTech brachte im Juni 2020 über 10 Milliarden US-Dollar auf die Waage. Und auch Translate Bio wies zur selben Zeit einen Wert von 1,7 Milliarden US-Dollar aus – und das mit erkennbar deutlich geringwertigerem Portfolio im Vergleich zu CureVac.

Aufseiten der Bundesregierung wirkt die Unterstellung, dass ein Engagement von wem auch immer gleich zur Abwanderung von CureVac, zur exklusiven Veräußerung von Corona-Impfstoffrechten ins Ausland oder zur Kontrolle der Firma durch fremde Mächte führen würde, angesichts der komfortablen Mehrheit der Familie Hopp auch nach dem Investment des Bundes wie ein allzu wohlfeiles Argument. Und dass der Bund nach einem Börsengang bei Kapitalerhöhungen mitgehen und seinen Anteil auf über 25 Prozent ausbauen und halten würde, um sich einen bleibenden kapitalmarktrechtlich signifikanten Einfluss in der Firma zu sichern, durfte schon bei der Verkündung des Investments bezweifelt werden. Warum also musste für die von Altmaier angeführte »finanzielle Sicherheit« eines der heißesten Technologieunternehmen am Markt niemand anderes als der Staat sorgen?

Dass er es tat, hatte freilich für das Unternehmen wie für den Staat selbst auch sehr positive Effekte. Für das Unternehmen war die kostenfreie Publicity im Zusammenhang mit dem kurz darauf erfolgten Börsengang kaum ersetzbar. In ungewohnter Häufigkeit berichteten auch hoch seriöse Medien über CureVac. CureVac hier, CureVac da, CureVac dies, CureVac das. Das erreicht man auch mit viel Geld sonst kaum. Und der Staat verdiente – zunächst auf dem Papier – in der Manier eines erfolgreichen Risikokapitalinvestors beim im August folgenden Börsengang kräftig mit. Nach dem Einstieg mit etwa 350 Millionen US-Dollar bei einer Bewertung von etwa 1,2 Milliarden US-Dollar erreichte die Börsenkapitalisierung im ersten Monat nach dem Börsengang zwischen neun und 13 Milliarden US-Dollar, wovon die Bundesrepublik dann etwa 17 Prozent hielt. Das entspricht einem Wert des Bundesinvestments von 1,5 bis 2,2 Milliarden US-Dollar. Die Anteile des Bundes waren also binnen weniger Wochen um den Faktor vier bis sechs wertvoller geworden. Zum Jahresende lag die Marktkapitalisierung von CureVac bei etwa 20 Milliarden US-Dollar und der Wert des Bundesinvestments bei 3,5 Milliarden US-Dollar. Das entspricht einer Verzehnfachung des eingesetzten Geldes innerhalb von vier Monaten. Zugegebenermaßen erst einmal auf dem Papier, da die Altinvestoren wie in solchen Fällen üblich den Investmentbanken gegenüber einer Lockup-Periode unterlagen, in der sie nicht verkaufen durften. Dennoch knallen angesichts solcher Wertsteigerungen auch bei den abgebrühtesten Wagniskapitalisten schon mal die Champagnerkorken aus den Magnumflaschen.

Weniger in Sektlaune war vermutlich die Konkurrenz, die solche Unterstützung auch gern erfahren hätte. Um genau zu sein, waren und sind nur kleinere Unternehmen im Nachteil, denn neben CureVac haben auch alle noch größeren Unternehmen in direkter Konkurrenz einen ordentlichen Schluck aus der staatlichen Pulle erhalten. Hauptkonkurrent Moderna in den USA hatte bereits im Frühjahr Unterstützung durch Uncle Sam erfahren und zwar, wie oben bereits erwähnt, in Form von besonders marktverzerrenden nicht rückzahlbaren Fördergeldern in Höhe von rund 500 Millionen US-Dollar. Das Investment des Bundes hatte also eher den Anstrich von Protektion im internationalen Wettbewerb. Das ist zwar nicht im Sinne einer freiheitlichen Marktordnung, aber wenn das Ausland, in diesem Fall die USA, vorprescht, dann kann man den Schachzug der Bundesrepublik vielleicht eher nachvollziehen. Und auch CureVacs Konkurrent in Deutschland, BioNTech, der in Kooperation mit dem US-amerikanischen Pharmariesen Pfizer einen mRNA-Impfstoff gegen Corona entwickelte, erfuhr im September 2020 eine umfangreiche Begünstigung. BioNTech und CureVac, Deutschlands Musterkinder in Sachen SARS-CoV-2-Impfstoffentwicklung, erhielten zusammen mit einem weiteren Covid-19-Medikamentenentwickler insgesamt 750 Millionen Euro an staatlichen Fördergeldern – BioNTech nun mit rund 350 Millionen Euro etwas mehr als CureVac mit »nur« 250 Millionen Euro.

Was die leichtfüßigen Betrachtungen über dreistellige Millionensummen zur in der Tat derart kostspieligen Entwicklung von Medikamenten vergessen lassen, ist, wie schwindelerregend hoch diese Beträge eigentlich sind. Hoffentlich sind sich alle darüber einig, dass derartiges staatliches Handeln nicht zur Regel werden kann und auf die Ausnahmesituation der Pandemie beschränkt bleiben muss.

Das wiederum wirft die Frage auf, wie wir es den deutschen Einhörnern erleichtern können, zu Geld zu kommen, ohne dass der Staat unmittelbar eingreifen muss. Standortpolitik ist ein erlaubtes und wirksames Instrument im internationalen Wettbewerb, und hier könnte eine Menge getan werden. Dazu später mehr.

Zeitgleich mit der Bundesrepublik beteiligten sich auch der Staatsfonds aus Katar sowie das Impfstoffunternehmen GlaxoSmithKline, auf dessen strategisches Investment wir in Kapitel 7 zurückkommen. Wenige Wochen darauf ging CureVac an die Börse.

Der Börsengang am 14. August 2020

Mit einem Börsengang wird ein Start-up-Unternehmen in gewisser Weise erwachsen. Berichtswesen, Transparenzregeln, Compliance-Regeln und vieles mehr entsprechen ab diesem Tag demselben Standard, der für alle großen an der Börse notierten Unternehmen gilt. Erfolge wie Misserfolge spiegeln sich in den täglich beziehungsweise stündlich oder minütlich wechselnden Bewertungen der Aktie wider. Dem Langmut von Investoren, sofern es ihn je gab, ist damit erst einmal ein Ende gesetzt.

Und wie Jugendliche ihren 18. Geburtstag herbeisehnen, so fiebern auch die Anteilseigner dem ersten Handelstag entgegen. Denn gerade die Handelbarkeit der Aktie ist ein Hauptgrund für die Attraktivität der Börsennotierung. Investoren wie Gründer können nun endlich ihre zuvor in illiquiden Unternehmensanteilen eingefrorenen Werte veräußern und versilbern. Für Risikokapitalgesellschaften ist der Börsengang eine Form des geschäftsnotwendigen Exits. Sie können ihr Investment zu Geld machen und damit wiederum ihre Investoren beglücken, teilweise nach Jahren des Wartens.

Auch das Management sehnt für gewöhnlich den großen Tag herbei, denn dann endet erst einmal eine ausgeprägte Stressphase. Die Vorbereitung des Börsengangs wird zwar meist von erfahrenen Banken und Anwälten begleitet, doch die Arbeit erledigen immer noch die Mitarbeiter, und die Verantwortung liegt am Ende auf den Schultern des obersten Managements. So hat unter anderem die Finanzabteilung einigen Betriebssport zu bewältigen, um das Berichtswesen den Anforderungen der jeweiligen Börse anzupassen, etwa den Internationalen Rechnungslegungsstandards (IFRS) oder dem entsprechenden Regelwerk in den USA (US GAAP). Quartalstermine für die Berichterstattung sind pünktlich einzuhalten. Aber auch die anderen Bereiche des Unternehmens müssen ab sofort präzise und zutreffend den Stand der Entwicklungen spiegeln. Das haben sie zwar auch schon vorher getan, aber die Sorge, jemand könnte das Unternehmen angreifen, wenn Dinge unvollständig oder gar falsch dargestellt würden, ist nach dem Börsengang ungleich höher.

Die exponierten Führungskräfte des Unternehmens sprechen pausenlos mit interessierten Investoren und werben um deren Investment. Sie erklären tausendfach die Technologie, die Produkte, den Schutz des geistigen Eigentums, die Finanzlage des Unternehmens und andere Dinge mehr.

Eine Investor-Relations-Abteilung brauchte man vor dem Börsengang nicht. Nun müssen alle Mitteilungen im Spannungsfeld von Berichtserfordernissen nach Börsenregeln, Imagewerbung und Geheimhaltungsinteressen sorgsam abgewogen werden. Und auch Manager und Mitarbeiter können mit ihren öffentlichen Äußerungen auf dem schlüpfrigen Börsenparkett viel schneller und gründlicher auf die Nase fallen als zuvor.

In vielen Fällen ist mit der Ausgabe von Anteilsscheinen an der Börse eine Finanzierung verbunden. Im Wege der Kapitalerhöhung werden neue Aktien geschaffen und veräußert, das Kapital der bisherigen Anteilseigner wird verwässert – oder diese zeichnen entsprechend ihrer Anteilsquote neue Anteile. Auch CureVac hat mit dem Börsengang neues Kapital aufgenommen. Doch beginnen wir mit dem Ereignis selbst.

Am Freitag, den 14. August 2020, um 10 Uhr Ortszeit in New York, hätte Pierre Kemula, der amtierende CFO von CureVac, im Börsensaal der Nasdaq die Glocke läuten sollen, mit deren Erklingen jeder Börsentag beginnt. Zum ersten Mal mitgehandelt: Anteile von CureVac! Leider durchkreuzte das Coronavirus diesen schönen Brauch, beziehungsweise moderne Videokonferenztechnik ermöglichte es ersatzweise, im Besprechungsraum von CureVac in Tübingen um 16 Uhr Ortszeit ein Glöckchen zu läuten. Immerhin: CureVacs Management – allen voran CEO Franz-Werner Haas – wurde am Times Square in Manhattan live an die Hauswand projiziert und per Text im Bild an der Nasdaq begrüßt. Die Bewohner des Big Apple wussten also Bescheid: CureVac ist an der Börse notiert.

Und kaum in New York von der Leine gelassen, machte der Kurs des schwäbischen Unternehmens erst einmal gewaltige Luftsprünge: War als Ausgabepreis mit den Konsortialbanken noch eine Preisspanne von 14 bis 16 US-Dollar pro Aktie vereinbart worden, wurden die ersten Geschäfte an der Börse bei 44 US-Dollar abgeschlossen, was einem Faktor von fast drei entspricht. Die Aktie beendete den ersten Börsentag mit einem Kurs von 59,90 US-Dollar (fast das Vierfache des Ausgabepreises), um dann am zweiten Tag bei 84,40 US-Dollar zu eröffnen – mehr als fünfmal so viel wie der Ausgabepreis! Über den ersten Monat hinweg pendelte sich der Wert eines Anteils dann zwischen 55 und 65 US-Dollar ein.

CureVac nahm mit dem Börsengang durch die Veräußerung von Anteilsscheinen – zum Ausgabepreis von 16 US-Dollar pro Aktie –

245 Millionen US-Dollar an Kapital auf. Dabei war der IPO (Inital Public Offering; öffentliches Erstangebot) zwölffach überzeichnet. Für jeden Glücklichen, der eine Aktie zum Ausgabepreis zugeteilt bekam, gingen zwölf andere leer aus.[41]

Verfünffachung des Ausgabepreises an zwei Handelstagen! Zwölffach überzeichnet! Wer hätte davon auch nur zu träumen gewagt? Und was war das hier eigentlich: ein erfolgreicher Börsengang? Eine heillose Unterbewertung, die sich nun offenbart hatte? Eine Unterschätzung der Nachfrage? Ein Hype, den niemand erwarten konnte? Ein höchst leckeres Schnäppchen, das sich ein Kreis von Eingeweihten sicherte? Oder hatte sich gar über Nacht etwas ereignet, das eine komplette Neubewertung rechtfertigen würde?

Eines steht fest: CureVac legte eines der spektakulärsten Börsendebuts des Jahres 2020 und sogar des gesamten Jahrzehnts hin. Dabei gelten steigende Kurse nach Ausgabe als das Erfolgskriterium schlechthin. Gleichzeitig war von einer erfolgreichen Zulassung eines Medikaments, von einer Akquisitionsankündigung oder von anderem, was die Fantasie der Börsenprofis gemeinhin anregt, weit und breit noch nichts zu erkennen.

Was die Sache noch rätselhafter macht, ist, dass der genaue Zeitpunkt des Börsengangs lange geheim gehalten wurde und dieser dann Mitte August sehr rasch durchgeführt wurde. Zwar war im Zusammenhang mit der Beteiligung des Bundes der Börsengang schon für Juli kolportiert worden. Doch diese Nachricht beruhte auf durchgesickerten Informationen aus dem Bundesfinanzministerium, nicht auf Ankündigungen des Unternehmens.[42] Solche blieben bezüglich eines Datums für den Börsengang auch im gesamten Juli aus. Der Termin am 14. August kam dann für viele überraschend schnell. Bereits am 29. April hatte CureVac bei der Securities and Exchange Commission (SEC) in den USA eine erste Version eines Prospekts im Zusammenhang mit einem Registration Statement hinterlegt. Bezüglich wirtschaftlicher Festlegungen wie Ausgabepreis, Anzahl der Aktien und Ausgabedatum wies diese Veröffentlichung allerdings Lücken auf. Am 20. Juli mutmaßte die *Süddeutsche Zei-*

Abbildung 8: Börseneinführung von CureVac
an der US-Technologiebörse NASDAQ.
Das Konterfei von CEO Franz-Werner Haas erscheint
als Videofassade am Times Square in Manhattan.

Quelle: Nasdaq MarketSite/AP Photo

tung, dass ein Börsengang im September oder Oktober geplant sei, und berief sich dabei auf einen Bericht der Nachrichtenagentur Reuters, die ihrerseits von mit der Angelegenheit vertrauten Quellen informiert worden sei.[43] Am 24. Juli folgte ein sogenanntes F1 Filing der Firma bei der SEC, eine Foreign Private Issuer Registration, die eine neuere Version des Prospekts enthielt und wieder dieselben Lücken hinsichtlich Bewertung, Volumen und Datum aufwies. Weitere Versionen dieser Veröffentlichung vom 31. Juli, 7. August und 10. August legten dann allmählich die kommerziellen Bedingungen fest. Es würden 13 333 333 Aktien zu einem Preis zwischen 14 und 16 US-Dollar ausgegeben. Knapp zwei Millionen weitere Aktien könnten als »green shoe« zusätzlich ausgegeben werden. Dieser Begriff bezeichnet eine Option für die Konsortialbanken, das an der Börse platzierte Kapital auszuweiten. Sie wird immer dann gezogen, wenn absehbar ist, dass der Börsenstart gut verlaufen wird. Hauptanteilseigner Dietmar Hopp wollte 100 Millionen Euro in einer Privatplatzierung zum Ausgabepreis investieren. Weiterhin ungenannt blieb ein IPO-Datum.

Am Montag, den 10. August meldete die *Frankfurter Allgemeine Zeitung*, dass ein Datum für den Börsengang weiterhin nicht vorliege. Zwischen offizieller Ankündigung und Erstnotiz lägen üblicherweise etwa vier Wochen.[44]

Aufgrund des fehlenden Datums gab es bislang keine offizielle Ankündigung. Später am selben Tag veröffentlichte CureVac eine Pressemitteilung, der zufolge der Börsengang am 14. August stattfinden solle. Und so kam es. Am Freitag derselben Woche wurden bereits CureVac-Aktien gehandelt.

Die Zeit zwischen offizieller Ankündigung und IPO-Termin wird üblicherweise dafür genutzt, die Neuigkeit der Erstnotiz möglichst weit zu verbreiten. Je bekannter die neue Aktie, umso größer das vermeintliche Interesse, und je stärker die Nachfrage, desto höher der erzielbare Preis beziehungsweise das neue Kapital. Nun, viel Werbung war bei CureVac angesichts der zwölffachen Überzeichnung anscheinend nicht nötig.

Und offensichtlich war allen, die sich um die Aktie bemühten, bewusst, dass hier ein schneller Gewinn winkte. Denn während CureVac im Juni nach den Investments des Bundes, Glaxos und des Staatsfonds Katar rund 2 Milliarden US-Dollar wert war, wartete die unmittelbare Konkurrenz BioNTech und Moderna Anfang August 2020 mit einer Marktkapitalisierung von 20 beziehungsweise 30 Milliarden US-Dollar auf. Zwar waren diese Konkurrenten CureVac hinsichtlich der Entwicklung eines SARS-CoV-2-Impfstoffs ein paar Monate voraus und ihre Entwicklungsportfolios lasen sich etwas umfangreicher. Dafür besaß CureVac bereits Erfahrungen mit einem Impfstoff der gleichen Bauart gegen Tollwut und entwickelte Dosen, die um ein Vielfaches geringer waren als die der Konkurrenz – mit entsprechenden Preis- und Mengenvorteilen bei der Herstellung. Jedenfalls ließ sich der vorliegende Bewertungsunterschied um den Faktor zehn bis 15 nicht gut nachvollziehen. Beinahe unter »ferner liefen« rangierte Arcturus, benannt nach dem vierthellsten Stern am Nachthimmel, als vierthellster Stern am mRNA-Himmel mit einer Bewertung von immerhin 1,3 Milliarden US-Dollar. Arcturus ist ebenfalls ausschließlich auf mRNA spezialisiert, war aber im Frühsommer 2020 schlechter finanziert als CureVac und seine Covid-19-Impfstoffentwicklung befand sich noch nicht in der klinischen Phase.

Mit meinem Freund und versierten Biotechunternehmer Michael Burnet spielte ich ein paar Tage vor dem Börsengang das Spiel »Schreib die Bewertung am Ausgabetag auf einen Zettel«. Als wir verglichen, stand auf seinem Zettel 18 Milliarden US-Dollar, ich hatte 7 Milliarden US-Dollar notiert. Gelandet ist CureVac dann im ersten Monat zwischen diesen beiden Werten.

Unser Zettelspielchen legte nahe, sich mit den Konsortialbanken in Verbindung zu setzen, die ihre Schäfchen in der Regel ja zuerst versorgen, bevor Ladenhüter auch an nicht unmittelbar am IPO beteiligte Banken weitergegeben werden, damit dortiges Interesse befriedigt werden kann. Wer also ein gefragtes Papier zeichnen will, kommt um den direkten Kontakt mit Konsortialbanken in der Regel nicht herum. Und wer im Falle des CureVac-IPO diesen direkten Kontakt suchte, konnte die Exklusivität des Unterfangens aus erster Hand erfahren. »Haben Sie ein Konto bei uns? Nein? Ich verbinde mit der Neukundenakquise.« Die freundliche Dame der Neukundenakquise hatte an diesem Tag wahrscheinlich schon an die zehntausend Gespräche geführt, denn sie zögerte nicht mit der Eingangsfrage: »Sie wissen aber schon, dass wir Konten erst ab einer Einlage von einer Million eröffnen?«

Das goldene Geschäft, einen Wertsprung von einem Zeichnungspreis von 16 US-Dollar auf 55,90 US-Dollar am Ausgabetag und während des ersten Börsenmonats mitzunehmen und so den eigenen Einsatz mehr als zu verdreifachen, gelang also nur einem nicht näher bezeichneten Kreis an Investoren, den vor allem die Konsortialbanken kennen.

Gab es Verlierer? Wer hat den Reibach der anderen bezahlt? An allererster Stelle Familie Hopp. Über ihr Family Office dievini hielt sie zum Zeitpunkt des Börsengangs etwa 50 Prozent der Firmenanteile. Diese wurden aufgrund der vermeintlich um den Faktor drei bis vier zu günstig ausgegebenen neuen Anteile stärker verwässert als nötig – anders ausgedrückt, erhielten die neuen Investoren aufgrund des zu günstigen Preises mehr Anteile am Unternehmenskuchen, als erforderlich gewesen wäre. Ein Teil dieses Verlustes wurde freilich durch Hopps Privatplatzierung in Höhe von 100 Millionen Euro wettgemacht, einem direkten Investment in das Unternehmen, das parallel zum IPO an der Börse vorbei und zum Preis des ersten öffentlichen Angebots – also demselben Schnäppchenpreis, den auch die glücklichen Zeichner erhielten – getätigt wurde.

Im Gleichschritt mit Familie Hopp wurde auch das investierte Kapital der anderen Altinvestoren und Gründer stärker verwässert als nötig. Hiervon ausgenommen waren die jüngst hinzugekommenen Investitionen der Bundesrepublik Deutschland, GlaxoSmithKlines und des Staatsfonds Katar, denn von einer ähnlich starken Unterbewertung durfte man auch schon zum Zeitpunkt ihres Einstiegs im Juni 2020 ausgehen. Wer erst damals und damit günstiger eingekauft hat, der hat auch keine Verluste gemacht. Darüber hinaus liegt die Vermutung nahe, dass zum Kreis der erlauchten Zeichner – mit Einlagen jenseits einer Million – auch einige der Altinvestoren gehörten, was ihren Verlust etwas aufgefangen hätte. Bleiben noch die Gründer, sofern sie kein Konto mit einer Million eröffnen wollten.

Dietmar Hopp freilich fühlte sich überhaupt nicht als Verlierer. In einem Interview mit dem *Handelsblatt* drei Wochen nach dem Börsengang wurde ihm die Frage gestellt, ob er angesichts der starken Kursgewinne am ersten Handelstag die Aktien für den Bund nicht viel zu günstig ausgegeben habe. Seine Antwort lautete, dass dies schwer zu beantworten sei. »Heute, nach dem Börsengang, ist sicher klar, dass die Bewertung der Firma deutlich höher ausfällt. Aber diese Dynamik kam auch für uns überraschend.« [45]

Bei ersten Gesprächen mit Investoren ein halbes Jahr zuvor sei eine solche Bewertung noch nicht absehbar gewesen. Der Einstieg des Bundes und auch die Engagements von GlaxoSmithKline und Katar hätten als vertrauensbildende Maßnahmen mit Blick auf die Märkte sehr geholfen.

> *»Auch der Ausgabepreis beim IPO erscheint im Rückblick viel zu bescheiden. Die Preisspanne beim Börsengang repräsentierte einen soliden Aufschlag von etwa 25 Prozent gegenüber der letzten Finanzierungsrunde. Wenn wir eine noch deutlich höhere Bewertung von 4 oder 5 Milliarden US-Dollar für die Firma verlangt hätten, wäre der IPO vermutlich gescheitert. Und es ging uns ja auch nicht darum, im IPO auf jeden Fall den höchsten Preis auszureizen.«*[46]

Schließlich sei es auch darum gegangen, anerkannte, branchenversierte und möglichst langfristig orientierte Investoren zu gewinnen. Darauf habe man bei der Zuteilung von Aktien im IPO besonders geachtet.

Fassen wir also zusammen: In der Zeit vor Beginn der Coronakrise war das Unternehmen ohnehin noch viel weniger wert. Dann kamen die Trump-Episode und das Investment des Bundes mit konservativer Bewertung, vermutlich durch eine deutsche Wirtschaftsprüfungsgesellschaft, der womöglich aktuelle Gewinne in der Bilanz gefehlt haben. Mit ihren Investments sorgten Katar und Glaxo erst spät für die Anerkennung am Markt. Die parallel verlaufende Dynamik der Coronapandemie konnte man nicht mitnehmen oder wollte das auch gar nicht, weil man ja langfristig orientierte Investoren suchte. Nun ja. Den Gründern oder jemandem, der sich angesichts der anstehenden Herkulesaufgaben eine noch komfortablere Finanzierung gewünscht hätte, bleibt ein wehmütiger Seufzer.

Denn im Grunde ist auch CureVac mit allen seinen aktuellen und künftigen Eigentümern ein bisschen weniger Gewinner, als es möglich gewesen wäre: Hätte man alle Interessenten aus dem zwölffach überzeichneten IPO bedienen können, dann hätte das Unternehmen rein theoretisch und rechnerisch nicht nur 245 Millionen US-Dollar, sondern knapp 3 Milliarden US-Dollar an neuem Kapital aufnehmen können. Dieser theoretischen Betrachtung folgend hätte man in Sachen Kapitalisierung mit Moderna fast gleichziehen können. Doch was noch nicht ist, kann ja noch kommen. Und wenn spätere Investments zu höheren Bewertungen erfolgen könnten, dann wäre allen heutigen Aktionären wieder gedient. Dass CureVac weiter auf Kapitalsuche ist, bestätigte CFO Pierre Kemula Ende August 2020 in einer dpa-Mitteilung.[47]

Und siehe da: Anfang Februar 2021 gab CureVac die erfolgte Zeichnung von 5 750 000 neuen Aktien bekannt.[48] Der Ausgabepreis wurde auf 90 US-Dollar festgelegt, was einen Bruttoerlös für die Kassen des Unternehmens in Höhe von etwas über 0,5 Milliarden US-Dollar bedeutete. Nach dem Investment ist vor dem Investment.

Auri sacra fames – verfluchter Hunger nach Gold. Er wird für Medikamente entwickelnde Biotechnologieunternehmen so schnell nicht enden.

Kapitel 4

Die Grundlage der CureVac-Technologie: mRNA

In den folgenden vier Kapiteln sehen wir uns nun näher an, wozu das ganze Geld verwendet wird. Wir untersuchen, was mRNA eigentlich ist, und blicken auf Möglichkeiten, sie für medizinische Anwendungen zu verbessern. Anschließend betrachten wir den Herstellungsprozess von mRNA, für den CureVac über die Jahre ein hohes Maß an Kompetenz aufgebaut hat und der die Entwicklung von mRNA-basierten Medikamenten im Vergleich zu herkömmlichen pharmazeutischen Produktklassen wie Proteinen oder chemischen Molekülen vereinfacht und rationalisiert. Und schließlich werden einige Anwendungsmöglichkeiten ergründet, um einen Eindruck vom enormen Potenzial der mRNA-Technologie zu gewinnen.

Insgesamt soll dieser Teil des Buches verständlich machen, warum während der SARS-CoV-2-Impfstoffentwicklung gleich drei konkurrierende Unternehmen mit mRNA-Kandidaten vorne mitgemischt haben, und das, obwohl bis dato noch kein einziges mRNA-Medikament zugelassen worden war. Und er soll erahnen lassen, warum manche glauben, dass in Zukunft die meisten Impfstoff- und sogar Medikamentenzulassungen auf mRNA-Medikamente entfallen werden.

Zunächst widmen wir uns also dem Molekül, um das sich CureVacs Geschäft dreht: die messenger Ribonucleic Acid oder kurz mRNA, zu Deutsch Boten-Ribonukleinsäure. Dazu werfen wir einen Blick auf die beiden wichtigen und miteinander verwandten Biomoleküle Desoxyribonucleic Acid (DNA) und mRNA. Sie haben in Zellen unterschiedliche Funktionen, deren Zusammenspiel erst zum Bau von Proteinen führt. Für ein Verständnis von CureVacs mRNA-Technologie ist es wichtig, diese zelluläre Proteinherstellung in den Grundzügen zu verstehen.

Eine weitere wichtige Grundlage zum Verständnis der Möglichkeiten von mRNA hängt mit dem Immunsystem zusammen. Messenger-RNA kann einerseits heftige Immunreaktionen auslösen. Andererseits geschieht dies – wie in unserem eigenen Körper täglich milliardenfach – meist überhaupt nicht. Die Eigenschaft, eine Immunreaktion auszulösen, nennt man Immunogenität. Sie wird für manche Anwendungen wie Impfstoffe dringend benötigt, für andere Anwendungen wie Proteinersatztherapien wäre sie Gift. Entsprechend wird in einem gesonderten Abschnitt auf einige Grundlagen der körpereigenen Immunpolizei eingegangen.

Fachlich vorgebildete Leser oder auch solche, die sich nicht mit biotechnischen Feinheiten beschäftigen möchten, können getrost zu Kapitel 6 weiterblättern.

Messenger-RNA: Von der Erbsubstanz DNA zum Proteinbau

Die Funktion der Erbsubstanz DNA

Die Geschichte der Evolution ist eine Geschichte des Bewahrens von Information. Seit Hunderten von Millionen Jahren schaffen es Organismen, die Information weiterzugeben, die sie selbst ausmacht. Bei Evolution denken wir vor allem an Veränderung und Auslese. Tatsache ist, dass im Verlauf evolutiver Prozesse das Allermeiste gleich bleibt und sich nur gelegentlich winzige Veränderungen einstellen. Gemessen an dem, was bei genetischer Reproduktion tagtäglich in endloser Routine stabil und in immer gleichen Prozessen zu den immer gleichen Ergebnissen führt, sind genetische Veränderungen die absolute Ausnahme. In der weit überwiegenden Mehrzahl der Fälle von Verdopplung und Weitergabe bleibt unsere Erbsubstanz, wie sie ist.

Bei jeder Zellverdoppelung einer menschlichen Zelle werden über drei Milliarden kodierende Bausteine unserer DNA dupliziert. Der erwachsene menschliche Körper enthält etwa 30 Billionen Zellen – eine vierzehnstellige Zahl. Verwenden wir die Exponentialschreibweise, um dieses Buch nicht mit Nullen zu füllen: $3*10^9$ Basenpaare und $3*10^{13}$ Zellen. Die Erwartung von Eltern, die beim Werden ihres Kindes zuschauen, ist, dass bei der Reproduktion von weit mehr als $9*10^{22}$ (90 Trilliarden) Code-Elementen nichts schiefgeht. Tatsächlich sogar in noch weit mehr Fällen, weil Zellen im Körper ja ständig neu entstehen und wieder absterben. Nur wenige Gewebe sind aus Zellen gemacht, die sich nicht mehr oder nur wenig teilen.

Damit das funktioniert, müssen die Prozesse enorm verlässlich ablaufen. Und diese Verlässlichkeit erstreckt sich eben nicht nur auf die Ausbildung eines einzigen Organismus. Sie reicht weit in die Entwicklungsgeschichte zurück. Als die ersten Genome von Schimpansen mit menschlichem Genom verglichen wurden, erfuhr die verblüffte Öffentlichkeit, dass bis zu 99 Prozent identisch sind.[1]

Übrigens sind Männer Schimpansen ähnlicher als Frauen Schimpansinnen. Was die Frage nahelegt, ob Männer sogar Schimpansenmännchen ähnlicher sind als Frauen, worauf hier aber nicht näher eingegangen werden soll.

Gemeinsame Vorfahren von Schimpansen und Menschen lebten vor vielen Millionen Jahren und vor Hunderttausenden von Generationen. Ersparen wir uns das Abschätzen der Anzahl von Reproduktionen von DNA-Bausteinen, die ohne oder zumindest mit extrem wenig Veränderung verlaufen sind.

Dies ist also die Aufgabe unserer Erbsubstanz Desoxyribonukleinsäure (DNA): die Bau- und Produktionspläne bei der Zellteilung unverändert zu bewahren. Die DNA liegt ordentlich zusammengefaltet als Chromosomen im Zellkern, geschützt vor der chaotischen Betriebsamkeit der restlichen Zelle.

Stellen wir uns eine Zelle als ein Kloster vor und die DNA als riesige Bibliothek von Anleitungen und Rezeptbüchern im Zentrum des Klosters, umgeben von dicken Mauern. Auf unvergänglichen Pergamentseiten in von dicken Ledereinbänden geschützten Büchern stehen die vor Äonen entstandenen und sorgfältig tradierten Informationen für den Bau, Betrieb und Erhalt eines Klosters: wie man die Bibliothek baut, die Schreinerei, die Zimmerei, die Scheune, die Klosterkirche, den Kräutergarten, den Braukeller, die Küche – kurz, alles was zum Kloster gehört. Dazu Anleitungen, wie geschreinert, gezimmert oder Heu gelagert wird, wie Gottesdienste abgehalten und Kräuter angebaut werden und ebenso – ganz wichtig – wie Bier gebraut und wie gekocht wird.

Für Letzteres stehen zum Beispiel die Rezepte der Lieblingsgerichte der Mönche in einem Kochbuch in der Bibliothek. Alles Wissen soll für den Erhalt des Klosters und des Klosterwesens auf Dauer bewahrt werden. Die Vorgänge in der Bibliothek sind streng reguliert und werden von unbestechlichem Ordenspersonal unter strikten Sicherheitsvorkehrungen ausgeführt. Am von schweren Eichentüren geschützten Eingang des Informationshorts sitzt ein Mönch mit dem Gesichtsausdruck und Körperbau eines Sumo-Ringers und wacht darüber, dass kein einziges Werk den Buchbestand verlässt. Und auch, dass keine ketzerischen Schriften hineingeschmuggelt werden und ungeprüft in den Informationsschatz gelangen. Lediglich wenn ein Schwesterkloster gebaut wird, wird die gesamte Bibliothek kopiert – wieder auf Pergament und in Leder eingebunden.

Die Rolle der messenger-RNA

Eine ganz andere Aufgabe für lebende Gewebe ist es, eine neue Zelle tatsächlich zu bauen, und ebenso, eine Zelle zu betreiben. Denn Zellen haben Funktionen, die sie erfüllen müssen, Stoffwechsel, den sie zu betreiben haben. Muskelzellen müssen sich zusammenziehen, Sehzellen müssen Licht wahrnehmen, Nervenzellen müssen Signale weiterleiten und so weiter. Auch wenn die Information für den Bau und Betrieb der Zellen in der Erbsubstanz im Zellkern lagert, wird diese nie direkt für operative Zwecke eingesetzt. Zu wertvoll ist der Informationsschatz, zu groß die Gefahr, dass bei der Arbeit etwas passiert und die Information verändert wird und verloren geht.

Da aber die Information aus dem Zellkern für den Bau von Proteinen benötigt wird, werden Abschriften gefertigt. In unserem Kloster sitzen also Mönche in der Bibliothek und tun nichts anderes, als Abschriften von Buchseiten zu fertigen. Sie verwenden dazu kein Pergament, sondern recycelbares Papier. So entstehen auch Kopien von Buchseiten aus Kochbüchern mit Kochrezepten für leckere Gerichte, die dann in der Klosterküche hergestellt werden.

Ein Buch aus der Bibliothek mit in die Küche zu nehmen, wo es Schaden erleiden könnte, ist bei Höchststrafe verboten. Kein Mönch käme auch nur auf den Gedanken. Vielleicht ginge dabei gerade das Rezept für sein Leibgericht für immer verloren. Gut, die Pergamentseite über den Anbau von Rosenkohl, da könnte man schon aus Versehen mal ein Streichholz dranhalten …

Die Abschriften stehen also auf Wegwerfpapier geschrieben. Kaum ist genug vom Rezept gekocht, wird das Trägerpapier einfach in Schnipsel zerrissen und diese zu neuem Papier recycelt. Geschieht dies nicht, dann hat das unangenehme Folgen. Man erzählt sich im Kloster, dass der tattrige Mönch Anselm einst aus Versehen die Abschrift eines Rezepts für Mehlsuppe auf langlebiges Pergament geschrieben und in die Küche gebracht habe. Es habe nach Gebrauch nicht in Schnipsel zerschnitten werden können. Daraufhin habe es jahrelang Mehlsuppe gegeben, weil die Laienbrüder in der Küche nicht aufgehört hätten, Tag für Tag Mehlsuppe zu kochen. Es gab Mehlsuppe zum Frühstück, zum Mittagessen und zum Abendessen. Umso mehr passen die Ordensbrüder nun auf, dass das nicht wieder vorkommt.

Wie die Mönche im Kloster unter dem immer gleichen Gericht würden auch die feinregulierten Abläufe und das Zusammenspiel unterschiedlicher Proteine in der Zelle unter stetiger Produktion eines einzigen Proteins schnell zu leiden haben. Deshalb wird auch in der Zelle für die Abschrift der DNA das Medium gewechselt. Während des Vorgangs der Abschrift – den Wissenschaftler »Transkription« nennen, dargestellt in Abbildung 9 – wird nicht etwa eine kurze Sequenz DNA erzeugt und weiterverwendet. Stattdessen wird aus der Information der DNA beim Abschreiben messenger-RNA gefertigt, zu Deutsch: Boten-Ribonukleinsäure. In mRNA ist der identische Code auf ein anderes Medium geschrieben. Dabei wird stets nur ein Stückchen kopiert, quasi immer nur ein Rezept und nicht gleich das ganze Kochbuch. Messenger-RNA unterscheidet sich von DNA vor allem durch die Verwendung eines anderen Zuckers (Ribose statt Desoxyribose) zum Bau des Moleküls und einer anderen Base (Uracil statt Thymin) bei der Kodierung. Während DNA-Code sich als ACGT liest, verwendet mRNA-Code die Buchstaben ACGU. Die Folgen dieses Wechsels sind drastisch. Während mRNA – wie wir noch sehen werden – per se immer noch ein sehr stabiles Molekül ist, wird sie in allen Zellen und auch außerhalb derselben von überall vorhandenen mRNA-Abbauenzymen, den RNasen, gezielt oder zufällig ständig wieder abgebaut. Sie wird in Schnipsel zerschnitten, sobald sie zum Bau des von ihr kodierten Proteins nicht mehr benötigt wird. Das bewirkt, dass Proteine nie im Übermaß hergestellt werden.

Bevor der Pförtnermönch an den Eichentüren der Klosterbibliothek die Abschrift hinauslässt, wird die mRNA noch etwas stabilisiert, damit sie auf dem Weg zur Küche ein wenig geschützt ist. Dazu legen die abschreibenden Mönche vorne und hinten je eine Seite an das Rezept, auf der zwar Text steht, aber keine Rezeptschritte – Hinweise etwa, wofür das Gericht gedacht ist und wann es gekocht werden darf. Dann erhält es eine Beschriftung, damit der Inhalt als Rezept erkannt wird.

Etwas Vergleichbares geschieht auch mit mRNA noch im Zellkern, bevor die mRNA durch eine Kernpore in das Zellplasma entlassen

Abbildung 9: Abschrift der mRNA aus DNA
Ein Mönch schreibt in der Bibliothek mRNA von einer DNA ab. Das Buch mit dem Ledereinband symbolisiert die DNA-Quelle. Der kürzere Strang mit der Mütze symbolisiert die mRNA. Auf der Buchseite wird der DNA-Doppelhelixstrang an einer Stelle ablesbar und die kräftigen Buchstaben GTA deuten die Stelle an, die gerade abgeschrieben wird. Beim Abschreiben wird die DNA-Sequenz GTA mit Thymin in der Mitte zur mRNA-Sequenz GUA mit Uracil in der Mitte, vom Mönch auf eine Papierseite kopiert.

wird. Von der DNA werden vor und hinter der eigentlichen proteinkodierenden Sequenz sogenannte UTR-Sequenzen abgelesen, wobei UTR für »untranslated regions«, nicht übersetzte Regionen, steht. Sie werden bei der Proteinsynthese nicht direkt benutzt, regeln aber die Proteinsynthese, die Stabilität und die Verwendung des Proteins. Dann erhält das Ganze eine Kappe an dem Ende, wo die Ablesung der Information beim Bau der Proteine beginnt – eine Art Stempel mit den Worten »Ich bin eine mRNA – Proteinfabrik, lass mich bitte rein«. Am anderen Ende entsteht ein für RNasen nicht so leicht angreifbarer Schwanz aus einer langen Kette, in der nur noch der RNA-Baustein Adenin (A) verwendet wird. Der Wissenschaftler sagt dazu: Am 5'-Ende (lies: »Fünf-Strich-Ende«) wird die Cap-Struktur der 5'-UTR vorangestellt. Dem »open reading frame« – dem Bereich, der für Proteinbausteine codiert – folgt am 3'-Ende eine 3'-UTR, der ein Poly-A-Schwanz angehängt ist. Fertig ist die mRNA (Abbildung 10).

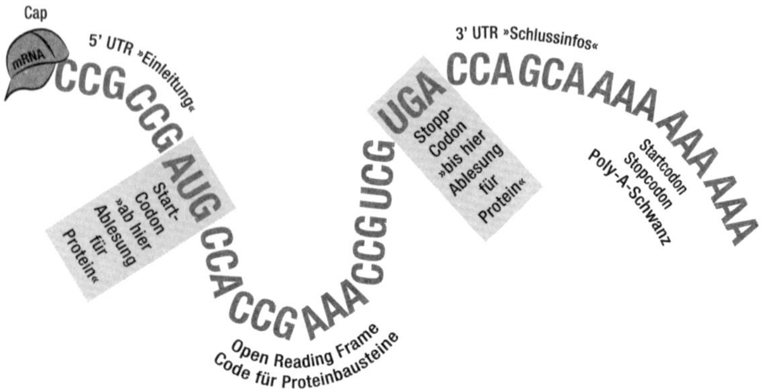

Abbildung 10: Bauschema einer mRNA

Zu erkennen sind die einzelnen Bestandteile: Cap-Struktur, Fünf-Strich-UTR, Startcodon, Open Reading Frame, Stopcodon, Drei-Strich-UTR, Poly-A-Schwanz

Um ein wenig Anschauungsmaterial aus dem Leben eines mRNA-Forschers beizusteuern, hier die Sequenz eines typischen im Labor verwendeten Eiweißes, einem Protein des Glühwürmchens, und zwar dem, welches es nachts leuchten lässt. Es wird Luciferase genannt und ist so wie hier geschrieben GC-optimiert (dazu später mehr):

GGGUCCCGCAGUCGGCGUCCAGCGGCUCUGCUUGU UCGUGUGUGUGUCGUUGCAGGCCUUAUUCAAG CUUGAGGAUGGAGGACGCCAAGAACAUCAA GAAGGGCCCGGCGCCCUUCUACCCGCUGGAG GACGGGACCGCCGGCGAGCAGCUCCACAAGGCCAU GAAGCGGUACGCCCUGGUGCCGGGCACGAUCGCCUU CACCGACGCCCACAUCGAGGUCGACAUCACC UACGCGGAGUACUUCGAGAUGAGCGUGC GCCUGGCCGAGGCCAUGAAGCGGUACGGCCUGAA CACCAACCACCGGAUCGUGGUGUGCUCGGAGAA CAGCCUGCAGUUCUUCAUGCCGGUGCUGGGCGCCCU

CUUCAUCGGCGUGGCCGUCGCCCCGGCGAACGACAU
CUACAACGAGCGGGAGCUGCUGAACAGCAUGGGGAU
CAGCCAGCCGACCGUGGUGUUCGUGAGCAA
GAAGGGCCUGCAGAAGAUCCUGAACGUGCAGAAGAAG
CUGCCCAUCAUCCAGAAGAUCAUCAUCAUGGACAGCAA
GACCGACUACCAGGGCUUCCAGUCGAUGUACACGU
UCGUGACCAGCCACCUCCCGCCGGGCUUCAACGA
GUACGACUUCGUCCCGGAGAGCUUCGACCGGGACAA
GACCAUCGCCCUGAUCAUGAACAGCAGCGGCAGCACC
GGCCUGCCGAAGGGGGUGGCCCUGCCGCACCGGACC
GCCUGCGUGCGCUUCUCGCACGCCCGGGACCCCAU
CUUCGGCAACCAGAUCAUCCCGGACACCGCCAUC
CUGAGCGUGGUGCCGUUCCACCACGGCUUCGGCAUGUU
CACGACCCUGGGCUACCUCAUCUGCGGCUUCCGGGUG
GUCCUGAUGUACCGGUUCGAGGAGGAGCUGU
UCCUGCGGAGCCUGCAGGACUACAAGAUCCA
GAGCGCGCUGCUCGUGCCGACCCUGUUCAGCUUCU
UCGCCAAGAGCACCCUGAUCGACAAGUACG
ACCUGUCGAACCUGCACGAGAUCGCCAGCG
GGGGCGCCCCGCUGAGCAAGGAGGUGGGCGAG
GCCGUGGCCAAGCGGUIUCCACCUCCCGG
GCAUCCGCCAGGGCUACGGCCUGACCGAGACCA
CGAGCGCGAUCCUGAUCACCCCCGAGGGGGACGA
CAAGCCGGGCGCCGUGGGCAAGGUGGUCCCGUUCU
UCGAGGCCAAGGUGGUGGACCUGGACACCGGCAA
GACCCUGGGCGUGAACCAGCGGGGCGAGCU
GUGCGUGCGGGGGCCGAUGAUCAUGAGCGGCUACGU
GAACAACCCGGAGGCCACCAACGCCCUCAUCGA
CAAGGACGGCUGGCUGCACAGCGGCGACAUC
GCCUACUGGGACGAGGACGAGCACUUCUU
CAUCGUCGACCGGCUGAAGUCGCUGAUCAAGUA
CAAGGGCUACCAGGUGGCGCCGGCCGAGCUGGAGAG
CAUCCUGCUCCAGCACCCCAACAUCUUCGACGCCGG
CGUGGCCGGGCUGCCGGACGACGACGCCGGCGAG

CUGCCGGCCGCGGUGGUGGUGCUGGAGCA
CGGCAAGACCAUGACGGAGAAGGAGAUCGUCGA
CUACGUGGCCAGCCAGGUGACCACCGCCAAGAAG
CUGCGGGGCGGCGUGGUGUUCGUGGACGAG
GUCCCGAAGGGCCUGACCGGGAAGCUCGACGCCCGGAA
GAUCCGCGAGAUCCUGAUCAAGGCCAA
GAAGGGCGGCAAGAUCGCCGUGUAAGACUAGUGCAU
CACAUUUAAAAGCAUCUCAGCCUACCAUGAGAAUAA
GAGAAAGAAAAUGAAGAUCAAUAGCUUAUUCAUCU
CUUUUUCUUUUUCGUUGGUGUAAAGCCAACACCCU
GUCUAAAAAACAUAAAUUUCUUUAAUCAUUUUGCCU
CUUUUCUCUGUGCUUCAAUUAAUAAAAAAUGGAAA
GAACCUAGAUCUAAAAAAAAAAAAAAAAAAAAAAAAAAA
AAAAAAAAAAAAAAAAAAAAAAAAAAAAAAAAAAAAAAAA
AAUGCAUCCCCCCCCCCCCCCCCCCCCCCCCCCCCCCCCCAA
AGGCUCUUUUCAGAGCCACCAGAAUU

Der Code für die dazugehörige DNA (also mit Ts statt Us, wie oben erläutert) stammt aus einer Veröffentlichung eines CureVac-Mitarbeiters.[2] Wer die Buchstaben der Luciferase tatsächlich alle gelesen hat, sollte ernsthaft überlegen, eine Blindbewerbung als mRNA-Designer bei CureVac einzureichen – erst recht, wenn er den Fehler gefunden hat, der an einer Stelle eingebaut ist. Außerdem darf derjenige sich »mRNA wizard of the year« nennen. Aber im Ernst, was für unsere Augen buchstäblich völlig GAGA aussieht, stellt tatsächlich Code des Lebens dar. Eine mRNA mit diesen etwas über 2 000 Buchstaben sorgt nach Übersetzung in ein Protein dafür, dass Glühwürmchen leuchten und so in der Dunkelheit zur Paarung zusammenfinden.

Der Bau von Proteinen

Was in der Klosterküche die Laienbrüder sind, sind für die Zelle die Ribosomen. Wie die Laienbrüder in der Küche aus den Rezepten und den Zutaten in der Speisekammer die Gerichte zubereiten, so fügen die Ribosomen aus der Information der mRNA und den Aminosäuren im Zellplasma die Proteine zusammen. Diesen Prozess des Proteinbaus nennt man »Translation«.

Bei der Proteinherstellung in der Zelle rutscht die Proteinfabrik, das Ribosom, am mRNA-Strang entlang und verbaut die darin kodierten Aminosäuren in ein neues Protein. Ein bisschen sieht das vielleicht aus wie eine Seite eines Reißverschlusses, und zwar die mit dem Zipper. Die Zahnleiste ist die mRNA, jeder Zahn ist ein kodierender mRNA-Baustein, also einer der vier Buchstaben A, C, G, und U. Der Zipper ist das Ribosom, die Proteinfabrik. Während der Reise auf der Zahnleiste wirft der Zipper auf der Seite ein Protein aus. Die Bausteine für das Protein stammen aus dem Zellplasma, in unserem Reißverschlussbild aus der den Reißverschluss umgebenden Luft – zugegeben, hier hinkt das Beispiel ein wenig, denn in der Luft sehen wir ja keine Bausteine. Aber nehmen wir an, sie wären da. Die Bausteine sind die Aminosäuren. Lediglich 20 gibt es davon und es kommt entscheidend darauf an, in welcher Abfolge sie verbaut werden. Warum?

Kehren wir kurz zu unserem Bild der Klosterküche zurück. Die Laienbrüder kochen ein Gericht, so wie die Ribosomen ein Protein herstellen – streng nach Rezept. Sie verfolgen Schritt für Schritt die Zubereitungsanleitung. Zutat für Zutat wird in der richtigen Reihenfolge beigefügt. Wenn das Rezept für Kaiserschmarrn auf dem Tisch liegt, holen die Laienbrüder Eigelb, Mehl, Milch und Eiweiß. Der Senf bleibt in der Speisekammer. Dann ist die Abfolge wichtig. Erst Eigelb cremig schlagen, dann Mehl und Milch dazu, dann Eiweiß steif schlagen und unterheben. Wenn man das Eiweiß nicht steif schlägt, entsteht kein Eischnee und der Teig wird nicht locker. Dasselbe passiert, wenn man mit Mehl beginnt. Wenn man Senf beimischen würde, dann … Und so verhält es sich auch mit den Proteinen. Die richtigen Aminosäuren müssen in der richtigen Reihenfolge zusammengesetzt werden, damit das gewünschte Eiweiß entsteht. Und genau dafür ist alle notwendige Information in der mRNA enthalten – im Proteinrezept. Die Aminosäurezutaten stammen aus dem Zellplasma – der Speisekammer der Zelle. Nur werden sie nicht wie beim Kaiserschmarrnteig »gemischt«, sondern eher wie Legosteine zusammengebaut.

Wie kodiert nun mRNA die Aminosäuren? Wie wird darüber entschieden, welche der 20 Aminosäuren in der menschlichen Zelle als Nächstes verbaut wird?

Grundlage dafür ist ein Phänomen, das an Paartanz erinnert. Am besten geht es mit dem richtigen Partner. Bei mRNA funktioniert es gar ausschließlich mit einem einzigen passenden Partner. Wer der richtige Partner ist, das entscheiden die vier Basen des RNA-Strangs. Diese heißen Adenin, Cytosin, Guanin und Uracil – A, C, G und U. A tanzt nur mit U. Und C tanzt nur mit G. Genauso andersherum: U tanzt nur mit A und G tanzt nur mit C. Man spricht tatsächlich von den Basenpaaren: AU oder UA und CG oder GC (Abbildung 11).

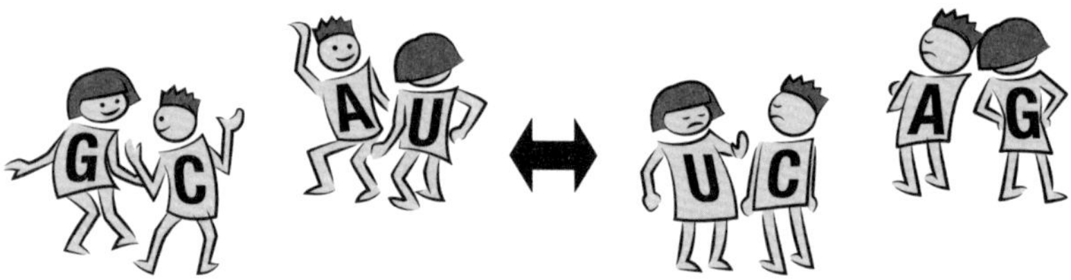

Abbildung 11: Basenpaare

A gehört zu U und G gehört zu C und umgekehrt. Mit den Basen des jeweils anderen Basenpaars wollen sie nicht »tanzen«.

Das Ribosom guckt sich als Proteinfabrik bei der Reise entlang des RNA-Strangs immer drei RNA-Bausteine, also drei Basen, auf einmal an. Sagen wir, es wären gerade A, A und A im Ribosom. Der RNA-Designer würde AAA schreiben. Für diese drei Jungs oder Mädels werden nun die richtigen Partner gesucht. Jedes A will nur mit U tanzen, also heißt das Gegenstück zu AAA: dreimal U oder UUU. Hätten wir im Ribosom gerade CCA zu Gast, wollten diese mit GGU tanzen – und so weiter.

Wer sind nun die Tanzpartner für die im Ribosom gerade betrachteten RNA-Bausteine? Es sind klitzekleine RNA-Ketten aus gerade einmal drei Bausteinen. Diese kurzen RNA-Ketten werden »Transfer-RNA« oder kurz »tRNA« genannt. Sie schnappen sich Aminosäuren aus dem Zellplasma und führen sie in die Proteinfabrik. Bildlich gesprochen schleppen immer drei Tanzpartner zusammen eine Zutat in die Küche, wo das Protein gekocht wird.

Und jetzt kommt's: Je nach Abfolge der tRNA-Basen hängt eine andere Aminosäure dran. Jede tRNA bringt gemäß ihrer Basenfolge genau eine und immer die gleiche Zutat in die Proteinfabrik. Sagen wir, der Tagesplan des Klosters sähe heute Pfannkuchen backen in der Küche vor. Für die Zubereitung der Pfannkuchen bringen die Tanzpartner UUU immer Eier, die Tanzgruppe AGC bringt nur Milch, die Hüftschwinger GGC bringen ausschließlich Salz und so weiter (Abbildung 12).

Abbildung 12: Transfer-RNAs

Je drei Basen »schleppen« eine Aminosäure, also eine Zutat, in die Proteinküche.

Nun treffen sich die drei Basen der Transfer-RNA mit ihren Tanzpartnern des mRNA-Rezepts in der Küche. Sie fügen sich kurz zusammen und stellen fest, dass sie prima miteinander tanzen können. Nur dann wird die Zutat abgetrennt und in die Rührschüssel geworfen (Abbildung 13). Wenn die falschen Partner kommen, wird nicht getanzt, und die Zutat kommt nicht in die Schüssel. Hat es geklappt, macht die Musik eine Pause. Die Tänzer des mRNA-Strangs verlassen das Ribosom und die nächsten drei Kandidaten in der Schlange laufen ein. Musik an. Das nächste tRNA-Gegenstück wird gesucht. Sobald es passt, wird die Zutat abgeschnitten und kommt in die Schüssel. Und so weiter. Es werden so lange Zutaten gebracht, bis auf dem RNA-Strang signalisiert wird: Rezept Ende. Für »Rezept Ende« sind drei unterschiedliche Dreier-Buchstabenfolgen vorgesehen. Am Ende eines Rezepts kann also Ende, Basta oder – wir sind in einem Kloster – Amen stehen. In mRNA-Schreibweise: UGA, UAG oder UAA. Ab diesen Basenfolgen wird der Proteinbau beendet. Ein Startsignal gibt es übrigens auch, und zwar nur ein einziges. Es heißt AUG.

In korrektem Fachvokabular ausgedrückt liest sich das so: Die Dreiergruppen aus Basen heißen Basentriplets oder Codons. Die Gegenstücke auf der tRNA heißen Anticodons. Am Startcodon beginnt die Translation. Im Ribosom wird für jedes Codon des mRNA-Strangs eine aufgrund des Anticodons passende tRNA mit der ihr anhängenden speziellen Aminosäure ausgewählt. Die Aminosäure wird im Ribosom von der tRNA abgetrennt und mittels Peptidbindung an die bislang synthetisierte Polypeptidkette angefügt. Am Stopcodon endet die Translation. Das Protein ist fertig.

Den Paartanz kennen wir übrigens auch aus der DNA-Struktur. Sie besteht aus einem Doppelstrang, wo zu jeder Stelle eines Strangs der passende Partner im Gegenstrang tanzt. Nur eben die DNA-Basen, also Thymin statt Uracil oder T statt U.

So, das war's eigentlich. So funktioniert in den Grundzügen mRNA. So werden in allen Tieren und Pflanzen Proteine gebaut.

Und nun stellen Sie sich vor, die mRNA in der Zelle käme nicht von der DNA abgeschrieben aus dem Zellkern in das Zellplasma, sondern wurde im Labor hergestellt und in den Körper injiziert. Sie wurde von Zellen aufgenommen und schwimmt im Plasma gerade so wie eine mRNA, die soeben aus der Kernpore des Zellkerns herausgeschlüpft ist. Den zelleigenen Proteinfabriken ist das egal. Sie schnappen sich die eine wie die andere und stellen das Protein her. Das ist das Prinzip der mRNA-Technologie.

Um eine Vorstellung von der Variabilität der Proteine zu geben, hier noch ein paar Zahlen: Wie viele unterschiedliche Proteine gibt es? Ein

Abbildung 13: Proteinbau

Die tRNAs aus je drei RNA-Buchstaben bringen Zutaten ins Ribosom. Passt die tRNA-Sequenz zur mRNA-Sequenz, wird die Zutat abgetrennt und zum Protein verarbeitet. In unserem Bild sind es die Zutaten Ei, Salz und Milch, die in eine Rührschüssel kommen. In der Zelle sind es Aminosäuren, mit denen im Ribosom das Protein zusammengesetzt wird.

typisches Protein besteht aus vielleicht 300 Aminosäuren. Zwanzig unterschiedliche Aminosäuren gibt es. Die theoretische Anzahl unterschiedlicher Proteine dieser Länge beläuft sich also auf schlappe 20^{300} oder 10^{390}, andere Längen lassen wir mal großzügig außer Acht. Um die Zahl noch imposanter wirken zu lassen, schrieb mal jemand, dass für den Bau je eines all dieser Proteine die Zahl der Atome im Universum nicht ausreichen würde.[3] Das ist aber alles nur Theorie. In Wirklichkeit gibt es viel weniger Proteine. Die allerwenigsten wären ausreichend stabil, um sinnvolle Zeit zu überdauern. Stellen Sie sich ein Kleinkind beim Legobauen vor. Nicht jeder Turm aus 300 Steinen hält. Und auch das Kleinkind ist schon schlau genug, die meisten unsinnigen Kombinationen gar nicht erst auszuprobieren. Wenn der Bau zusammenhält, heißt das noch längst nicht, dass der Bausteinklumpen etwas Funktionales kann – etwa fahren oder als Tisch oder Stuhl dienen.

Wie beim Kleinkind, das Lego baut, kommt es bei Proteinen auf die sogenannte 3D-Struktur an, welche die Variabilität der Proteine weiter erhöht. Das unterscheidet Proteine von mRNA und auch von DNA, wo jeweils nur die Sequenz Bedeutung hat.

Beim Menschen geht man von gerade einmal knapp 20 000 Proteinen aus, die aus Genen gebaut werden können und beim Zellbau oder im Stoffwechsel Funktionen einnehmen.[4] Darüber hinaus sind solche Proteinmotive für medizinische Anwendungen interessant, die der Körper zwar nicht selbst kodiert hat, die uns aber das Immunsystem aus Erkennungsmerkmalen von viralen oder bakteriellen Erregern bauen lässt. Zum Beispiel Antikörper, die zu Motiven auf der Hülle des Eindringlings passen und ihn so erkennen und bekämpfen können.

Aber man sollte die Zahl der Proteine im Menschen auch nicht verniedlichen. Das wird klar, wenn man darüber nachdenkt, Proteine als Medikamente herzustellen. Denn bislang musste man eine eigene Herstellung entwickeln, wollte man auch nur ein Proteinmedikament, etwa einen Impfstoff, herstellen. Wesentlich eleganter ist da die mRNA. Mithilfe von mRNA kann man mit einem einzigen Prozess, in dem man nur den Code verändert, alle menschlichen Proteine und noch viel mehr herstellen. Diese mRNAs, in menschliche Zellen eingebracht, können die lebenden Miniproteinfabriken der Zellen dann all diese Proteine herstellen lassen. Wirklich ein großer Gedanke!

Die Immunreaktion und wie RNA sie fördert oder verhindert

Neben dem Bau von Proteinen ist eine weitere Körperfunktion Spielwiese für CureVacs mRNA-Technologie: das Immunsystem. Es betreibt die körpereigene Abwehr gegen eingedrungene Krankheitserreger und spontan entstandene gefährliche Veränderungen im Erbgut wie etwa bei Krebs. Kurz, es entscheidet darüber, wer im Körper geduldet wird und wer nicht. Wer nicht geduldet wird, wird gekennzeichnet und eliminiert oder auch sofort eliminiert, je nachdem, welcher Immuntruppe der Eindringling oder die Mutation gerade begegnet.

Wer mag, kann dies mit dem Vorgehen eines Überwachungsstaates vergleichen. Nach Art einer Gesichtserkennungssoftware arbeitet das Immunsystem mit Immunzellen, die auf die Erkennung gefährlicher Eindringlinge spezialisiert sind. Unter den Immunzellen im Körper sind solche, die wie Streifenpolizisten mit je einem kopierten Flugblatt aus der polizeilichen Suchkartei in der Hand umherlaufen und jeden, den sie antreffen, mit dem Gesicht auf dem Flugblatt vergleichen.

Der Text des Flugblatts lautet: »Gesucht, möglichst tot und nicht lebendig«. Und der Polizist marschiert im Körper herum, bis er seinen Verdächtigen gefunden hat. Tatsächlich werden auf molekularer Ebene Milliarden von Kontaktabgleichen vorgenommen: In Proteinen gegossene Oberflächenmotive von in der Immunzell-Kartei als gefährlich registrierten Fremdlingen werden mit allem, was in Blut und Lymphe herumschwimmt, verglichen. Wird ein als gesucht verzeichnetes Profil von einer Abwehrzelle gefunden, dann wird sofort die Abwehr in die Wege geleitet. Und das bedeutet, wie oben schon erwähnt, dass der Eindringling im Zweifel sofort eliminiert oder zur Eliminierung durch bewaffnete Kollegen freigegeben wird. Rechtsstaat, Gerichtsverfahren und andere Maßnahmen als die Zerstörung kennt das Immunsystem nicht.

Eine äußerst wichtige Maßnahme im Repertoire des Immunsystems ist die Zerstörung ganzer Zellen. Dazu müssen die patrouillierenden Immunzellen wissen, ob die Zelle im Inneren zur Krebszelle geworden ist oder von Viren befallen wurde. Zellen haben aber keine Fenster und Immunzellen keine Augen, mit denen sie hineinschauen könnten. Vielmehr präsentieren alle Zellen einen Teil dessen, was in ihrem Inneren an Proteinen gebaut wird, an der Oberfläche. Ein paar der frisch erstellten Eiweiße werden wieder zu kürzeren Aminosäureketten verhackstückt. Als solche werden sie dann von speziellen Molekülen an der Oberfläche der Zelle ausgestellt. Und diese ausgestellten Motive werden patrouillierenden Immunzellen und speziellen Proteinen des Immunsystems zugänglich. Mit ihnen findet der Kontaktabgleich statt. Hier wird ermittelt, ob Virusmerkmale vorhanden sind oder nicht. Hier wird festgestellt, ob Krebsmerkmale vorliegen oder nicht. Und wenn dem so ist, wird die befallene Zelle zur Zerstörung freigegeben.

Bei einer mRNA-Therapie werden also die injizierte mRNA, ihre Verpackung sowie die von der mRNA produzierten Proteine vom Immunsystem verarbeitet und begutachtet. Je nach Ziel der mRNA-Therapie muss sie daher unterschiedliche Strategien verfolgen.

Will die mRNA ein fehlendes Protein im Körper bauen, das aus fehlerhafter Erbsubstanz nicht mehr selbst oder nur in zu geringer Menge hergestellt werden kann, dann wäre es fatal, wenn durch die mRNA oder die Verpackung eine Immunreaktion in Gang gesetzt würde. Nicht nur das künstlich von der mRNA hergestellte Protein würde vom Immunsystem eliminiert, sondern auch Zellen, die Erkennungsmerkmale des Proteins auf ihrer Oberfläche zeigen. Die Folge könnte eine Autoimmunreaktion sein, die den ursprünglichen Zustand der Erkrankung sogar verschlimmert. Daher wird man in diesem therapeutischen Zusammenhang darauf bedacht sein, dass weder RNA noch Verpackung in irgendeiner Weise immunogen sind. Reiter und Ross sowie das von ihnen hergestellte Protein müssen erhobenen Hauptes als unbescholtene Bürger durch die videoüberwachte Fußgängerzone schreiten können.

Anders liegt die Sache, wenn man einen Impfstoff mittels mRNA herstellt. Dabei schummelt man nämlich mit der mRNA und dem von ihr gebauten Protein ein Eiweiß des Erregers, ein Antigen, in den Körper. Das Eiweiß ist nicht der ganze Erreger, sondern nur ein kleiner, ungefährlicher Teil davon. Die Zellen in unserem Körper selbst bauen also Bruchstücke der Krankheitserreger oder Erkennungsmerkmale einer Tumorerkrankung. Wird zum Beispiel ein mRNA-SARS-CoV-2-Impfstoff in einen Muskel injiziert, dann bauen die Muskelzellen aus dem Code der mRNA sozusagen die Stöpsel auf der

Virushülle nach, die wir in den Fernsehnachrichten im Hintergrundbild während der Eruption der Pandemie jeden Tag gesehen haben. Einige dieser Stöpsel oder ihre Bruchstücke werden von der Zelle an der Oberfläche ausgestellt. Und die Immunzellen halten eine Schablone gesuchter Motive dagegen und schlagen dann Alarm, wenn die Schablone tatsächlich zum Motiv passt (Abbildung 14).

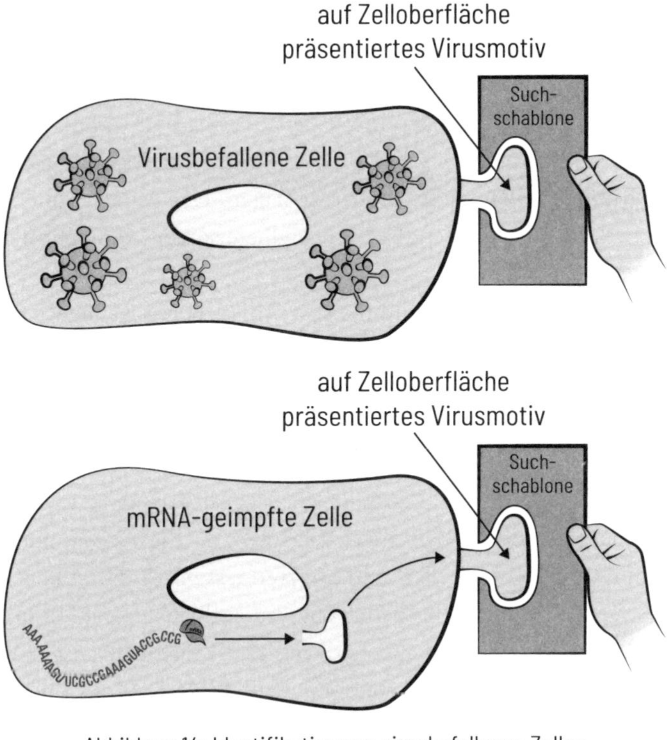

Abbildung 14: Identifikation von virusbefallenen Zellen

Von Viren befallene Zellen oder mit mRNA geimpfte Zellen bauen Bruchstücke des Virus und stellen diese auf der Zelloberfläche aus. Immunzellen halten eine Schablone an dieses Bruchstück und erkennen dadurch: Die Zelle ist befallen, ich muss eine Immunreaktion einleiten. In Wirklichkeit wird das hier dargestellte Virusbruchstück in noch kleinere Bruchstücke zerteilt und erst diese werde auf der Zelloberfläche präsentiert und gegebenenfalls von Immunzellen erkannt.

Diese individuellen Merkmale der Krankheitserreger sollen ja gerade vom Immunsystem als schädlich erkannt und bekämpft werden, genauso wie Zellen, die diese Merkmale auf ihrer Oberfläche zeigen, wie dies zum Beispiel von Viren befallene Zellen tun. Das Immunsystem soll »denken«, dass tatsächlich ein Befall durch die Viren stattfindet. Entsprechend sollen die RNA, die Verpackung und womöglich das Eiweiß, das von der mRNA gebildet wird, so immunogen wie nur möglich sein. Jede verfügbare Eingreiftruppe im Körper soll in Alarmbereitschaft versetzt werden, damit das Immunsystem mit vereinten Kräften gegen das per mRNA eingeschleuste Protein vorgehen kann. Ross und Reiter sollen auf dem Weg durch die Fußgängerzone von der Streife per Profiling und von der Kripo durch Abgleich mit der Täterkartei als Bösewichte erkannt werden, und beide Truppen sollen Alarm schlagen. Der Aufruhr und die Aufmerksamkeit, für den die Eindringlinge sorgen, kann gar nicht groß genug sein.

Und tatsächlich kann mithilfe von mRNA beides gelingen: Eine potente Immunreaktion, wie sie ein Impfstoff benötigt, kann ausgelöst werden, oder die eingeschleuste mRNA wird im Tagesgeschäft der Zellen integriert, ohne dass das Immunsystem Alarm schlägt. Es sind bestimmte Eigenschaften der mRNA und deren Eiweiß sowie der Verpackung, die den Alarm im Körper auslösen oder auch nicht. Der Baukasten der mRNA bietet Varianten, die die Wachhunde im Immunsystem giftig bellen und knurren lassen. Und es gibt Bauteile, die die Hunde hinter dem Ofen weiterschlafen lassen. Es müssen nur für den richtigen Zweck die richtigen Elemente ausgewählt werden. In beiden Fällen – immunogene mRNA und nicht immunogene mRNA – können inzwischen ausreichende Mengen von Protein erzeugt werden, um therapeutisch wirksame Effekte zu erzielen.

Kapitel 5

CureVacs Technologie: Ein natürliches Molekül verbessern

Nachdem wir im letzten Kapitel die Rolle und Funktionsweise der mRNA in natürlichen Zellen sowie ein paar Grundzüge des Immunsystems betrachtet haben, richtet sich unser Blick nun auf CureVacs Technologie: Wie kann man um ein natürliches Molekül herum eine Technologie formen? Was genau wird da entwickelt und wie kann man diese Entwicklung vor Nachahmern schützen? Und schließlich: Wie kann man erreichen, dass alles ganz natürlich abläuft, man also nicht die fein abgestimmten Prozesse in der Zelle nachhaltig stört, indem man Elemente einbringt, die dort nicht hingehören?

Was hierzu anhand einiger weniger Beispiele im Folgenden dargestellt wird, zeigt die große schöpferische Vision von Ingmar Hoerr und die genuine Leistung all der Erfinder der mRNA-Technologie insbesondere bei CureVac, die seit Ingmars Aufbruch die mRNA für medizinische Anwendungen verbessert haben. Ein wichtiger Gesichtspunkt dabei: Medizinische Anwendungen sind auch wirtschaftliche Produkte, das heißt, ihre Entwicklung muss sich eines Tages rentieren. Eine Schlüsselfunktion beim Schutz von Entwicklungen nehmen Patente ein.

Ein gänzlich natürliches Molekül, wie es aus einem Organismus heraus extrahiert wurde, ist für sich allein genommen nicht patentfähig. Man kann nicht anhand eines Proteins die im menschlichen Körper verwendete mRNA identifizieren, diese vermehren und in den Körper injizieren und dann sagen: »So, ich bin der Erste, der das gemacht hat, ich habe es erfunden, ihr dürft das jetzt 20 Jahre lang nicht nachmachen.« Das Patentrecht erlaubt dies – sinnvollerweise – nicht. Und gemessen an seiner Rolle in jeder lebenden Zelle in der Natur gibt es wohl nichts Natürlicheres als mRNA.

Um diese aber therapeutisch nutzen zu können, bedarf es geringfügiger Veränderungen. Ingmar und die mRNA-Pioniere erkannten bald, dass zwar das Prinzip der Proteinherstellung mittels von außen zugefügter mRNA in Zellen und Versuchstieren ohne große Veränderungen gezeigt werden konnte. Doch die Menge des gewünschten Proteins und seine Lebensdauer setzten therapeutischen Anwendungen seit der Entdeckung des Prinzips Grenzen. Mit jeder Erfindung, welche die Langlebigkeit oder Ablesbarkeit von mRNA verbessert, die Effizienz des Proteinbaus erhöht oder die Aufnahme von mRNA in Zellen verbessert, verschieben sich diese Grenzen und vergrößert sich das therapeutische Potenzial der mRNA.

Das natürliche mRNA-Molekül muss also optimiert werden, damit es medizinisch wirksam werden kann. Ohne diese Veränderungen würde nicht genug Protein aus der injizierten mRNA entstehen. Oder es würde gar nicht genug mRNA in die Zellen kommen. Oder es würde eine Immunreaktion hervorgerufen, wo man sie nicht haben will, oder andersherum.

Teilweise sind diese Veränderungen von einer Art, wie sie in der Natur auch vorkommen könnten, teilweise werden künstliche Elemente verwendet. Und da die als Impfstoff oder Medikament injizierte mRNA nicht wie in der Natur aus dem Zellkern kommt, spielt auch der Weg in die Zelle eine bedeutende Rolle.

Der Schutz der eigenen Technologie ist der heilige Gral eines Technologieunternehmens. Wer tolle Dinge erfindet, ohne sie schützen zu können, der beglückt nur die Konkurrenz. Diese freut sich, die neue Technologie nutzen zu können, ohne deren Entwicklungskosten mittragen zu müssen. Entsprechend wird kein Technologieunternehmen auf Dauer Geld einsammeln können, wenn es keine Pläne hat, dieses Geld für schützbare Technologie einzusetzen. Ebenso wird der Geldhahn, sollte er denn einmal gesprudelt haben, schnell wieder zugedreht, wenn die Ausführung der Pläne nicht zu verwertbaren Ergebnissen führt. Zwar gehören Fehlschläge zu jedem Forschungsvorhaben dazu. Wenn aber die Grundannahmen des Geschäftsmodells nicht bestätigt werden können oder sogar widerlegt werden, dann darf man nicht auf weitere Finanzierungen oder auch nur auf die Verwendung der schon eingeworbenen Gelder hoffen.

Die Anzahl der von den führenden mRNA-Unternehmen angemeldeten Patente gibt Aufschluss über die Bandbreite an Möglichkeiten, mRNA zu verbessern. Allein auf CureVac, Moderna und BioNTech entfielen Mitte 2020 etwa 1000 Einträge in Patentdatenbanken. Nicht alle dieser Einträge stellen eigene Ideen zur mRNA-Optimierung dar, oft sind es auch nur Weiterentwicklungen oder Nationalisierungen von gleichen oder ähnlichen Patenten. Viele sind auf einzelne oder eine Gruppe von Indikationen gemünzt. Und nicht alle Ideen sind gleich gut, manche werden auch wieder aufgegeben oder halten dem Einspruch der Konkurrenz nicht stand. Aber selbst wenn man all diese Fälle abzieht, verbleibt eine erkleckliche Anzahl unterschiedlicher Ansätze, die heute einzeln oder in Kombination zum Einsatz kommen, um Medikamentenentwicklungen der verschiedenen mRNA-Unternehmen zu schützen.

Während der gesamten Firmengeschichte von CureVac bestand also der Druck, stetig Erfolge in zwei getrennten Bereichen vorzuweisen: mRNA-Optimierung und Produktentwicklung.

Zuerst musste die mRNA optimiert werden. Seit Ingmars Promotion ist es eine stetige Herausforderung, für die jeweils nächste medizinische Anwendung aus injizierter mRNA genügend Protein in menschlichen Zellen entstehen zu lassen, um eine ausreichende Wirkung zu erzielen. Die hierbei verfolgten Ansätze lassen sich wie folgt gruppieren:

- Die Aufnahme in die Zelle verbessern, damit mehr mRNA dahin kommt, wo sie benötigt wird.
- Die Stabilität erhöhen, damit mRNA länger dort verfügbar bleibt, wo sie benötigt wird.
- Die Proteinmenge verbessern, die aus einem Strang mRNA in der Zelle hergestellt wird.

- Die Dauer der mRNA-Verarbeitung in der Zelle erhöhen.
- Die Immunogenität der mRNA oder des Vehikels, das die mRNA in die Zellen bringt, modulieren,
  - entweder dahin gehend, dass sie gar nicht mehr immunogen ist: für Anwendungen, bei denen aufgrund von Gendefekten benötigte mRNA in Körperzellen nicht hergestellt wird und durch Injektion der hergestellten mRNA genau diese fehlende mRNA ersetzt werden soll – und zwar ohne eine Immunreaktion auszulösen. Bei dieser Anwendung wäre jede immunstimulierende Eigenschaft der eingebrachten mRNA schädlich.
  - oder dahin gehend, dass sie besonders immunogen wird. Bei Impfanwendungen ist es nämlich genau umgekehrt: Hierbei will man gezielt eine Immunreaktion auslösen. Dabei wird ein Erkennungsprotein des bösen Eindringlings, zum Beispiel eines Virus, mit RNA kodiert und im Körper hergestellt. Eine immunstimulierende Wirkung der mRNA löst dann genau gegen dieses Eiweiß eine Immunreaktion aus. Alle Zellen, die das mit mRNA in den Körper gebrachte Erkennungsprotein auf sich tragen – sei es aktuell oder in Zukunft –, werden dann vom Immunsystem bekämpft und eliminiert.

Der zweite Bereich, in dem Entwicklungserfolge gezeigt werden mussten, waren konkrete Produkte. Leider – oder aus Sicht der Patienten: glücklicherweise – kann man Medikamentenkandidaten nicht einfach gleich im Menschen ausprobieren. Vorher muss in Zellen und in Tieren gezeigt werden, dass die Eigenschaften des Wirkstoffs vielversprechend sind. Sie sollen möglichst nicht toxisch sein und für den angestrebten Effekt wirksam. CureVac musste also wie jedes Medikamente entwickelnde Unternehmen zunächst Wirksamkeit und Verträglichkeit in Zell- und Tiermodellen belegen.

Jedes positive Resultat, das sich in diese Agenda einordnen ließ, war ein kleiner oder auch größerer Entwicklungserfolg.

Sehen wir uns ein paar Beispiele für Fortschritte beim Aufbau der Technologie an.

Wie gut ist meine mRNA: Leuchtende Mausohren

Um optimierte mRNA überhaupt als solche zu erkennen, werden Testsysteme benötigt, mithilfe derer die verbesserten Eigenschaften beobachtet werden können. Eine der allerersten Aufgaben lautet also, sich gut zu überlegen, wie man die Eigenschaften der mRNA zeigen will. Nur so können vorteilhafte von weniger vorteilhaften Eigenschaften unterschieden werden. Infrage kommen Tests in Kulturen lebender Zellen oder Tierversuche. Erst wenn zahlreiche Versuche schon Wirksamkeit und Verträglichkeit nahelegen, testet man Medikamenten- oder Impfstoffkandidaten im Menschen.

Eines der anschaulichsten und auch für Laien sofort verständlichen mRNA-Expressions-Experimente aus Anfangszeiten bei CureVac waren die leuchtenden Mausohren (Abbildung 15). Dafür wurde das Gen

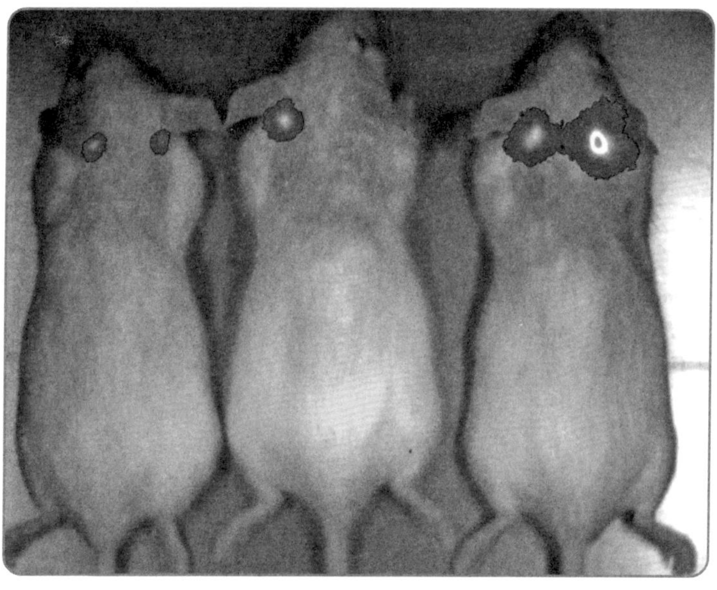

Abbildung 15: Leuchtende Mausohren
Unterschiedlich hell leuchtende Ohren von Mäusen in einem Luciferase-Experiment.

Quelle: CureVac

des Glühproteins des Glühwürmchens, die Luciferase, die wir im letzten Kapitel schon kennengelernt haben, in Form von mRNA kodiert und Mäusen in die Ohrmuscheln gespritzt. Wurde sie in Zellen aufgenommen und translatiert – also aus mRNA ein Protein gefertigt –, fing dieses Protein an zu leuchten, eben wie beim Glühwürmchen. Das Schöne an diesem Protein ist, dass man seine Bildung in Hautzellen der Maus ganz leicht beobachten, ja sogar quantitativ messen kann. Denn je erfolgreicher die jeweils zur Anwendung gebrachte mRNA-Verbesserung war, desto mehr haben die Mausohren geleuchtet. Gut war einerseits, wenn die Ohren hell geglüht haben, und andererseits, wenn sie lange geleuchtet haben – zum Beispiel ein paar Tage.[1]

So nett das Experiment erst einmal anmutet, lohnt es sich doch, gehörig darüber zu staunen. Ein Protein des Glühwürmchens kann in Hautzellen einer Maus generiert werden? In der Tat. Und das würde vermutlich genauso im menschlichen Ohrläppchen funktionieren. Ein bemerkenswerter Vorgang. Denn bei Menschen und vielleicht auch bei Mäusen glühen die Ohren auf natürliche Weise aufgrund erhöhter Durchblutung, etwa wenn wir aufgeregt sind, wenn wir uns schämen oder bei ähnlichen Gefühlsregungen, die uns in Wallung bringen. Aber keinen aufgeregten Menschen kann man in der Dunkelheit leuchten sehen. Dieses Luciferase-Protein des Glühwürmchens ist Maus wie Mensch unbekannt. Das Glühwürmchen ist übrigens weder Wurm noch Fliege, wie der englische Name »Firefly« nahelegt. Es ist ein Käfer der Familie Lampyridae. Trotzdem kann sein Insekten-Leuchtprotein – nachdem die Information dafür in Form von mRNA in die Zellen gebracht wurde – auch von einem Säugetierorganismus gebaut werden. Und es funktioniert auch. Weil die Herstellung von Proteinen aus mRNA auf einem Prinzip beruht, das aus frühen Phasen der Evolution stammt, funktioniert es in allen Zellen. Wahrlich faszinierend und – wie so oft mit Faszination gemischt – auch ein wenig gruselig.

Vielleicht ist es zunächst ein gewisser Trost, dass die Übertragung von Tier- und Pflanzenfunktionen in den Menschen nicht immer so leicht möglich ist wie bei der Glühwürmchen-Luciferase. Die Schnelligkeit des Geparden, die Stärke des Elefanten, der Geruchssinn des Monarchfalters, die Photosynthese des Eichenblatts, das sind Eigenschaften und Funktionen, die sich nicht mittels eines einzigen Proteins übertragen lassen. Deshalb ist die Luciferase ja so ein schönes Modell. Doch die Sorgenfalten kehren zurück, wenn wir an menschliche Proteine denken, deren Verwendung durchaus technisch möglich, aber ethisch entweder fragwürdig oder schlichtweg unethisch ist.

Mit Erythropoietin – Sportlern besser bekannt als EPO – zu dopen, um mehr rote Blutkörperchen zu haben? Messenger-RNA macht es möglich, und für die Dopingfahnder ist es äußerst schwer, diesen Missbrauch nachzuweisen. Nun ist Doping mit EPO nicht neu und viele andere Anwendungen im Menschen, die aus ethischer Sicht ebenso fragwürdig wären, stehen und fallen nicht mit mRNA, es gibt sie als Proteine schon lange. Doch die Eleganz des mRNA-Ansatzes macht dergleichen in Zukunft um einiges einfacher. Wie immer, wenn der Mensch sich Werkzeuge schafft, kommt es entscheidend auf den verantwortungsvollen Umgang mit ihnen an.

Für die Artgenossen der Mäuse jedenfalls muss es schick ausgesehen haben, wenn die Testtiere zurück in den Stall kamen und für ein paar Stunden oder Tage leuchteten. Und wer weiß, vielleicht kehrt das Glühwürmchenprotein eines Tages noch einmal für menschliche Zwecke zurück und wir schmücken uns für die Disco mit einem Tattoo aus Leuchtproteine kodierender mRNA. Ein paar Tage später verschwindet das Leucht-Tattoo rückstandsfrei, abgebaut vom Zellstoffwechsel und der körpereigenen Müllabfuhr …

Natürlich war dies nur eines unter vielen Modellen für die unterschiedlichsten Zwecke. Die Prüfung der Wirksamkeit bei einzelnen Krankheiten erfordert andere Modelle als die Expression oder die Aufnahme von mRNA. Oft gibt es mehrere Modelle für ein und dieselbe Krankheit. Neben Zellen kommen, wie erwähnt, Versuche an Tieren unter streng reglementierten Bedingungen infrage. Hierfür müssen immer wieder in oft langwierigen Verfahren begutachtete Anträge bei der Aufsichtsbehörde gestellt werden. Die Behörde prüft nicht nur die Versuche auf Notwendigkeit und Vereinbarkeit mit Tierschutzgesetzen, sondern auch die Tierhaltung selbst war und ist regelmäßig Gegenstand der Inspektion. Ein Glück für die Tiere in CureVacs Tierstall nach Umzug in den Technologiepark war das Engagement einzelner Tierpfleger, Techniker und Wissenschaftler, die sich der Mauszucht widmeten. CureVac-Mäuse sollten es gut haben. Als sich herausstellte, dass die aus Pappe geformten Kerne von Klopapierrollen ein besonders attraktives Spielzeug für die Mäuse waren, wurde allen CureVac-Mitarbeitern aufgetragen, Klorollen-Pappröhrchen nicht wegzuwerfen, sondern für die Mäuse zu sammeln, denen sie sterilisiert zum Spielen gegeben wurden. Damit sollen Tierversuche nicht verniedlicht werden. Für Biotechnologie- und Pharmaunternehmen sind sie eine regulativ vorgegebene Notwendigkeit. Dennoch gibt es verschiedene Möglichkeiten, mit dieser Verantwortung umzugehen. Und wenn man den Tieren das Leben abwechslungsreicher gestalten kann, warum nicht?

Fischsperma verbessert die mRNA-Aufnahme – und ist immunogen

Wer als Erfinder dogmatisch ist, der wird es nicht weit bringen. Er muss für die Möglichkeit offen bleiben, dass er sich geirrt hat oder auch nur einfach mit seinem letzten Gedanken nicht ganz richtig lag. Denn vielleicht könnte ja das, was eben noch scheiterte, mit einer kleinen Modifikation doch noch funktionieren. Es erstaunt daher kaum, dass trotz des Glaubens an nackte mRNA das erste CureVac-Patent eines wurde, das verschiedene Varianten von Verpackung – oder genauer, von Komplexierungen – der mRNA zur Verbesserung der Aufnahme und Proteinherstellung schützt.

Eine dieser Verpackungen, die Generationen von CureVac-mRNA geschützt hat, war Protamin. Das Patent dazu stammt aus dem Jahr 1999. Protamin ist in der Natur ein Bestandteil des Fischspermas, und es stellte sich heraus, dass mRNA, die mit Protamin verbunden war, von Zellen wesentlich besser aufgenommen wurde. Wenn mehr der injizierten mRNA in die Zellen gelangt, liegt es nahe, dass auch mehr Protein gebildet wird. Und genau das war bei Protamin-mRNA der Fall. Lassen wir hier einmal die Frage beiseite, was die Protamin-mRNA so schlüpfrig macht, dass sie durch die Zellwand gelangt. Und wie man darauf kommt, dass dem so ist.

Außer die Aufnahme in die Zelle zu verbessern, machte Protamin-mRNA auch immunogener, sprich, es rief eine heftige Immunreaktion hervor. Für bestimmte Anwendungen ist das eine sehr förderliche Sache – zum Beispiel bei der Entwicklung von Impfstoffen. Herkömmliche Impfstoffe haben in der Regel einen immunogenen Zusatz, das sogenannte Adjuvans; der Begriff ist das lateinische Wort für Hilfsstoff. In den Anfängen hat man an diesem Prinzip auch bei mRNA-Impfstoffen nicht gerüttelt. In den ersten klinischen Versuchen von CureVac wurde mit GM-CSF (granulocyte macrophage colony-stimulating factor) ein wirksames Adjuvans eingesetzt. Mit der Zeit stellte sich aber heraus, dass mRNA selbst so konfektioniert werden konnte, dass ein Adjuvans überflüssig wurde. Eine Entwicklungsschiene von CureVac zielte sogar darauf ab, herkömmliche Adjuvantien mit überlegenen mRNA-Adjuvantien, die kein Protein kodieren, zu ersetzen.

Heute spricht CureVac von selbstadjuvanter mRNA. Sie trägt ihre Immunreaktionen hervorrufenden Eigenschaften in sich selbst. Ein Adjuvans, wie es seit Jahrzehnten allen Impfstoffen für die Auslösung einer Immunantwort beigemischt wird – übrigens ein typischer Kritikpunkt von Impfgegnern –, wurde überflüssig.

Mehr Protein aus reinerer mRNA

Wenn man im Labor mRNA herstellt, kommt erst einmal eine bunte Suppe dabei heraus, in der zwar unter anderem die gewünschte mRNA herumschwimmt, daneben aber auch Bruchstücke davon und Stoffe, die für die Herstellung gebraucht wurden. Würden die Bruchstücke in Zellen eingebracht, würden sie dort sinnlose mRNA herstellen – oder auch nicht, weil beispielsweise kein Startcodon enthalten ist. Jedenfalls könnte aufgrund der Konkurrenz um die mRNA-Fabriken in der Zelle weniger der gewünschten mRNA hergestellt werden. Andere Verunreinigungen sind Enzyme, die ebenfalls den Herstellungsprozess in der Zelle nicht unterstützen oder gar stören würden.

Während es relativ einleuchtend ist, dass ein reines Produkt effizienter ist als ein nicht reines, muss einem das erst einmal für kommerzielle Anwendungen gelingen. CureVac hat für unterschiedliche Technologien Patente angemeldet, die zu reiner mRNA führen. Die wichtigste ist vielleicht die Aufreinigung mittels High-Performance Liquid Chromatography (HPLC). Und überraschend hohe Effekte der Aufreinigung werden bereits im Patent beschrieben. Das gleich werbewirksam PureMessenger® benannte Verfahren der HPLC-Aufreinigung bewirkt eine Optimierung von Faktor sechs. Gereinigte mRNA erbrachte die sechsfache Menge des Reportermoleküls Luciferase in Zellen.[2] Eine einige Jahre später veröffentlichte Arbeit aus den USA berichtet gar Aufreinigungseffekte von Faktor 10 bis 1000 und eine geringere Immunogenität – was ja für manche Anwendungen ebenfalls gewünscht ist.[3]

Verbesserungen an natürlichen Elementen der mRNA

Wie schon weiter oben in Abbildung 10 gezeigt, ist eine mRNA immer gleich aufgebaut. Sie hat eine Kappe, auf der die Worte »Ich bin eine mRNA« stehen. Dort beginnt die Ablesung in den zelleigenen Proteinfabriken, am Fünf-Strich-Ende. Es folgen nicht in Protein übersetzte Bereiche bis zum Startcodon (5'-UTR). Daran schließt sich der sogenannte »open reading frame« an. Dieser enthält den

Code für das Protein. In unserem Bild reihten sich hier die Tanzpartner für die Transfer-RNAs auf. Es folgt wieder ein nicht abgelesener Bereich und am Ende ein Poly-A-Schwanz aus Adenin-Bausteinen. Dieses Ende nennt man das 3'-Ende.

Seit den Anfängen hat CureVac immer versucht, besonders an sanften Veränderungen dieser natürlichen Elemente zu arbeiten, um das Ziel einer möglichst produktiven mRNA zu erreichen. Man wollte möglichst vermeiden, Dinge zu verändern, die es in natürlichen Zellen nicht geben kann. Und das mit einigem Erfolg. Eine Möglichkeit, mRNA für medizinische Anwendungen zu verbessern, ist die Verwendung von GC-reichen mRNA-Strängen.

Cleverer Bausteinaustausch führt zu mehr Protein

Wir haben gelernt, dass unterschiedliche Code-Sequenzen zu unterschiedlichen Proteinen führen. Das ist allerdings nicht ganz präzise formuliert. Vielmehr gibt es mehrere Basentriplets oder Codons, die für die gleiche Aminosäure kodieren. Im weiter oben verwendeten Beispiel des Pfannkuchenbackens bringt also nicht nur UUU die Eier in die Küche, sondern auch AAG. Bis zu vier unterschiedliche Transfer-RNAs können die gleiche Aminosäure in die zelleigenen Proteinfabriken tragen. Anders ausgedrückt: Für Aminosäuren gibt es redundante Codons. Man kann also den Code variieren, ohne das Protein zu verändern – und wie sich herausstellte, dabei die Menge Protein, die der mRNA-Strang herstellt, ziemlich stark beeinflussen. Diese Methode bezeichnet man als »Codon-Optimierung«.

Vermutlich macht Mutter Natur selbst Gebrauch von Codon-Optimierung, um von manchen Proteinen mehr, von anderen weniger in der Zelle entstehen zu lassen. Um im Bild der Klosterküche zu bleiben, muss das Rezept für Pommes frites eine größere Menge ausstoßen als das Rezept für Ketchup. Codon-Optimierung könnte für solche Effekte mitverantwortlich sein, indem Gene, die für in großen Mengen benötigte Proteine kodieren, eher GC-reich selektioniert wurden.

Wie betreibt ein Unternehmen wie CureVac nun Codon-Optimierung? Stellen Sie sich einen mRNA-Designer vor. Er hat viel von einem Programmierer, denn er arbeitet mit Code. Er hat also ein bleiches, von Akne entstelltes Gesicht mit einer langen Nase, auf der eine Nickelbrille ruht. Des Nachts sitzt er mit krummem Rücken an einem endlosen Wurm aus Tausenden von Buchstaben und tauscht ungünstige gegen günstige Codons aus, Dreiergruppe für Dreiergruppe. Das macht er immer in der Weise, dass an dieser Stelle die gleiche Aminosäure im Protein verbaut wird, nur eben von einer anderen tRNA getragen. Eine stupide Beschäftigung, die andererseits auch so einfach ist, dass dies heute Softwareprogramme für den mRNA-Designer erledigen. Weshalb Letzterer mehr an die Sonne kommt. Aus dem Buchstabencode im Computer kann dann im Labor in automatisierten Verfahren die sequenzoptimierte mRNA hergestellt werden.

Bei der Codon-Optimierung sind die Einflussmöglichkeiten relativ breit gestreut. Die Abfolge eines Basentriplets bietet an jeder Stelle vier Möglichkeiten: A, C, G und U. Daraus ergeben sich theoretisch 4*4*4 oder 64 unterschiedliche Triplets. Die menschlichen Proteine setzen sich aber aus nur 20 Aminosäuren zusammen. Man bräuchte also nur etwa ein Drittel aller verfügbaren Dreier-Codons, um die vorhandenen Aminosäuren zu kodieren. Stattdessen ordnen natürliche Proteinsyntheseapparate, wie oben erwähnt, die gleiche Aminosäure mehreren tRNA-Codons zu. Bis zu vier unterschiedliche Transfer-RNAs tragen dieselbe Aminosäure in die Proteinfabrik. Entsprechend kann man beim synthetischen Bau einer mRNA im Labor beziehungsweise bei der Planung derselben am Computer darauf achten, dass solche Codons verwendet werden, die in der menschlichen Zelle mit den besten Ergebnissen abgelesen werden: schneller und/oder andauernder.

Es hat sich herausgestellt, dass die Verwendung von Codons mit hohem Anteil an G und C, also den RNA-Bausteinen Guanin und Cytosin, zu einer besonders guten Proteinmenge führt. Diese kann bis zu 1000-fach höher sein als die Proteinmenge einer mRNA mit GC-armen Sequenzen. Den letzten Satz kann man getrost noch einmal lesen: 1000-fach höher! Ob an einem Pfannkuchentag im Kloster bei gleichem mRNA-Ressourceneinsatz ein Pfannkuchen oder 1000 Pfannkuchen gebacken werden, ist schon ein gewaltiger Unterschied![4]

Man weiß heute, dass die Ableseeffizienz ein komplexes Thema ist. Warum unter vielen anderen Faktoren gerade der GC-Gehalt einer mRNA zu hohen Proteinproduktionen führt, ist noch nicht abschließend erforscht. Doch zwei Aspekte, die als wahrscheinliche Kandidaten für eine Erklärung dienen können, seien hier herausgegriffen. Der eine ist, wie effizient eine mRNA vom Ribosomen verarbeitet wird. Der andere betrifft die Stabilität der mRNA, also die Frage, was beeinflusst, ob sie schneller oder langsamer zerstört wird und häufig oder eben nicht so häufig abgelesen werden kann.[5]

Die Ableseeffizienz kann man sich vielleicht ein wenig wie den Bestellvorgang im Fast-Food-Restaurant vorstellen. Wer gängige Menübestandteile ordert, wird schneller bedient. Fast immer gibt es einen kleinen Vorrat an Cheeseburgern, weil sie ständig bestellt werden. Bestellt man dagegen etwa Tintenfischringe, dann muss erst mal nachgeschaut werden, ob überhaupt noch welche da sind. Schließlich werden ein paar in der untersten Schublade gefunden und in die Fritteuse geworfen. Irgendwann sind sie dann fertig. Das hat Zeit gekostet. Entsprechend könnte es sich mit GC-reichen und AU-reichen Transfer-RNAs verhalten. Die GC-reichen sind wie die Cheeseburger einfach schneller verfügbar.

Tatsächlich scheint es auch so etwas wie das Schwätzchen bei der Bestellung zu geben, nämlich beim Tanz zwischen kodierender mRNA und ablesender tRNA, zwischen Codon und Anticodon. Manche Anticodon-Tanzgrüppchen lösen sich anscheinend wesentlich langsamer von ihrem mRNA-Codon als andere. Die Zeit bis zum Abbau der mRNA wird also unproduktiv verplempert.[6]

Der zweite erklärende Faktor für die größere Proteinmenge ist die Stabilität der mRNA. Es scheint für die Abbauenzyme schwieriger,

GC-reiche mRNA-Stränge anzugreifen als AU-reiche Entsprechungen. Weil dem so ist, bleibt die GC-reiche mRNA länger intakt und es kann mehr Protein von ihr gebildet werden.

Eine schicke Mütze macht mRNA stabil und effizient

In der Zelle gibt es nicht nur messenger-RNA. Eine Reihe anderer RNA-Geschwister treibt sich ebenfalls hier herum und übernimmt ganz andere Aufgaben als die mRNA. Eines haben wir schon kennengelernt: die Transfer-RNA. Es gibt einige andere mehr. Und wie es bei Geschwistern so üblich ist, besteht eine gewisse Konkurrenz. Wenn man nicht aufpasst, schleckt eins dem anderen am Eis, zieht die Wurst vom Teller oder klaut das Spielzeug. Damit also nicht andere RNA-Geschwister der mRNA beim Proteinbau ins Gehege kommen, wird der mRNA eine sogenannte Cap-Struktur aufgesetzt, genau an dem Ende, bei dem mit der Ablesung beim Proteinbau begonnen wird. Diese Mütze dient als Erkennungsmerkmal und Ausweis für den Zugang zur Proteinfabrik. Wer keine passende Mütze mit den Worten »Ich bin eine mRNA« trägt, kommt nicht hinein.

Außerdem verhindert die Mütze den Abbau der mRNA. Ist sie erst einmal vom Kopf gerissen, geht es der mRNA an den Kragen.[7] Was auch Sinn ergibt, denn sie kommt ohne Mütze ja sowieso nicht mehr in die Fabrik und kann damit ihre Funktion nicht mehr ausüben.

Und es wird deutlich: Die Mütze ist ein prima Ansatzpunkt, um die Stabilität und Proteinbau-Effizienz der mRNA zu verbessern. Durch subtile Modifizierung kann man erreichen, dass sie fester sitzt und/oder besser an der Proteinfabrik andockt. Außerdem kann man sie immunogener machen, was für Impfstoffanwendungen gewünscht sein kann. Der eigentlichen Funktion müssen subtile Änderungen nicht schaden. Die Kappe wird weiterhin von der Proteinfabrik erkannt und sie schützt vor Abbau. Einfach eben mal mehr, mal weniger. Und wenn mehr, dann spitzt der Wissenschaftler seinen Bleistift und schreibt ein Patent.

Wie immer muss man bei derlei Veränderungen behutsam vorgehen, um eine Verbesserung und nicht eine Verschlechterung zu bewirken. Wird beispielsweise der grazilen mRNA-Kette ein gar zu klobiger Motorradhelm verpasst, um sie ganz besonders gut zu schützen, wird sie vielleicht nicht mehr durch die Pforte der Proteinfabrik passen.

Tatsächlich kann man heute veränderte mRNA-Mützen im Laden bestellen, ganz so wie Baseballkappen für unterschiedliche MLB-Teams. Sogenannte »Cap Analoga« für bessere mRNA-Stabilität und modifizierte Immunogenität werden Wissenschaftlern zum Spielen wie Legosteine angeboten. Nur steht darauf dann nicht Red Sox oder Yankees, sondern m^7GP_3G für »Monomethylated Cap Analog« oder etwas für Normalsterbliche ähnlich Kryptisches.[8] Auch CureVac hat mRNA mit veränderter Cap-Struktur in Patenten angemeldet.[9]

Nicht kodierende Bereiche: Die Bedienungsanleitung der mRNA verbessern

Wenn man die mRNA von einfachen Organismen mit der von hoch entwickelten Säugetieren vergleicht, dann fällt auf, dass insbesondere die Länge der nicht kodierenden Bereiche zugenommen hat. Diese Bereiche der mRNA vor dem Startcodon und nach dem Stopcodon werden, wie wir gesehen haben, nicht für die Auswahl der Aminosäurezutaten für das Protein genutzt.

Nur weil keine Rezeptschritte im Text stehen, die Zutaten betreffen, wie Salz zugeben, Mehl beimischen oder Wasser hinzugießen, bedeutet das noch lange nicht, dass flankierender Text im Rezept für das Gelingen des Gerichts nicht wichtig wäre. Im Kochbuch steht vielleicht, dass der Teig, nachdem alle Zutaten beigemischt sind, geknetet und flach ausgerollt werden soll. Oder dass eine Pause gebraucht wird, in der das Zwischenprodukt gären muss. So enthalten auch UTRs andere wichtige Funktionen für Bau und Verwendung von Proteinen, beispielsweise für die Ausbildung der 3D-Struktur des Proteins oder zur Auslieferung an den richtigen Ort innerhalb der Zelle. Durch UTR-Information werden auch RNA-Bindeproteine gesteuert, die Einfluss auf den Ablauf der Proteinsynthese oder auf die Stabilität haben.[10]

Man ahnt es schon: Wieder einmal kann mit den Textelementen der mRNA gespielt und damit die Menge Protein, welche die mRNA baut, beeinflusst werden. Ein CureVac-Mitarbeiter schreibt in einer Veröffentlichung zum Thema mRNA-Design über UTRs, dass sie sehr sorgfältig ausgesucht werden müssten, denn so wichtig sie auch für Stabilität und Proteinherstellung seien, könnten sie – wenn falsch ausgesucht – beides auch stark behindern. Etwa weil sie Andockstellen für MicroRNA-Schnipsel in der Zelle bieten, an die diese sich dann anlegen und die Ablesung verhindern könnten, oder weil AU-reiche Sequenzelemente die Stabilität verringerten.

Dagegen hat sich für Impfungen im Menschen die Verwendung von UTR-Sequenzen für Proteine roter Blutkörperchen eines afrikanischen Krallenfroschs schon früh als förderlich herausgestellt – alpha-Globin hinten zur Stabilisierung und beta-Globin vorne zur Verbesserung der Proteinmenge. Dass Blutproteine in großer Menge benötigt werden und daher effizient hergestellt werden sollten, ergibt ja auch Sinn. Aber auch die UTRs beispielsweise von Hitzeschockproteinen oder eines Tabakvirus können den Proteinbau beschleunigen.[11]

Nanofettpartikel: Die ideale Verpackung für Impfstoff-mRNA

Messenger-RNA wird typischerweise als Injektion in den Körper verabreicht. Dadurch schwimmt die mRNA erst einmal zwischen Zellen oder im Blutkreislauf. Eine große Hürde stellt für injizierte mRNA die Überwindung der Zellwand dar. Das Wort »Wand« besagt es ja schon: Hier geht es nicht durch – und zwar weder von innen nach außen noch umgekehrt, jedenfalls nicht ohne Weiteres. Es gibt eine Reihe von Aufnahmemechanismen, die auch für RNA funktionieren, aber eben nur in beschränktem Maße. Je länger die mRNA ist, desto mühsamer kommt sie durch. Und mRNA ist nun mal im Vergleich zu anderen RNA-Geschwistern in der Regel recht lang.

Einen Meilenstein für die Aufnahmeverbesserung stellt die Verpackung von mRNA in Lipid-Nanopartikel (LNPs) dar. Lipide sind Fette. Nano heißt Milliardstel; gemeint ist die Größe: ein Milliardstel Meter. Tausendmal kleiner als ein Mikrometer. Oder eine Million mal kleiner als ein Millimeter. Na ja, und ein Partikel ist eben ein kleines Teilchen. Folglich sind LNPs ultrakleine Teilchen aus Fett. Wenn man diese Fettteilchen geschickt als kleine Säckchen baut, umhüllen sie die mRNA-Stränge wie Schnüre, die man in einen Luftballon gesteckt hat. Die LNPs schützen die mRNA-Stränge zwar auch gegen Abbau durch RNA-Abbauenzyme außerhalb der Zelle, zum Beispiel im Blut. Doch weitaus wichtiger ist, dass die Fettsäckchen der mRNA helfen, durch die Wand in die Zelle zu gelangen (siehe Abbildung 16). Ganz richtig, durch die Wand.

Man stelle sich dazu die Zellwand weniger als Mauer denn als magische Decke vor und den Nanofettpartikel immer noch als runden Luftballon. Der Luftballon kuschelt sich auf die Decke und wird mal eben von der Decke ganz umhüllt. Dann kommt jemand von unterhalb der Decke, rafft die Decke über dem Luftballon zusammen und bindet mit zwei Kabelbindern die Decke samt Luftballon ab. Zwischen den beiden Kabelbindern wird abgeschnitten. Nun ist die Decke wieder ganz, zusammengebunden von einem Kabelbinder. Den Luftballon umhüllt zwar die Decke, ebenfalls zusammengebunden von einem Kabelbinder, aber er ist jetzt unter der Decke. Er ist durch. Er ist in der Zelle. Später wird die Decke vom Luftballon abgelöst und der Luftballon kann sich frei in der Zelle bewegen. Nun muss man noch den Luftballon platzen lassen und die

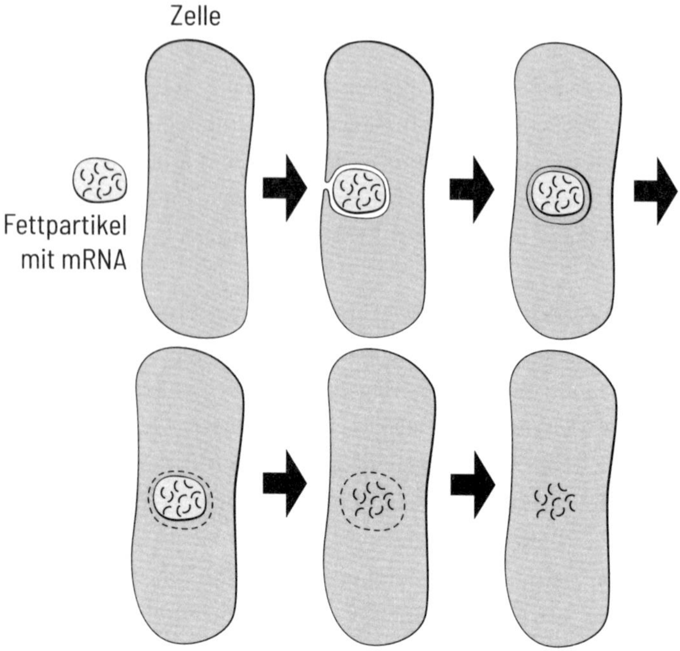

Abbildung 16: Aufnahme von Nanofettpartikeln in die Zelle: Ein Partikel wird von der Zellwand umschlossen und in die Zelle aufgenommen (Endozytose). In der Zelle löst sich die umschließende Zellwand auf.

mRNA ist ihrerseits frei in der Zelle beweglich. So ähnlich funktioniert das mit den Lipid-Nanopartikeln. Sie kommen gut durch die Zellwand hindurch und lassen in der Zelle die mRNA frei. Die Aufnahme von mRNA in Zellen nennt man übrigens »Transfektion«. Die Geschichte mit dem Luftballon und der Decke nennt man Endozytose.[12] Tatsächlich gibt es das Ganze auch andersherum, aus der Zelle heraus: Exozytose. Und jemand hat beobachtet, dass genau dies mit den Fettsäckchen passiert, wenn man nicht aufpasst. Quasi durch die Drehtür rein und gleich wieder raus.[13]

Doch wenn man es richtig macht, unterstützt die Verwendung von Nanofettpartikeln die Aufnahme von mRNA in die Zelle enorm.

Deshalb hat sich CureVac gleich von zwei Partnern Rechte an solcher Fettpartikel-Technologie gesichert. Arcturus teilt mit CureVac seine LUNAR-Technologie[14] und Acuitas liefert seine LNP-Technologie.[15]

Um das Kapitel zur mRNA-Technologie zusammenzufassen, können wir festhalten: Die mRNA muss verbessert werden, um in Medikamenten den gewünschten Effekt zu erreichen. Zielgrößen dabei sind die Menge des aus der mRNA produzierten Proteins und ihre Immunogenität. Beide Zielgrößen bieten eine große Zahl an Ansatzmöglichkeiten, von denen wir nur die wenigsten und anschaulichsten betrachtet haben. Verpackung, Reinigung und Modifikation der kodierenden und nicht kodierenden mRNA-Bestandteile bilden gemeinsam ein Füllhorn an unterschiedlichen Möglichkeiten, die sich mehr oder weniger beliebig miteinander kombinieren lassen. Nicht jede Optimierung eignet sich für jeden Einsatzzweck und für jedes Zielprotein. mRNA-Designern steht ein großer Baukasten zur Verfügung, aus dem sie im Einzelfall ihre Optimierungsmöglichkeiten auswählen und kombinieren. Dabei probieren sie in jedem Anwendungsfall verschiedene Optionen aus. Und vieles liegt noch im Dunkeln, sodass die Zukunft hier noch manch weiteren Technologiebestandteil zutage fördern wird.

Kapitel 6

Schlüssel-Know-how: Die Herstellung von mRNA

Herstellung pharmazeutischer mRNA

Die Herstellung von pharmazeutisch einsetzbaren mRNA-Molekülen ist für CureVac von herausragender Bedeutung. Von Anfang an war klar: Ein Produkt, das man präklinisch und klinisch testen möchte, muss man erst mal herstellen. Und zu der Zeit als die Gründer die ersten Geschäftspläne schrieben, gab es weltweit noch kein einziges Unternehmen, das imstande war, mRNA für den Einsatz in präklinischen und klinischen Studien zu produzieren. Der Herstellungsprozess musste also von Grund auf neu geschaffen werden. Eine Mammutaufgabe für ein gerade neu gegründetes Unternehmen mit wenig Geld. Warum es so aufwendig ist, ein Produkt herzustellen, das in den Körper von Menschen oder Tieren injiziert werden soll, das lohnt sich etwas genauer zu betrachten.

Vielleicht haben Sie in Ihrem Leben schon einmal mit Qualitätsmanagement zu tun gehabt. Es spielt heute in vielen Bereichen eine wichtige Rolle. Produkte und Dienstleistungen tragen Siegel, die deren Qualität bestätigen; Unternehmen tragen Siegel, die bestätigen, dass sie in der Lage sind, Qualität zu erzeugen. »ISO 9000 zertifiziert« steht dann auf einem Aufkleber am Eingang, damit auch jeder gleich weiß, dass hier Qualität produziert wird.

Der Hintergrund ist immer derselbe: Der Kunde soll sich darauf verlassen können, dass die angegebene Produktqualität auch der tatsächlichen entspricht – und dass dies auch für Eigenschaften gilt, die man als Kunde nicht sieht. Wenn »Bio« auf der Milch steht, dann soll auch Bio drin sein. Manche behaupten, man schmecke das. Doch im Laden sehen kann man es nicht. Für die Herstellung bedeutet dies Folgendes: Ein kompetenter neutraler Dritter soll in der Lage sein, sowohl auf Papier den Prozess der Biomilcherzeugung nachzuvollziehen als auch, sich durch Überprüfung in der Realität ein Bild von der Einhaltung dieses Prozesses zu machen.

In strikten Qualitätsmanagementsystemen wird zunächst der Herstellungsprozess minutiös in sogenannten Standard Operating Procedures (SOPs) erfasst. Anschließend wird bei der Herstellung die Einhaltung jedes vorgesehenen Schritts auf Papier dokumentiert und kontrolliert. Für die Biomilchherstellung würde das bedeuten, dass man zum Beispiel eine SOP »Kuh füttern« erstellt. Darin könnte stehen:

1. Futter als Biofutter identifizieren.
2. Futter in Trog schütten.
3. Kuh beim Fressen beobachten und sicherstellen, dass auch tatsächlich die Kuh und nicht die Ziege das Biofutter frisst.

Jeden Tag, wenn die Kuh ihr Futter bekommt, würden dann diese drei Schritte von einem Mitarbeiter durchgeführt und gleichzeitig auf einem Zettel dokumentiert. Dieser führt die vorgesehenen Prozessschritte auf, jeweils ergänzt durch ein Kästchen, das der Mitarbeiter mit einem Haken versieht, der sinnbildlich für »erledigt« steht.

Das Ganze wird dann mit Namen und Unterschrift bestätigt und von einem zweiten Mitarbeiter gegengezeichnet, der den Prozess ebenfalls kennt und beurteilen kann, ob alles seine Richtigkeit hatte. Dafür gibt es eine eigene Zeile am Ende des Protokolls: Datum, Name, Unterschrift Mitarbeiter 1, Name, Unterschrift Mitarbeiter 2.

Der Zettel wird abgeheftet, und schon kann man einem Kontrolleur nachweisen, dass über einen gegebenen Zeitraum hinweg die Kuh nur Biofutter bekommen hat. Irrtum ausgeschlossen.

Nun sei einmal dahingestellt, ob die Biomilchproduktion so wie hier geschildert abläuft. Es sollte nur ein anschauliches Beispiel sein.

Bei der Herstellung von Medikamenten jedoch wird es so gehandhabt, und noch viel strikter. Vom Ausgangsstoff bis zum Endprodukt zieht sich eine endlose Kette solcher SOPs, Herstellungsnachweise für einzelne Chargen, Zwischenkontrollen zur Bestätigung der Zwischenprodukte und Endkontrollen zur Bestätigung der Endprodukte. Das Ergebnis ist dann ein GMP-Produkt im pharmazeutischen Sinne – ein nach »good manufacturing practices« hergestelltes Produkt. Böse Zungen behaupten, GMP bedeute »generates more paper« – erhöht den Papierberg. Tatsächlich hatte CureVac anfangs Archivierungsprobleme und Bedarf nach einem größeren Raum nur für diesen Zweck, denn GMP-Unterlagen müssen bis zu zehn Jahre nach dem Ablaufdatum des Produkts aufbewahrt werden.

An die eigentliche Herstellung schließt sich noch der Nachweis der Stabilität eines Wirkstoffes an. Schließlich soll dieser nicht nur zum Zeitpunkt der Fertigstellung dem entsprechen, was auf der Verpackung steht, sondern auch zu dem Zeitpunkt, wo er im Tier oder im Menschen getestet oder einem Patienten zur Behandlung verabreicht wird. Also werden Testchargen unter Standardbedingungen und unter Bedingungen eines beschleunigten Abbaus gelagert und nach geplanten Zeiträumen, zum Beispiel drei, sechs, zwölf, 24 und 36 Monaten, aus dem Lager genommen und auf Herz und Nieren geprüft. Ist der Stoff noch unverändert? Haben sich Abbauprodukte gebildet? Gibt es unerwartete Verunreinigungen? Haben sich Mikroben eingeschlichen? Und nur wenn die sehr hoch angesetzten Mindestbedingungen eingehalten werden, gilt das Produkt noch als stabil.

Der Herstellungsprozess unter GMP-Bedingungen ist aufwendig. Seine Einrichtung dauert eher Jahre als Monate, insbesondere bei einem gänzlich neuen Stoff, wie mRNA ihn für Medikamentenentwickler in der Anfangszeit von CureVac darstellte. Insbesondere die Methoden zur Qualifizierung und Validierung der Zwischen- und Endprodukte erfordern einen gigantischen Aufwand. Und sobald sich das Produkt ein wenig ändert, geht alles von vorn los: Wie wirkt sich die Änderung auf die Herstellung aus? Sind die Kontrollen noch geeignet? Ist die Stabilität noch gegeben? Und sobald eine dieser Fragen auch nur mit einiger Berechtigung gestellt werden kann, heißt es von behördlicher Seite: Testen! Beweisen!

Wie bei allem war auch hier für CureVac der Anfang schwer. Im Technologiepark hatte der Vermieter 2003 ein GMP-Labor nach den Wünschen von CureVac eingerichtet. Schon die Produktionsstätte ist bei der behördlich regulierten und überprüften GMP-Zertifizierung Gegenstand sorgfältigster Inspektion. Einmal erregte der Umstand die Gemüter, dass die Eingänge zu den Mitarbeitertoiletten vielleicht nicht weit genug vom Eingang zum Reinraumlabor entfernt waren. Diese Frage darf die Behörde stellen. Den Nachweis, dass die Eingänge weit genug voneinander entfernt sind, muss das Unternehmen führen. Allzu oft stellt sich für die geplagten Mitarbeiter die Frage: Wie macht man das? Und was tun, wenn der Nachweis nicht gelingt? Umbauen? Nicht mehr auf Toilette gehen oder zumindest nicht mehr auf diese? Stünde dies im Einklang mit den baulichen Bestimmungen für die Anzahl von Mitarbeitertoiletten?

Oft genug erfindet man eine SOP, die das Problem für alle erkennbar löst. Zum Beispiel »SOP Toilette verlassen«:

1. Türgriff desinfizieren (gemäß SOP »Türgriff desinfizieren«).
2. Hände waschen (gemäß SOP »Hände waschen«).
3. Türe kurz öffnen und sofort wieder verschließen.
4. Toilette in der dem Reinraumlabor entgegengesetzten Richtung verlassen.
5. Einmal bis zum hypothetisch idealen Standort einer Mitarbeitertoilette laufen.
6. Dabei einen feuchten Wischmopp hinter sich herziehen.
7. Am entfernten Ort Wischmopp säubern, die Schuhe putzen, Hände waschen und desinfizieren und in der ausgehängten Liste abzeichnen, dass SOP »Toilette verlassen« eingehalten wurde.
8. Umkehren und zum Reinraumlabor zurücklaufen.
9. SOP Ende.

Sie merken schon: Diese SOP habe ich gerade erfunden und es hat sie ganz bestimmt bei CureVac auch nicht in ähnlicher Form gegeben. Ganz sicher haben aber noch viel detailliertere SOPs tatsächlich Eingang in das Qualitätsmanagement gefunden.

Man kann sich über GMP lustig machen, man kann es auch zu umständlich oder zu teuer finden und man kann darin sogar einen Hemmschuh für Innovation sehen, weil alles so lange dauert und die Entwicklung neuer Medikamente so sehr verteuert. Und ich bin durchaus ein Vertreter aller dieser Kritikpunkte. Aber eines muss man GMP lassen: Wir können guten Gewissens Medikamente zu uns nehmen und uns sicher sein, dass das, was drin sein soll, auch drin ist – und ebenso, dass das, was nicht drin sein soll, auch nicht drin ist. Und dass in den im Rahmen der Verträglichkeitsprüfung vorgenommenen Tests auch derselbe Stoff untersucht wurde, den wir heute schlucken, und nicht zum Beispiel ein harmloseres Abbauprodukt.

Als alle bei CureVac auf den Tag der ersten Abnahme der Reinraumlabore durch die Behörde hinarbeiteten, stieg die Nervosität. War alles vorbereitet? Würde die Lüftung funktionieren und reine Luft erzeugen? War alles gemäß SOPs sauber gereinigt worden? War die Dokumentation für Geräte und SOPs vollständig und würde sie die Behörde zufriedenstellen? Und dann der Schock: Eine Mitarbeiterin entdeckte eine Fliege, wo diese überhaupt nicht hingehörte. Ein Schmutzpropeller der Extraklasse mitten im Hort der Reinheit. Wie war die da hereingekommen? Mit einem Mitarbeiter durch den Eingang? Sollte eigentlich nicht passieren. Durch ein unentdecktes Loch in der Wand? Noch schlimmer, da könnten ja ständig weitere nachkommen. Wer wusste schon, ob auf der anderen Seite nicht ein Bauarbeiter sein Wurstbrot hatte liegen lassen, wodurch inzwischen eine Brutstätte von Kleingetier und Mikroben entstanden war und für stetigen Nachschub sorgte. Die Fantasie kannte keine Grenzen.

Erst einmal wurde die Fliege eingefangen. Dann wurde fieberhaft nach möglichen Eingangspforten für die Fliege gefahndet. Alles wurde systematisch abgesucht, alles Erdenkliche wurde versiegelt und verschlossen. Dann wurden Fallen aufgestellt, um sicherzugehen, dass keine weiteren Fliegen ihren Besuch abstatteten und womöglich unerkannt verschwanden, so wie sie gekommen waren. Dann nochmals Reinigung nach SOPs, und ein weiteres Mal, nur um ganz sicherzugehen.

Kleine Dinge können bei Herstellung nach GMP große Wirkung entfalten und einen riesigen Aufwand nach sich ziehen. Es wird nicht weniger angestrebt als Sicherheit in Perfektion.

Die Abnahme durch die Behörde verlief dann erfolgreich. CureVac besaß die erste für GMP-Herstellung von mRNA zertifizierte Produktionsstätte der Welt.

Erlangung der pharmazeutischen Herstellungserlaubnis

Bald darauf folgte die Erlaubnis, eine bestimmte mRNA, die für einen oder mehrere von CureVacs Tests benötigt wurde, unter GMP herzustellen. Wieder dauerte es nicht lange, dann durfte CureVac mRNA dieser Bauart mit beliebiger Sequenz und Länge herstellen.

Dies ist Anlass, kurz innezuhalten. Jede Länge, jede Sequenz? Das bedeutet: jede mRNA! Es bedeutet: prinzipiell Code für jedes Protein! In einer Produktionsstätte! Nach der Herstellung eines Produkts wird kurz gefegt, sprich Reinraum-Reinigung nach SOPs, dann kann das nächste Produkt hergestellt werden – nach denselben SOPs mit denselben Kontrollen. Das war revolutionär! Undenkbar bei herkömmlichen chemisch hergestellten Medikamenten oder bei Proteinen wie beispielsweise Antikörpern. Dort mussten für jede Synthese eigene SOPs und eigene Kontrollen entwickelt werden. Es musste nach Abbauprodukten geforscht werden, die Stabilität musste untersucht werden. Langwierige, teure Prozesse. Weil mRNA als Stoff aber aus den immer gleichen vier Bausteinen besteht, kann man die erfolgreiche Herstellung mit den immer gleichen Verfahren kontrollieren. Die Abbauprodukte sind immer identisch und kommen obendrein natürlich in jeder Zelle vor. Sie sind wieder die Grundbausteine des nächsten von der Zelle gebildeten mRNA-Strangs. Die Information ändert sich, doch die Buchstaben bleiben die gleichen. Und schließlich die Stabilität des mRNA-Medikaments: Sie ändert sich bei unterschiedlicher Länge des Strangs oder Sequenz des Codes kaum – solange man die RNA von Abbauenzymen fernhält.

Dieser Vorteil der mRNA-Technologie ist wirklich dramatisch. Einem Entwickler herkömmlicher kleiner chemischer Moleküle kommen die Tränen, wenn er erfährt, dass man die mRNA-Prüfsubstanzen für eine Testreihe von sagen wir drei Produkten in ein paar Wochen unter GMP herstellen kann. Gleiche Produktionsstätte, gleiche Prozesse, alles gleich. Gigantisch. Wir schreiben das Jahr 2006. CureVac war zu diesem Zeitpunkt noch allein auf dem Markt, es gab noch keine andere Produktionsstätte dieser Art für GMP-mRNA. Hatte die Welt verstanden, was da im Entstehen begriffen war? Nein. Außer einem Software-Milliardär. Code ist eben Code.

Im Jahr 2020, 14 Jahre später, waren dazu auch andere mRNA-Unternehmen in der Lage. Moderna lieferte die Prüfsubstanz anlässlich der ersten Corona-Studie 42 Tage nach Bekanntwerden der Sequenz des Coronavirus aus.[1] Eine lesenswerte Dokumentation dieses Weltrekords schrieb Cathrine Elton für das *Boston Magazine*.[2]

Lagerfähigkeit von mRNA

Eine verblüffende Feststellung war, dass mRNA im Grunde sehr stabil sein kann – sofern sie von den Abbauenzymen ferngehalten wird. Bis zu 70°C konnte mRNA erhitzt werden, ohne dabei Schaden zu nehmen. Eine Eigenschaft, von der Eiweiße, aus denen beispielsweise herkömmliche Impfstoffe hergestellt werden, nur träumen können. Bei etwas mehr als 40°C fangen Proteine an zu denaturieren. Gelagert werden sie im Kühlschrank, und vom Joghurt wissen wir, dass auch das nur begrenzt möglich ist. Versand ist möglich, aber bitte mit kontrollierter Kühlkette.

Lager- und Transportfähigkeit sind wichtige Eigenschaften für Medikamente. Heute trägt die Stabilität von CureVacs mRNA zum großen Erfolg der Technologie bei. Wer hätte das am Anfang gedacht? Für das Investment der Gates-Stiftung beispielsweise war es angesichts ihres Ziels, in den heißen und unzugänglichen Gegenden der Erde zu impfen, also dort, wo Strom oder Kühlschränke oft Mangelware sind, sicher hilfreich, eine Impfstofftechnologie anbieten zu können, die ohne Kühlung bei Transport und Lagerung auskommt. Ein Versprechen, das erst mit CureVacs mRNA-Impfstoffen möglich wurde.

Wie brisant das Thema »Transport- und Lagertemperatur« auch in der westlichen Welt ist, sah man in der zweiten Jahreshälfte 2020. Mitten in den fieberhaften Vorbereitungen für die Auslieferung der noch im selben Jahr erwarteten mRNA-Impfstoffe von CureVacs Konkurrenz sickerte durch, dass beide Firmen nicht nur gekühlte, sondern gefrorene Impfstoffe ausliefern müssten. Moderna habe mit der Lagerungsfähigkeit seiner Produkte bei –20°C einen Vorsprung gegenüber den Wirkstoffen von BioNTech und Pfizer, für die Stabilität nur bei –70°C nachgewiesen sei. Bei 2° bis 8°C, also im Kühlschrank, sei der Impfstoff nur 24 Stunden lang haltbar. Ein riesiges logistisches Problem für beide Lieferanten, wobei Moderna nur auf Tiefkühlfächer angewiesen war. Im November konnte Moderna sogar verkünden, dass der Impfstoff bis zu einem Monat im Tiefkühlfach haltbar sei. Pfizer und BioNTech dagegen waren auf in Laboren übliche Geräte mit Kühlung bis auf –70°C angewiesen. Ein Analyst übersetzte die sich daraus ergebenden Anforderungen: Eine Impfung mit dem Pfizer/BioNTech-Wirkstoff ist in speziellen Krankenhäusern oder Impfzentren mit entsprechender Ausrüstung möglich; die Impfung muss an speziellen Terminen stattfinden, für die der Impfstoff innerhalb eines Tages aufgetaut und verabreicht werden muss. In den Tagen nach Zulassung des Impfstoffs von Pfizer/BioNTech wurden Flugzeuge und Lagerstätten von Logistikunternehmen mit Trockeneiscontainern und deren Probleme für die Flugsicherheit zum Gegenstand der Medienberichterstattung. Von der jährlichen Grippeimpfung kannte man das nicht.[3]

CureVac hatte schon in der Vergangenheit gezeigt, dass es auch anders geht. Ein Beispiel möge dies illustrieren. Tollwut ist eine Krankheit, die bei uns ausgelöscht ist, die aber in anderen Teilen der Welt, vor allem in Indien, immer noch jährlich 50 000 Menschen tötet. CureVac hat einen Impfstoff entwickelt, der für diese Erkrankung neben der üblichen Sicherheit und Wirksamkeit eben auch hohen logistischen Anforderungen gerecht werden musste. Deshalb hat man getestet, wie lange das Vakzin wirkt – mit überzeugenden Ergebnissen: Monatelange Lagerung bei –80° bis +70°C schadete der Wirksamkeit nicht. Auch oftmalige Unterbrechung der Kühlung (20 Zyklen zwischen 4° und 56°C) hatten keinen Wirksamkeitsverlust zur Folge.[4]

CureVacs Cheftechnologin Mariola Fotin-Mleczek berichtete in einem Interview zu CureVacs SARS-CoV-2-Impfstoff, man sei zuversichtlich, dass die Lagerung und Verteilung des in gelöster Formulierung hergestellten Impfstoffs bei Kühlschranktemperaturen möglich sein werde. Mehr noch: »Man kann mRNA auch die Flüssigkeit entziehen, dann hält sie sich auch bei 30 Grad auf der Fensterbank.«[5]

Eine Pressemeldung des Unternehmens vom 12. November 2020 bestätigte die dreimonatige Stabilität von CureVacs Covid-19-Impfstoff im Kühlschrank.[6] Die endgultigen Ergebnisse zur Stabilität lagen bei Redaktionsschluss dieses Buches noch nicht vor. Das Verfahren für den Entzug der Flüssigkeit in diesem Zusammenhang ist eine Erfindung aus CureVacs Reihen. Es wurde aber für den Covid-19-Impfstoff nicht eingesetzt.

Ausbau der Produktionskapazitäten

Von welchen Mengen sprechen wir eigentlich, wenn mRNA als Medikament verwendet wird? Für wie viel mRNA sind CureVacs Produktionsanlagen angelegt? Die Angaben des Unternehmens lassen hierauf interessante Rückschlüsse zu. Der erste klinische Versuch mit einem Corona-Impfstoff wurde mit Dosen zwischen 2 µg und 8 µg begonnen.[7] Bei einem Besuch im Weißen Haus erklärte der CureVac-CEO, die Firma sei in der Lage, 10 Millionen Impfdosen in einer einzigen Charge herzustellen, wenn man die Dosis des Tollwut-Impfstoffs zugrunde lege (1 µg oder ein Millionstel Gramm pro Gabe).[8] Das lässt auf Produktionsmengen von 10–40 Gramm schließen. Mit anderen Worten: ein bis drei gehäufte Esslöffel mRNA! Von solchen gigantischen Mengen war CureVac zum Zeitpunkt der ersten Zulassungen noch einige Größenordnungen entfernt. Die Mengen pro Charge, also pro individueller Herstellung, richteten sich nach dem Bedarf. Und der lag in der Testung in ein paar Tieren oder in ein paar Menschen. Einige Milligramm – also Messerspitzen – waren dafür ausreichend.

Bis heute setzt CureVac Standards für die Herstellung von mRNA. Zahllose unterschiedliche mRNA-GMP-Produkte sind inzwischen in noch zahlloseren Chargen hergestellt worden. Es gibt mittlerweile drei GMP-Produktionsstätten und das Netzwerk für die Produktion wird laufend erweitert. Die Zahl der jährlichen Impfstoffdosen, die herzustellen man in der Lage sein will, gab die Firma während der Coronapandemie mit mehreren hundert Millionen an. Eine vierte große Herstellungseinheit zur Versorgung von Medikamentenmärkten ist im Entstehen begriffen. Diese soll pro Charge bis zu 30 Millionen Dosen fabrizieren können – freilich immer abhängig von der benötigten Dosis.

Der mRNA-Printer: Mobile RNA-Herstellung

Eine ganz neue Entwicklung ist der GMP-mRNA-Printer. Dieser soll eine weltweit mobile und automatisierte GMP-mRNA-Herstellung erlauben. Per Lastwagen transportierbar und per Container verschiffbar, soll dieses Minilabor, das als Prototyp noch etwa so groß ist wie ein viertüriger Kleiderschrank, immer dort eingesetzt werden, wo gerade Impfstoffe oder Wirkstoff für bekannte oder neue Erkrankungen benötigt werden. Am jeweiligen Standort soll es mRNA im Grammbereich binnen einer Woche herstellen können. Das Projekt wurde 2019 von der Coalition for Epidemic Preparedness Innovations (CEPI) gefördert, einer Allianz zur Begegnung von pandemischen Bedrohungen.[9] Diese Förderung erfolgte wohlgemerkt vor Ausbruch der Coronapandemie.

Während die Entwicklung des mRNA-Printers von der Fachwelt als spannend eingeschätzt und mit Interesse beobachtet wurde, war es wieder einmal ein Selfmade-Milliardär, der die Aufmerksamkeit der Weltöffentlichkeit auf dieses CureVac-Projekt lenkte. Kein Geringerer als Tesla-Gründer Elon Musk verkündete per Tweet am 2. Juli 2020, dass er mit seinem Elektroauto-Unternehmen den RNA-Printer entwickle. Dabei lag der Beginn der Zusammenarbeit zwischen CureVac und Tesla Grohmann Automation GmbH, einem von Tesla aufgekauften deutschen Maschinenbauer, mehrere Jahre zurück. Schon zwei Jahre zuvor wurde ein von beiden Partnern gemeinsam eingereichtes Patent veröffentlicht.[10] Während die Patentveröffentlichung eineinhalb Jahre nach Einreichung am 2. Januar 2020 keine Wellen schlug, war der Tweet des Technologie-Trüffelschweins Musk noch am selben Tag den Onlineredaktionen des *Handelsblatts* und der *Frankfurter Allgemeinen Zeitung* einen Artikel wert.[11, 12] Ergab das Sinn? Barg die Zusammenarbeit von CureVac und Tesla Potenzial zur Beseitigung der Herstellungsengpässe für mRNA-Corona-Impfstoffe? CureVac hatte veröffentlicht, dass ein Roboter »innerhalb von wenigen Wochen mehrere Gramm« der aktuellen CureVac-mRNA-Formulierung herstellen könnte.[13] Wenn die Dosis für den Pandemiewirkstoff bei wenigen Mikrogramm läge, wie etwa bei erfolgreich abgeschlossenen Tollwutimpfstoff-Versuchen der Firma im Menschen, würde dies eine Million Dosen pro Syntheseroboter innerhalb einer Woche bedeuten. Doch wie viele Roboter würde Tesla produzieren können? Einen, zehn, hundert, tausend? Zunächst ging keine der Publikationen auf solche Nebensächlichkeiten wie Marktreife des Roboters, regulatorische Zulassung der mobilen Herstellung, Produktionskapazitäten von Grohmann für die mRNA-Printer oder Auslieferungsdatum ein.

Elon Musk kam dann im August 2020 sogar nach Deutschland und besuchte dort als Erstes die Firma CureVac in Tübingen – mit einem Medienrummel, den das Tübinger Unternehmen nicht einmal während seines Börsengangs erlebt hatte. Dabei hatte Grohmann noch nicht einmal zum Tesla-Konzern gehört, als die Zusammenarbeit begann. Im Gegenteil: Als Tesla Grohmann übernahm, sollten alle nicht auf Tesla gemünzten Projekte abgebrochen werden. Der Anlagenbauer für die Automobilbranche war zuvor für etliche Autobauer tätig gewesen, nun sollte Tesla Exklusivität genießen. Da bedurfte es eines Besuchs von CureVac-Chef Ingmar Hoerr in Palo Alto, um den Tesla-Boss Musk umzustimmen. Und siehe da, die mRNA-Printer durften weiter gebaut werden.[14] Auch Elon Musk hat ein Herz für große Innovationssprünge.

Kapitel 7

Die Zukunft der Medizin: mRNA in vielen Anwendungen

Chancen und Herausforderungen der mRNA-Therapie

Der Ansatz, genetische Information mit mRNA in Zellen zu bringen, bietet eine Reihe von Vorteilen gegenüber herkömmlicher Gentherapie mit DNA, die versucht, fehlende oder fehlerhafte Gene in Zellen dauerhaft zu ersetzen. Werfen wir zunächst einen Blick auf die Gentherapie mit DNA, um dann die Möglichkeiten der mRNA-Therapie aufzuzeigen.

Gentherapie mit DNA

Das sogenannte »zentrale Dogma der Molekularbiologie« besagt in etwa, dass aus DNA RNA werden kann und aus RNA Protein – nicht aber umgekehrt. Aus Protein wird keine mRNA und aus mRNA wird keine DNA.

Nun gibt es in der Natur Rebellen, die dieses von Francis Crick 1958 aufgestellte Dogma noch nicht kennen oder die sich um seine Vorgabe wenig scheren. Zu diesen Rebellen gehören einige spezialisierte Viren. Sie haben Tricks gefunden, um die altehrwürdige Einbahnstraße des Informationsflusses umzukehren, zumindest den

Streckenabschnitt zwischen DNA und RNA. Es sind Falschfahrer und Schmarotzer, die mit ihrer Übertretung der natürlichen Ordnung ihr eigenes Produktionsprogramm für Proteine in die DNA der Wirtszelle einschleusen. Sie gehören zur Gruppe der RNA-Viren und verbreiten sich mittels dieses molekularen Mediums. Als Viren verfügen sie über Profi-Werkzeuge, die es ihnen ermöglichen, in Wirtszellen hineinzugelangen. Einmal in der Wirtszelle angekommen, setzen sie einen Prozess in Gang, mit dem ihre RNA-Information in doppelsträngige DNA zurückübersetzt und in die körpereigene DNA in der Wirtszelle eingebaut wird. Von dort wird sie dann in der herkömmlichen Weise von den Wirtszellen abgelesen, in mRNA überschrieben, in das Zellplasma entlassen und dort in ein Protein verwandelt.

Zahlreiche Forscher, darunter Entwickler von Gentherapie mit DNA, haben seit Jahrzehnten in vielen Varianten versucht, die Tricks dieser Viren einzusetzen. Ziel war dabei immer, fehlende genetische Information dauerhaft in Zielzellen zur Verfügung zu stellen. Gleichzeitig wollte man durch geschickte Veränderungen die schädlichen Effekte der viralen Vorbilder wie eigenständige Vermehrung und Auslösen einer Immunreaktion vermeiden. In den vergangenen 30 Jahren wurden dabei große Fortschritte erzielt. Vor allem die Immunogenität der viralen Konstrukte, die in den Frühzeiten der DNA-Therapie zu bisweilen tödlichen Reaktionen geführt hatte, scheint heute weitgehend unter Kontrolle zu sein. Und tatsächlich gibt es heute auch schon zugelassene Gentherapien mit DNA, etwa eine zur Wiederherstellung der Sehfunktion bei fehlerhaftem RPE65-Gen im Auge. Dennoch sind prinzipielle Limitationen geblieben.

Gentherapien, die DNA zwar in Zellen, nicht aber in den Zellkern bringen, sind auf Gewebe angewiesen, in denen sich die Zellen kaum oder nicht teilen, denn nur Information im Zellkern wandert bei der Zellteilung in die neue Zelle. In Geweben mit hoher Zellteilungsrate wie beispielsweise Haut oder Muskel würde sich der Effekt der Genbehandlung schnell verwaschen. Und auch in Geweben ohne Zellteilung, wie etwa dem retinalen Pigmentepithel im Auge, welches das Zielgewebe für die oben erwähnte RPE65-Therapie ist, beobachtet man ein Nachlassen der Sehfunktion bei einem Teil der Patienten. Warum das so ist und warum nur bei einem Teil der Behandelten, kann man sich bislang noch nicht gut erklären.[1]

Gentherapien, bei denen die genetische Information in die DNA des Zellkerns eingebaut wird, lassen keine sichere Prognose darüber zu, wo genau das Gen in die körpereigene DNA eingebaut wird. Diese Ungenauigkeit verursacht bis heute Unbehagen, denn die Frage, wo genau körperfremde DNA in körpereigene eingebaut wird, ist nicht ohne Relevanz. Am falschen Platz eingebaut, kann sie beispielsweise zu erhöhtem Krebsrisiko führen.[2]

Sollten unerwünschte Folgen eintreten, stellt sich bei einer DNA-Therapie die Frage, ob es überhaupt möglich ist, diese abzusetzen. Ist ein Prozess erst einmal dauerhaft im Körper verankert, kann man ihn kaum wieder beenden.

Was kann mRNA und wo liegen ihre Grenzen?

Eine messenger-RNA lässt sich nicht in die DNA einbauen. Das zentrale Dogma der Molekularbiologie ist in der Natur wirksam. Aus DNA wird RNA und aus RNA wird Protein – und nicht umgekehrt. Es bedarf schon der Tricks der im vorigen Abschnitt erwähnten spezialisierten Viren, um mRNA zu DNA umzuformen und in die körpereigene DNA einzubauen. Zu diesen Tricks gehören zwei Enzyme, die in normalen Zellen nicht vorhanden sind und die nur Viren in ihre Wirtszellen einbringen: die reverse Transkriptase, die mRNA in DNA zurücküberführt, und die Integrase, die sie in körpereigene DNA einbauen kann. Und selbst wenn gerade tricksende Viren in derselben Zelle weilten, in der auch die medikamentöse mRNA eingebracht wurde, kann eine Nicht-Virus-RNA nicht in die DNA der Zelle integriert werden. Denn Viren lösen den Prozess der Rücküberschreibung und Integration nur für die in ihnen selbst enthaltene RNA aus. Dafür nutzen sie einen ebenfalls aus dem Virus stammenden sogenannten Primer. Andere RNA des Wirts wird nicht in sein Genom zurückeingebaut. Wenn also mit der künstlich eingeführten mRNA diese Tricks nicht mitgeliefert werden, wenn Enzyme für Rückübersetzung und Einbau fehlen und ganz besonders wenn kein Primer an sie gekoppelt ist, dann kommt es auch zu keinem Einbau in die körpereigene DNA. Zuverlässig.[3] Dieser Auffassung ist unter anderem auch Klaus Cichutek, Leiter des Paul-Ehrlich-Instituts, der in Deutschland zuständigen Oberbehörde für die Zulassung von Impfstoffen und biomedizinischen Arzneimitteln.[4]

Messenger-RNA ist aber derzeit auch in den optimiertesten Formen so vergänglich, dass sie je nach Formulierung und Gewebe, in das sie injiziert wird, nach Stunden oder Tagen auf natürliche Weise abgebaut ist. Damit setzt sich die Therapie von allein ab, so wie wir das von allen Medikamenten kennen, die wir zu uns nehmen. Es dauert eine Weile, und dann ist der Wirkstoff im Körper abgebaut. Im Falle von mRNA erfolgt dieser Abbau in die natürlichen Bausteine binnen Stunden oder Tagen. Diese Bausteine können anschließend in der Zelle für den Bau von neuer mRNA wiederverwendet werden.

Natürlich geht die Vergänglichkeit der mRNA auch mit besonderen Herausforderungen und Limitationen einher. Wenn ein Protein im Körper ständig neu benötigt wird, muss mRNA-Therapie, die das stetige Vorhandensein eines Proteins erfordert, alle paar Tage oder Wochen neu verabreicht werden. Das könnte für Patienten lästig und teuer werden.

Eine weitere Herausforderung für die mRNA-Therapie besteht darin, die Menge des benötigten Proteins mittels mRNA-Information in den Zielzellen entstehen zu lassen. In den vergangenen Jahren hat es diesbezüglich bedeutende Fortschritte gegeben, die erwarten lassen, dass für viele Anwendungen die Menge hergestellten Proteins keine Hürde darstellen wird. Und immer wieder finden Forscher neue Wege, RNA noch stabiler und noch dauerhafter zu machen oder ihre Aufnahme in die Zellen zu verbessern.

Vielleicht wird auch für mRNA eine ähnliche Entwicklung wie bei Computerchips stattfinden, deren Leistung sich gemäß der Voraussage von Gordon Moore seit Mitte der Sechzigerjahre alle ein bis zwei Jahre verdoppelt hat (Moore'sches Gesetz). Doch es wird bei mRNA deutlich komplexer zugehen als bei Rechenoperationen auf Computerchips, denn die Zahl der Variablen ist ungleich größer: unterschiedliche Proteine, unterschiedliche Gewebe, in denen sie hergestellt werden, unterschiedliche angestrebte Überlebenszeiten der Proteine in den Zellen, unterschiedliche Immunogenität und vieles mehr.

Besonders wenig Protein benötigen Impfstoffe, weshalb wir bei der Betrachtung künftiger mRNA-basierter Wirkstoffe bei diesen beginnen. Wie bei natürlichen Infektionen auch, reagiert der Körper auf kleinste Mengen von Pathogenen. Zwei Dinge geschehen dabei: Pathogene – etwa Viren – werden als solche erkannt und es wird im Körper eine Art Alarmzustand ausgerufen, eine Immunreaktion auf den Weg gebracht. Dieser Wirkung widmet sich das folgende Unterkapitel.

Eine zweite Folge einer Infektion besteht darin, dass der konkrete Angreifer im Rahmen der Immunreaktion als Bösewicht erkannt und dingfest gemacht wird. Mit diesem Ansatz beschäftigt sich im Anschluss ein zweites Unterkapitel.

Ein spezieller Fall für eine Impfung ist Krebs. Dabei hat ein Bösewicht, die Krebszelle, das Immunsystem getäuscht. Sie hat zelluläre Merkmale ihrer Bösartigkeit verschwinden lassen oder den Körper fälschlicherweise davon überzeugt, dass sie nicht gefährlich sind. Diese Toleranz zu brechen, haben sich therapeutische Impfstoffe gegen Krebs zum Ziel gesetzt. Wir behandeln sie in einem dritten Unterkapitel.

Daran schließt sich ein Abschnitt an, in dem wir die Verwendung von mRNA als Codequelle für Proteine untersuchen, die im Körper aufgrund eines Gendefekts fehlen.

Und schließlich betrachten wir mRNA als Werkzeug für die neu entdeckte Technologie der Genschere.

RNA kann das Immunsystem in Gang setzen – auch ohne Code für ein Protein

Das Genom der RNA-Viren besteht, wie der Name schon sagt, aus RNA. Gleichzeitig fungiert die RNA dieser Viren als Bote für die Proteinherstellung – Proteine, die bei der Fortpflanzung der Viren eine Rolle spielen. Schmarotzer sind diese Viren obendrein: Sie dringen in Wirtszellen ein und nutzen deren Ressourcen. Unschön für die Wirtszelle, denn das Virus macht zunächst nichts anderes, als sich zu vermehren, um dann die Zelle aufzulösen, damit die neuen Viren ausgeschwemmt werden und andere Zellen im Wirt befallen können.

Da ist es gut, wenn man sich gegen die Schlingel wehren kann. Ganz allgemein gesprochen beinhaltet das Sich-zur-Wehr-Setzen zwei Aspekte: Zunächst einmal das Signal »Leute, hier ist was faul, hier sind Pathogene am Werk«, das eine Immunreaktion in Gang setzt. Und als Zweites die Information, wie der Bösewicht aussieht, damit man gezielt gegen ihn vorgehen kann. In diesem Abschnitt beschäftigen wir uns ausschließlich mit Ersterem, dem Alarmsignal, das eine Immunreaktion auslöst.

Im Fall unserer RNA-Viren muss der Körper also zunächst einmal derartige Viren erkennen können. Und das kann er tatsächlich, obwohl doch in seinen Zellen ständig eigene RNA herumschwimmt, die glücklicherweise keine Immunreaktion auslöst. Körperzellen können also zwischen eigener RNA und der RNA von RNA-Viren unterscheiden. Dazu besitzen die Zellen, in die die Pathogene eindringen, Mustererkennungsrezeptoren, die spezielle molekulare Strukturen, beispielsweise von RNA-Viren, erkennen können. Sobald dies geschieht, lösen sie Reaktionsketten aus, die generell der Bekämpfung jeglicher Angriffe durch Pathogene dienen. Die körpereigene RNA tolerieren sie dagegen.

Auf den RNA-Mustern, die eine Abwehrreaktion auslösen, beruht eine RNA-Technologie, die genau diesem Zweck dient: eine Immunreaktion zu provozieren. Ein Impfstoff simuliert im Körper eine Infektion. Dafür muss er erreichen, dass der Körper Alarm schlägt und eine Immunreaktion auslöst. Man nennt diese auslösende Komponente bei Impfstoffen »Adjuvans« (Hilfsstoff), ein Begriff, den wir bereits in Kapitel 5 kennengelernt haben. Herkömmliche Impfstoffe verwenden jeweils einen aus einer größeren Zahl möglicher Hilfsstoffe. Ein Beispiel sind Aluminiumverbindungen mit dem Handelsnamen »Alum«.

Es hat sich aber herausgestellt, dass es für viele Zwecke durchaus eine höhere Kunst ist, eine wirksame Immunreaktion zu provozieren. Und RNA eignet sich wegen der auf RNA-Viren programmierten Erkennungsrezeptoren in unseren Zellen dafür hervorragend, wenn sie für die zelleigenen Mustererkennungsrezeptoren aussieht wie ein RNA-Virus. Dabei ist es egal, ob die RNA für ein Protein kodiert oder nicht. Die Merkmale, die eine Virus-RNA von einer körpereigenen unterscheiden, sind nicht in dem zur Proteinherstellung abgelesenen Teil der mRNA verortet. Man kann also sogar nicht kodierende RNA verwenden, um eine Immunreaktion zu provozieren, wenn man die RNA so aussehen lässt wie die eines Virus.

Diesen Umstand hat CureVac für seine Impfstoffe genutzt und die zwei Komponenten eines herkömmlichen Impfstoffs in einen einzigen in Form von mRNA integriert. Mit der mRNA liefert der Impfstoff die Information, gegen wen sich die Immunreaktion richten muss: das als Protein kodierte Antigen. Daneben enthält der RNA-Impfstoff aber eben auch die Information des Hilfsstoffs »He Leute, hier ist was faul«. Dieser Teil von CureVacs RNA-Technologie wird in Zukunft in jedem unternehmenseigenen Impfstoff eingesetzt werden – oder auch separat und allein, wenn dies erfolgsversprechend ist.

Beispielsweise wird derzeit für die Krebstherapie von CureVac ein Adjuvans entwickelt, das zusammen mit kommerziell verfügbaren PD1-Antikörpern verschiedene Krebsarten besser bekämpfen soll. Denn auch bei der Krebstherapie kommt es auf ein starkes Alarmsignal an. Nur sind im Falle von Krebs die Bösewichte keine Mikroben, sondern entartete Zellen, gegen die sich die Immunantwort richten muss.

Vorbeugende Impfstoffe mit mRNA

Prophylaktische Impfstoffe mit mRNA haben während der Coronapandemie weltweit und in fulminanter Weise die Bühne der Medizin betreten. Unter den Top Ten der Impfstoffentwicklungen befanden sich drei aus den Laboren von mRNA-Unternehmen. Die beiden ersten in der westlichen Welt zugelassenen Impfstoffe gegen Covid-19 waren mRNA-Impfstoffe. Die erste zugelassene Behandlung, basierend auf der Molekülklasse mRNA, war der Impfstoff von Pfizer/BioNTech, der am 2. Dezember 2020 in Großbritannien seine erste Marktzulassung erringen konnte. Und das gerade einmal 326 Tage nach der Veröffentlichung der ersten Genomversion des Wuhan-Coronavirus am 11. Januar 2020. Mit einer Molekülklasse, die nie zuvor als Wirkstoff im Menschen zugelassen war, und bei einer in den Zulassungsstudien festgestellten Wirksamkeit von 95 Prozent. Ein sagenhafter Weltrekord und Meilenstein in der Geschichte der Medizin. Die schnellste bis dahin erfolgte Impfstoffentwicklung, jene zur Bekämpfung von Mumps, dauerte ab dem Einsammeln von Virusproben bis zur Zulassung des Impfstoffs im Jahr 1967 vier Jahre.

Auch CureVac hatte einen Kandidaten im Rennen, dessen Zulassung Ende Februar 2021 mit begonnener Phase-3-Studie für Ende Mai oder Anfang Juni 2021 avisiert war. Die Ergebnisse der Studien in präklinischen und frühen klinischen Entwicklungsphasen waren vielversprechend. Dass CureVac auch hier wegweisende Pionierarbeit geleistet hatte, illustriert eine Publikation im renommierten Fachjournal *Nature* aus dem Jahr 2017.[5] Zusammen mit Autoren der Vancouver Firma Acuitas, die Lipid-Nanopartikel zur Formulierung beisteuerten, wurde die Vorteilhaftigkeit der prophylaktischen Impfung mit mRNA aus nicht modifizierten Bausteinen an Primaten demonstriert. Die im Affen induzierte Immunität richtete sich gegen Influenza- und Tollwutviren. Den hervorragenden Ergebnissen der Tierstudien folgte eine Studie im Menschen mit einem Impfstoff derselben Formulierung gegen Tollwut. Auch hier waren die Ergebnisse sehr überzeugend.[6] Ein Impfstoff der gleichen Bauart wurde dann im Jahr 2020 gegen Covid-19 entwickelt.

Auch andere Infektionskrankheiten lassen sich mit prophylaktischen mRNA-Impfstoffen behandeln. Eine strategische Zusammenarbeit von CureVac und dem weltweit führenden Impfstoffentwickler GlaxoSmithKline (GSK) gibt darüber beredt Auskunft. Am 20. Juli 2020, nicht einmal einen Monat vor dem Börsengang, veröffentlichte CureVac eine Pressemitteilung über die Kooperation. Gegenstand der Vereinbarung war die Entwicklung von bis zu fünf mRNA-basierten Impfstoffen und monoklonalen Antikörpern, wobei die bei CureVac in Entwicklung befindlichen Programme zu Covid-19 und Tollwut zunächst ausdrücklich nicht erfasst waren. CureVacs Verantwortung umfasst die präklinische Entwicklung samt Phase-1-Studien in der Klinik und die Herstellung der Wirkstoffe. GSK übernimmt die späte klinische Erprobung und die Vermarktung mit Ausnahme von festgelegten Territorien, die CureVac vorbehalten bleiben. Glaxo zahlte für knapp 10 Prozent der damaligen Unternehmensanteile 150 Millionen Euro in das Kapital der Firma ein. Außerdem leistete der britische Pharmariese eine Anzahlung von 120 Millionen Euro und versprach weitere Zahlungen bei Erreichung von bestimmten Entwicklungszielen in Höhe von bis zu knapp 400 Millionen Euro.[7],[8] Der Umstand, dass GSK am Corona-Produkt von CureVac kein Interesse hatte, beruht auf einer Entwicklung der Briten im eigenen Hause in Zusammenarbeit mit Sanofi. Diese erlitt im Dezember 2020 einen Rückschlag, weil der proteinbasierte Impfstoff bei älteren Menschen eine nur unzureichende Immunantwort hervorrief. Bei der von den Briten und Franzosen verwendeten Technologie handelte es sich um eine der bewährtesten Impfstofftechnologien am Markt, die etwa bei Impfungen gegen das humane Papillomavirus, Hepatitis B und Keuchhusten eingesetzt wird.[9]

In der Folge davon weiteten GSK und CureVac ihre Partnerschaft auch auf die Zusammenarbeit bei mRNA-Impfstoffen gegen Covid-19 aus. Am 3. Februar 2021 wurde bekannt, dass die beiden Unternehmen »einen multivalenten Impfstoffkandidaten entwickeln, um die aufkommenden Virusvarianten zu adressieren, bei Nutzung sowohl in pandemischen als auch endemischen Zeiten«. Außerdem sollte GSK das Unternehmen bei der Herstellung von 100 Millionen Dosen des Covid-19-Impfstoffs der ersten Generation unterstützen.[10]

Auch die Zusammenarbeit CureVacs mit der Bill und Melinda Gates Foundation nimmt prophylaktische Impfstoffe ins Visier, allerdings vor allem solche, die in der Dritten Welt eine herausragende Rolle spielen. In den Verlautbarungen zur 2015 geschlossenen Kooperationsvereinbarung wurden explizit HIV und das Rotavirus genannt.[11] Im August desselben Jahres folgte eine Erweiterung der Zusammenarbeit auf das Respiratorische Synzytial-Virus (RSV).[12]

Im Pipeline-Chart von CureVac tauchten Ende 2020 weitere Entwicklungskandidaten im präklinischen Stadium zur Bekämpfung von Infektionskrankheiten auf, darunter das Rotavirus, Malaria und Influenza. Letztere mit dem Zusatz »universell«, was darauf schließen lässt, dass man an einem Impfstoff arbeitet, der der ständigen Veränderung des Grippevirus und der deshalb jährlich neu zu entwickelnden Impfstoffe Herr werden soll.

Nimmt man weitere Projekte hinzu, die bei den unmittelbaren mRNA-Konkurrenzfirmen Moderna und BioNTech angesiedelt sind, wird deutlich, dass eine Revolution im Bereich vorbeugender Impfstoffe mit dem hierfür erstmals Ende 2020 als Wirkstoff zur Zulassung gebrachten Biomolekül mRNA auf dem Weg ist. Die eindrucksvolle Geschwindigkeit bei der Entwicklung dieser Impfstoffe sowie ihre überzeugende Wirksamkeit aufgrund der bisher veröffentlichten Daten in den Leuchtturmprojekten gegen das SARS-CoV-2-Virus lassen hoffen, dass in diesem Bereich bereits in naher Zukunft eine Reihe von neuen mRNA-Produkten die Marktreife erlangen werden.

Therapeutische mRNA-Impfstoffe gegen Krebserkrankungen

Ingmar Hoerr hatte Ende der Neunzigerjahre während seiner Doktorarbeit bereits das Ziel einer mRNA-basierten Impfung gegen Krebs vor Augen. Während auch bei diesem Ansatz mRNA als Impfstoff eingesetzt wird, um eine Immunreaktion gegen einen Bösewicht auszulösen, der im Körper sein Unwesen treibt, liegt der Fall doch etwas anders. Krebszellen werden prinzipiell vom Immunsystem so wenig geduldet wie Viren oder Bakterien. Sie enthalten Merkmale, die Immunzellen bekannt sind und von ihnen bekämpft werden. Dies geschieht ständig und routiniert und bewahrt uns in den meisten Fällen davor, an Krebs zu erkranken. Manche Tumoren haben es jedoch geschafft, dem Immunsystem vorzugaukeln, dass sie harmlos seien. Sie werden folglich toleriert. Entsprechend muss ein Impfstoff dem Immunsystem nicht nur beibringen, dass etwas Neues wie ein gerade eingedrungenes Pathogen nicht toleriert werden darf. Vielmehr muss das Immunsystem etwas, was es bislang toleriert hat, nämlich die Krebszellen, von nun an bekämpfen – Wissenschaftler bezeichnen dies als »Toleranz brechen«. Denn es handelt sich ja eigentlich um körpereigene Zellen, gegen die das Immunsystem eine natürliche »Beißhemmung« hat. Dies ist eine ungleich schwerere Aufgabe, als eine Immunreaktion gegen ein neues Pathogen auszulösen. CureVac ist auf diesem Gebiet seit dem Jahr 2000 forschend und entwickelnd tätig. Kleinere experimentelle klinische Studien wurden bereits in den ersten Jahren des neuen Jahrhunderts unternommen und zeigten ermutigende Teilergebnisse. Im Jahr 2017 wurde die damals am weitesten vorangeschrittene Produktentwicklung in der Indikation Prostata-Karzinom nach einer gescheiterten Phase-1/2-Studie beendet. Ingmar Hoerr erklärte den Journalisten damals, man denke darüber nach, mRNA zusammen mit anderen gegen Krebs zum Einsatz kommenden Werkzeugen zu kombinieren. Toleranz müsse gebrochen und mRNA müsse noch immunogener werden.[13]

Passive Impfstoffe mit mRNA: Die Kavallerie der Immunabwehr

Eine vollständige Immunantwort beginnt mit der Erkennung eines Bösewichts im Körper. In der Folge werden Werkzeuge gebaut, mit denen der Körper sich des Angriffs erwehrt. Dazu gehören unter anderem Proteine wie beispielsweise Antikörper, die individuelle Pathogene erkennen und zusammen mit dem Immunsystem ausschalten können.

Seit Langem verwenden Forschung und Pharmaindustrie in ganz unterschiedlichen Ansätzen diese Werkzeuge isoliert im Rahmen passiver Immunisierung, ohne auf eine vollständige Immunantwort abzuzielen, wie sie bei einer aktiven Immunisierung ausgelöst wird. Anders ausgedrückt: Wenn man den Bösewicht schon kennt, kann man die Soldaten des Immunsystems auch außerhalb des Körpers bauen und vervielfältigen. Ein Vorteil dieser Vorgehensweise besteht darin, dass die Antwort unmittelbar mit Verabreichung etwa der Antikörper erfolgt. Das ist viel schneller als im Falle einer aktiven Immunisierung, die sich innerhalb von beispielsweise zwei Wochen vollzieht. Und wenn der Feind schon einmarschiert ist, hat man diese Zeit vielleicht nicht. Da ist es viel besser, wenn die Kavallerie direkt bei Fuß ist und man nicht erst mit der Pferdezucht beginnen muss.

Ein weiterer Vorteil ist, dass keine wirksame Immunreaktion ausgelöst werden muss. Insbesondere bei Krebs ist das gar nicht so einfach. Wer das Ergebnis einer Immunreaktion in Form von Antikörpern in den Körper einschleusen kann, beispielsweise mit einer Infusion in die Blutbahn, der ist auf das Gelingen der aktiven Immunisierung nicht angewiesen. Antikörper gehören heute bei Krebstherapien zu den wirksamsten und umsatzstärksten Medikamenten am Markt.

Doch zurück zur mRNA-Technologie: Antikörper sind Proteine. Man könnte sie den Körper selbst herstellen lassen, indem man den Zellen den dafür benötigten mRNA-Code zur Verfügung stellt.

Allerdings bedarf es keiner Entwicklung einer mRNA-Technologie, wenn am Ende nur das herauskommt, was die Proteintechnologie schon kann. Und für mRNA-Experten stellt es immer noch ein schwieriges Unterfangen dar, die großen Mengen Protein, die eine Antikörpertherapie erfordert, mittels mRNA-Injektionen im Körper entstehen zu lassen. Je größer der Körper, desto größer die Menge an benötigten Antikörpern. Was also im Nagetier oder einem kleinen Primaten schon funktioniert, das ist im Menschen noch eine Herausforderung.

Dennoch bietet auch der Ansatz, mit RNA zu arbeiten, Vorteile, mit denen die Proteintechnik nicht aufwarten kann. Beispielsweise sind einige Tumorantikörper im Serum sehr kurzlebig, wodurch Patienten an einer kontinuierlichen Infusionspumpe hängen müssen. Messenger-RNA ist im Körper einige Zeit stabil und könnte dauerhafter die benötigten Antikörper im Körper produzieren lassen.

Fertige Antikörper können nicht gut in Zellen aufgenommen werden. Wo also intrazelluläre Antikörper benötigt werden, könnte das bekanntermaßen funktionierende Einbringen von mRNA das Problem lösen.

Wo Antikörper nur lokal benötigt werden, könnte mRNA an dieser Stelle injiziert werden und würde auch nur dort in Zellen hergestellt.

Und schließlich ist wieder die Herstellung unterschiedlicher Antikörper beispielsweise während der Entwicklung über den Umweg der mRNA wesentlich einfacher als die Herstellung der entsprechenden Proteine.[14]

Ende 2019 hat CureVac mit dem dänischen börsennotierten Biotechnologieunternehmen Genmab eine Vereinbarung geschlossen, um auf diesem Gebiet zusammenzuarbeiten. Genmab hat sich auf die Entwicklung von differenzierten Antikörpertherapeutika zur Krebsbehandlung spezialisiert. Gegenstand der Zusammenarbeit sind bis zu vier mRNA-basierte Antikörperprodukte gegen Krebserkrankungen. Dafür flossen zunächst 10 Millionen US-Dollar als Vorauszahlung und 20 Millionen Euro für eine Unternehmensbeteiligung Genmabs an CureVac. Bei erfolgreicher Entwicklung winken CureVac pro gemeinsam entwickeltem Produkt Meilensteinzahlungen in der Größenordnung von jeweils 300 Millionen US-Dollar und obendrein gestaffelte Umsatzbeteiligungen an den vermarkteten Medikamenten.

Proteinbasierte Therapien: Wo körpereigene Proteinrezepte Fehler haben

Die vielleicht naheliegendste Anwendungsmöglichkeit der mRNA-Therapie liegt darin, aufgrund von Gendefekten fehlende Proteine zu ersetzen. Der von CureVac hierfür verwendete Name »proteinbasierte Therapien« ist vielleicht etwas irreführend. Proteine werden aus der mRNA ja stets gebaut, auch bei Impfstoffen. Nur sind es dort eben dem Körper bislang unbekannte Merkmale der Krankheitserreger. Hier sind es Proteine, die der Körper eigentlich von allein bauen sollte, wofür er aber die korrekten Baupläne nicht mehr besitzt. Denn Erbkrankheiten gehen darauf zurück, dass ein bestimmtes Gen in der DNA eine Mutation erfahren hat, die auf dem Weg des Abschreibens der mRNA und der zelleigenen Proteinsynthese dazu führt, dass das ursprünglich in ihr kodierte Protein fehlerhaft, zu wenig oder gar nicht mehr hergestellt wird. Warum also nicht diese Proteine durch in den Körper injizierte mRNA herstellen lassen?

Den Beweis, dass mRNA-Therapie physiologisch relevante Effekte erzeugen kann, hat CureVac für seine mRNA-Technologie in einer Veröffentlichung aus dem Jahr 2015 angetreten. Das Modelltier war damals ein Schwein, und zur Anwendung kam das Modellprotein Erythropoetin. Man kennt es auch unter dem Namen EPO, und sportliche Wettkampf-Schweine setzen es ein, um die Zahl der roten Blutkörperchen in ihrem Blut zu erhöhen – was einen Vorteil bei Ausdauersportarten verschafft. Denn die Blutkörperchen transportieren den Sauerstoff zu den Muskeln, wo er bei sportlicher Betätigung schnell fehlt.

Im Versuchsschwein wurden nach einer einzigen Gabe optimierter mRNA, die für Erythropoetin kodierte, hohe EPO-Werte im Blut nachgewiesen. Das fragliche Protein war also gebaut worden. Genauso deutlich konnten starke physiologische Effekte beobachtet werden. Das von der künstlichen mRNA hergestellte Protein hatte also seine Aufgabe im Körper erledigt. Die Anzahl der Vorläufer von roten Blutkörperchen, Reticulozyten, die Anzahl der roten Blutkörperchen selbst und der Haematokritwert stiegen signifikant an. Das Versuchsschwein hätte also deutlich ausdauernder rennen können als seine Artgenossen.[15]

Was bei EPO gut funktioniert, weil es über das Blut dorthin verteilt wird, wo es benötigt wird, kann für andere Proteine durchaus ein Problem darstellen: Wie bekommt man die messenger-RNA dorthin, wo sie benötigt wird? Wie kann sie in jene Zellen gelangen, und nur dorthin, wo das von ihr kodierte Protein eine Rolle spielt? Wie erreicht man die benötigte Menge zum gewünschten Zeitpunkt und für die gewünschte Dauer?

Menge, Dauer und gezielte Verabreichung an bestimmte Zellen setzen der Anwendbarkeit der mRNA-Therapie also gewisse Grenzen und nicht jede Krankheit, bei der ein bestimmtes Gen fehlt, kann sofort durch mRNA-Therapie geheilt werden.

Dennoch stecken die sehr realistischen und zum Teil auch schon in klinischer Entwicklung befindlichen Möglichkeiten ein weites Feld ab. Jedes fehlende Protein, das nicht andauernd in großer Menge oder sehr fein justiert benötigt wird, kommt infrage. In abgegrenzten Organen wie der Lunge, dem Auge, dem Ohr oder der Leber. In physiologischen Zusammenhängen, die mit Depots arbeiten können – mit Vorräten an mit aus injizierter mRNA hergestelltem Protein oder mit auflaufenden Mengen körpereigenen Vorprodukts, das mit dem aus injizierter mRNA hergestellten Protein dann in einem Aufwasch weiterverarbeitet werden kann. In Zusammenhängen, in denen es auf eine genaue Menge nicht ankommt und ein

Zuviel oder eine etwas zu geringe Menge an Protein keine schädliche Wirkung hat. Proteine, die nur in bestimmten Krisensituationen oder Entwicklungsstadien im Körper kurzzeitig benötigt werden.

Schaut man sich die Entwicklungskandidaten bei mRNA-Unternehmen in diesem Bereich an, so erhält man ein gutes Bild davon, was als aussichtsreich erachtet wird.

CureVac hat eine Kooperation mit der Yale-Universität zur Erforschung und Entwicklung von mRNA-Therapeutika für Lungenerkrankungen vereinbart. Genaue Indikationen sind bis dato nicht veröffentlicht.[16] Die Lunge ist als Organ in sich abgeschlossen und die Zellen der Lunge sind von außen über die Atemluft erreichbar. Es wäre nicht verwunderlich, wenn auf eine inhalierte Anwendung abgezielt würde. Auch gibt es eine Reihe von Lungenerkrankungen, die auf genetischen Defekten beruhen, wie beispielsweise cystische Fibrose, bestimmte Formen der chronisch obstruktiven pulmonaren Erkrankung (COPD) oder Alpha-1-Antitrypsin-Mangel.

Auch das Auge ist ein von außen gut erreichbares Organ, in das man Medikamente direkt verabreichen kann, beispielsweise per Spritze in den Glaskörper. Außerdem kann man ins Auge hineingucken und mögliche therapeutische Effekte unmittelbar beobachten. Zudem gibt es ererbte Erkrankungen, welche zu Sehbehinderung oder Blindheit führen. Dazu zählen Retinitis Pigmentosa, Morbus Best oder Morbus Stargardt. CureVac arbeitet auf diesem Gebiet mit dem renommierten Schepens Eye Institute der Harvard-Universität in Cambridge, Massachusetts, zusammen, ohne dass spezifische Indikationen bislang bekannt geworden wären.[17]

Etwas detaillierter erläutert Moderna seine Forschungs- und Entwicklungspipeline im Bereich sekretierter Proteine und intrazellulärer Proteine.

Zu den aufgeführten Zielerkrankungen zählt beispielsweise Relaxin-Herzversagen: Bei bestimmten Formen von Herzversagen nimmt man an, dass zu geringe Relaxin-Konzentrationen zum Auftreten des Problems beitragen. Eine Gabe von Relaxin kodierender mRNA könnte Abhilfe schaffen.

Ein weiterer Punkt der Liste ist koronare VEGF-A-Ischämie, eine Sauerstoff-Minderversorgung des Herzmuskels. Hier erhofft man sich, mit einer mRNA-induzierten Gabe des Wachstumsfaktors VEGF-A verschiedene positive Wirkungen zu erzielen: die Gefäßdurchlässigkeit zu erhöhen, Gefäßbildung einzuleiten und Apoptose (von einer Zelle selbst herbeigeführter Zelltod) zu verhindern.

Eine vererbte Stoffwechselerkrankung ist Phenylketonurie. Hier können Patienten aufgrund eines Gendefekts die Aminosäure Phenylanalin nicht abbauen. Dadurch reichern sich Phenylverbindungen im Körper an, was zu geistigen Entwicklungsstörungen mit Epilepsie führt. Die Gabe des funktionalen Abbauproteins mittels mRNA könnte den Defekt heilen.

Bei der Von-Gierke-Krankheit fehlt den Patienten ein Gen, dessen Protein den Glukosestoffwechsel regelt. Patienten müssen rund um die Uhr mit genügend, aber auch nicht zu viel Kohlenhydraten beziehungsweise Zucker versorgt werden, weil die Speicherung und Freisetzung von Glukose vor allem in der Leber nicht funktioniert. Injizierte mRNA für das fehlende Gen könnte das Leben der Betroffenen sehr erleichtern.

Die hier aufgeführten Beispiele könnten um viele weitere ergänzt werden. Die Liste der vererbbaren Krankheiten ist lang. Oft handelt es sich um sehr seltene Erkrankungen. Die Tatsache, dass mRNA schnell wieder aus dem Körper verschwindet, macht sie für die Entwicklung von Therapeutika für den Ersatz der genetischen Information interessant. Anders als bei DNA-Therapien dürften hier keine grundsätzlichen langfristigen Sicherheitsbedenken bestehen. Langfristige Bedenken bedeuten langfristige Entwicklung – und das wiederum führt zu hohen Kosten.

Die Therapieentwicklung mit mRNA ist auch aufgrund der vereinfachten Herstellung von Forschungs- und Entwicklungskandidaten vergleichsweise günstig. Noch fehlt ein erster Erfolg, eine zugelassene mRNA-Therapie für eine vererbte Krankheit. Aber es könnte in Zukunft eine beträchtliche Zahl solcher Therapien geben.

Optimierung des Gen-Editierens

Am 7. Oktober 2020 entschied die Royal Swedish Academy of Sciences, den Nobelpreis für Chemie an Emmanuelle Charpentier und Jennifer Doudna zu verleihen.[18] Die beiden hatten sich in besonderer Weise um die Entwicklung einer Technologie zur gezielten Bearbeitung von Genomen in lebenden Organismen verdient gemacht. Damit erhielt ein Ansatz die höchste wissenschaftliche Auszeichnung, der seit einer Publikation der beiden Forscherinnen im Jahr 2012 für Furore in der Mikrobiologie gesorgt hatte: die CRISPR/Cas9-Methode. Mit ihrer Hilfe kann man in Zellen lebender Organismen – mikrochirurgisch – bestimmte Gensequenzen an vorbestimmten Stellen bearbeiten. Beim sogenannten »gene-editing« leistet die CRISPR/Cas9-Methode für die Mikrobiologie, was die Befehle »ausschneiden« und »einfügen« in einem Textverarbeitungsprogramm bewirken. Mit der Technik kann die genaue Stelle im Genom lokalisiert werden, an der die gewünschte Gensequenz ausgetauscht werden soll. Und sie kann den Ersatz dafür mitbringen und diesen anstelle der fehlerhaften Sequenz einbauen.

Dies verspricht prinzipiell, Erbkrankheiten auf die denkbar eleganteste Weise zu kurieren: Man tauscht den fehlerhaften Code an Ort und Stelle in der DNA der Zelle einfach aus – und das in allen Zellen, die den Austausch benötigen, weil der ererbte Fehler sich negativ auswirkt. Für Leberfunktionen in Leberzellen, für Sehfehler in Augenzellen und so weiter.

Über diese revolutionäre Erfindung wurden und werden zu Recht eigene Bücher geschrieben. Uns interessiert an dieser Stelle nur der Aspekt, dass das Werkzeug, mit dem die CRISPR/Cas9-Werkzeuge – allesamt Proteine – in die Zellen gebracht werden, messenger-RNA ist. Wie bei jedem Anwendungsfall der mRNA werden auch hier besondere Anforderungen an das Molekül gestellt: Der Genaustausch soll einmal vollzogen werden, dann können Werkzeuge und Information für den Werkzeugbau wieder verschwinden. Nicht dass die Genschere aus Versehen noch anderswo herumschnippelt. Gleichzeitig soll die mRNA-Information für die CRISPR/Cas9-Werkzeuge in möglichst viele, idealerweise in alle Zellen des betreffenden Organs eindringen. Und sie soll überhaupt nicht immunogen sein.

Es überrascht nicht, dass eines der Pionierunternehmen der CRISPR/Cas9-Technologie – mitbegründet von Emmanuelle Charpentier – sich an CureVac gewandt hat, um gemeinsam an Medikamenten, die auf der Genschere basieren, zu arbeiten: Bereits 2017 vereinbarten CRISPR Therapeutics, das Joint Venture zwischen Bayer und CRISPR Therapeutics, Casebia, das zur Zusammenarbeit bei der Entwicklung CRISPR-basierter Medikamente in bestimmten Krankheitsgebieten gegründet wurde, und CureVac eine Kooperation. Dabei sollte CureVac »neuartige Cas9-mRNA-Konstrukte mit verbesserten Eigenschaften für Genom-Editierungs-Anwendungen entwickeln, wie etwa einer erhöhten Wirksamkeit, verminderten Expressionsdauer und geringerer Immunogenität«. Außerdem sollte die Herstellung der mRNA in CureVacs Verantwortungsbereich liegen.

Im Gegenzug erhielt CureVac eine Vorabzahlung, eine Vergütung für Forschungsaktivitäten sowie an der Entwicklung der Programme orientierte Meilensteinzahlungen. Hinzu kommen Lizenzgebühren für kommerzialisierte Produkte, die sich aus der Zusammenarbeit ergeben.[19]

Unter dem Strich stellt mRNA für eine ganze Bandbreite an Einsatzmöglichkeiten eine attraktive Möglichkeit dar. Im Bereich der Impfstoffe gegen virale und bakterielle Erkrankungen sind mit den SARS-CoV-2-Impfstoffen nach beeindruckenden Ergebnissen die ersten Produkte zugelassen worden. Das begründet große Hoffnungen auf weitere Impfstoffentwicklungen auf der Basis von mRNA unter Verwendung der gleichen Technologie. Bei allen anderen Anwendungen sind die technologischen Herausforderungen oder Hürden der Entwicklung von Wirkstoffen noch zu überwinden. Da aber gleich eine ganze Reihe gut finanzierter Unternehmen im mRNA-Segment forschen, bestehen auf mittlere und lange Sicht realistische Hoffnungen auf weitere Durchbrüche und Errungenschaften für die Medizin.

Kapitel 8

Transformative Innovation: Brauchen wir sie und muss sie so aufwendig sein?

»Ein wichtiges Merkmal der Gegenwartsgesellschaft ist die zentrale Bedeutung von Innovationen. In der heutigen Wissensgesellschaft beruhen wirtschaftliche Vorteile und privilegierte Erwerbschancen immer weniger auf territorialen, nationalstaatlich errichteten Barrieren für den freien Personen-, Güter-, Kapital- und Dienstleistungsverkehr und immer mehr auf temporären, durch Innovationen erlangten Vorsprüngen.«[1]

Die Feststellung, mit der der Soziologe Martin Heidenreich in etwas akademisch anmutender Sprache seine Publikation »Innovationen und soziale Sicherung im internationalen Vergleich« einleitet, lässt sich wie folgt auf den Punkt bringen: Innovation ist die zentrale Quelle künftigen Wohlstands einer Volkswirtschaft und damit unverzichtbar für künftige soziale Absicherung.

Nun sind Einhörner keine Grundvoraussetzung für Innovation und Deutschland mit seinem weltberühmten Mittelstand erscheint geradezu als Musterbeispiel für graduelle Innovation. »Immer noch ein bisschen besser« könnte als Mantra über vielen Eingangstoren deutscher Familienbetriebe und Mittelständler stehen.

Manchem mag dagegen ein milliardenschweres Start-up geradezu verdächtig vorkommen. Ob da nicht Turbokapitalismus dahintersteckt? Können wir nicht auf disruptive Erfindungen verzichten? Müssen wir gänzlich neue Märkte schaffen, um innovativ zu sein? Müssen wir gar an der Zerstörung ganzer Industrien mitwirken, um neuen den Weg zu bereiten? Kommen wir nicht mit dem, was wir haben, gut aus?

Gegenfrage: Nutzen wir nicht alle heute eine Internet-Suchmaschine, ein Smartphone, eine Kreditkarte, einen Messenger-Dienst? Wollen wir darauf verzichten, ein Auto mit Antrieb aus regenerativer Energie zu fahren? Würden wir unsere Erkrankung lieber nicht mit monoklonalen Antikörpern behandeln lassen? Die Liste ließe sich schier endlos fortsetzen. Wenn jemand freiwillig auf all diese Produkte verzichten möchte, dann sollte er sich doch immerhin nicht der Abstimmung mit den Füßen, die sich am Markt vollzieht, verschließen: Diese Produkte werden heute weltweit konsumiert, mit Milliardenumsätzen für die Unternehmen, die sie anbieten. Alle beruhen auf disruptiven Innovationen und Technologien oder sie bedienen Märkte, die es zuvor nicht gab. Die meisten dieser neuartigen Angebote haben mindestens ein neues Einhorn hervorgebracht.

Deshalb gilt: Gerade die Technologien, die ganze Industrien auf den Kopf stellen, wollen wir im eigenen Land erfinden und zur Marktreife bringen. Und dazu bedarf es solcher Einhörner wie CureVac. Ihre Bewertung in Milliardenhöhe steht für die Erwartung, dass die zugrundeliegenden Technologien und Produkte sich weltweit in großer Menge und mit mehr als auskömmlicher Marge verkaufen lassen – weil die Konkurrenz noch nicht so weit ist und weil gleichzeitig genügend Menschen den Nutzen der Innovationen nicht missen wollen. Wenn wir es China und den USA überlassen, solche Technologien und Produkte zu entwickeln und zu vermarkten, dann wird der daraus resultierende Wohlstand in Zukunft dort entstehen. Und diese Entwicklung hat bereits begonnen, wie die eingangs aufgeführten Einhorn-Zahlen und -Quoten belegen.

In den folgenden drei Unterkapiteln untersuchen wir, warum die Entwicklung von disruptiven und transformativen Technologien

Unmengen an Kapital verschlingt. Im nächsten Kapitel beschäftigen wir uns dann mit der Frage, ob der Standort Deutschland gute Voraussetzungen dafür bietet, Unternehmen das benötigte Kapital zur Verfügung zu stellen.

Grundlegende Ideen sind anfangs zumeist marktfern

Seit in Ingmar Hoerr die Überzeugung gereift ist, mithilfe von mRNA könne man wirksame Impfstoffe gegen Krebs entwickeln, sind zwei Jahrzehnte vergangen. Ein Krebsmedikament ist heute noch Jahre von einer möglichen Marktzulassung entfernt. Der Umstand, dass es hinsichtlich vorbeugender Impfstoffe gegen Infektionskrankheiten besser aussieht, ist zum großen Teil der Coronapandemie zu verdanken. Ohne dieses Ereignis wäre die Entwicklung auch auf diesem Gebiet noch nicht viel weiter fortgeschritten.

Wer also in den ersten Entwicklungsjahren der Technologie Geld auf den Tisch gelegt hat, der musste sich auf eine lange, ertragslose Wartezeit einstellen, und ob er sein Geld überhaupt irgendwann wiedersehen würde, stand in den Sternen.

Dietmar Hopp hat 2005 die frühen Investoren aus CureVac herausgekauft und mit einer angemessenen Rendite bedacht. Danach war er zehn Jahre lang einziger Investor. Auch wenn er heute angesichts des Ausnahmeerfolgs von CureVac ein breites Lächeln im Gesicht tragen wird, muss man festhalten: Die Zukunft des Unternehmens war lange ungewiss. Im Jahr 2017 wird er in einem Bericht des *manager magazin* über sein Biotech-Engagement mit den Worten zitiert: »Wenn ich gewusst hätte, dass es mich mehr als eine Milliarde Euro kosten würde, heute hier zu stehen, hätte ich es nicht gemacht.«[2]

Die lange Zeit des geduldigen Beharrens und der hohe finanzielle Einsatz zehren also sogar an einem Überzeugungstäter wie Dietmar

Hopp. Anlass genug, um zu überlegen, wie wir als Gesellschaft Investments in risikoreiche Entwicklungsvorhaben erleichtern könnten. Denn sie sind unersetzlich, wenn wir transformative oder disruptive Produkte und Technologien auf den Weg bringen möchten. Den wenigsten Entwicklungen gelingt der direkte Sprung aus der akademischen Welt per Lizenz an den Markt, wie etwa im Fall des MP3-Algorithmus der Fraunhofer-Gesellschaft zur Kompression von Audiodaten. Alle anderen müssen ihre Entwicklung über Jahre oder gar Jahrzehnte hinweg per Risikoinvestment finanzieren. Entsprechend müssen wir es diesem Geld so angenehm wie nur möglich machen, wenn es in unserem Land investiert wird. Denn es wird dringend benötigt.

Beispiel Medikamentenentwicklung: Warum ist sie so teuer?

Es hat sich bereits herumgesprochen, dass die Entwicklung neuer Medikamente viel Geld kostet. Aber nur wenige dürften wissen, um welche kaum fassbaren Summen es sich dabei tatsächlich handelt. Das Tufts Center for the Study of Drug Development der gleichnamigen Universität in Boston veröffentlichte im Jahr 2016 eine Studie über die Kosten von Medikamentenentwicklung. Ihr Ergebnis: Knapp 3 Milliarden US-Dollar mussten die zehn untersuchten Pharmafirmen durchschnittlich für die Zulassung eines neuen Medikaments aufwenden. Diese Zahl beinhaltete vier große Aufwandsquellen:

1. Die Durchführung von Experimenten und Studien zur Entwicklung eines einzelnen Medikamentenkandidaten ist teuer. Um Verträglichkeit und Wirksamkeit nachzuweisen, sind je nach Krankheit und Behandlungsansatz zwischen 10 Millionen und 2 Milliarden US-Dollar anzusetzen.

2. Noch viel stärker ins Kontor schlagen all die Entwicklungskandidaten, deren Entwicklung zwar begonnen wurde, die sich letztlich aber als zu schädlich oder unwirksam erweisen. Sie erhalten keine Zulassung seitens der Behörden und verdienen kein Geld für die entwickelnden Unternehmen. Etwa 90 Prozent der im Menschen getesteten Substanzen werden auf ihrem Weg zur Marktreife aus diesen Gründen verworfen.
3. Auch nach der Zulassung kostet die Entwicklung weiterhin Geld. Aus Sicht der Pharmaindustrie und von der Warte der Risikobewertung her betrachtet sind das Kosten, die man gern in Kauf nimmt, denn immerhin erzielen die Träger dieser Kosten – die eben zugelassenen Medikamente – dann schon Umsatz und verdienen diese Ausgaben selbst. Doch unter den Tisch fallen lassen sollte man sie auch nicht, denn laut der Studie der Tufts-Universität machen sie immerhin etwa 10 Prozent der durchschnittlichen Entwicklungskosten aus.
4. Das ganze Geld, das in die Entwicklung eines Medikaments gesteckt wird und dort für Jahre und Jahrzehnte gebunden ist, könnte man stattdessen in Geldanlagen investieren, die eine verlässlichere Rendite einbringen. Daher müssen auch diese Opportunitätskosten kapitalisiert werden. Aufgrund der sehr langen Zeiträume, die der Medikamentenentwicklung eigen sind, entfallen hierauf sogar fast die Hälfte der Gesamtkosten. Während die reinen Ausgaben »nur« etwa 1,4 Milliarden US-Dollar betragen, steigt diese Zahl auf fast 2,6 Milliarden US-Dollar, wenn man die verlorenen Renditen aus alternativen Anlagen im Zeitraum der Entwicklung zugrunde legt.[3, 4]

Wer etwas für die Menschheit so Nützliches wie ein neues sicheres und wirksames Medikament entwickeln will, muss also eine enorme Stange Geld veranschlagen. Und eine Volkswirtschaft, die auf Unternehmen in ihren Reihen hofft, die bereit sind, die dazu benötigten neuen Technologien aus dem Nichts zu erschaffen, muss im internationalen Vergleich attraktive Bedingungen dafür anbieten.

Scheitern gehört zum Erfolg – und kostet Zeit und Geld

Die Firmengeschichte von CureVac ist nicht ohne wiederholtes Scheitern denkbar, und dasselbe gilt für seine Wettbewerber. Im Kleinen wie im Großen laufen Dinge oft nicht so, wie man es sich wünschen würde. Experimente schlagen fehl. Studien zeigen nicht das erhoffte Ergebnis. Mitarbeiter, von denen man sich viel erhofft hatte, erweisen sich als schwierige Charaktere oder sie verlassen das Unternehmen und wechseln zur Konkurrenz. Patente werden von den Ämtern nicht erteilt oder unterliegen dem Widerspruch der Konkurrenz. Ganze Unternehmenszweige werden angeschoben und wieder aufgegeben, wie etwa die von CureVac zunächst angestrebte RNA-Herstellung als Serviceleistung. Ebenso kann sich im Zuge einer Medikamentenentwicklung herausstellen, dass die Zielkrankheiten schwieriger zu bekämpfen sind als angenommen. CureVac musste dies beispielsweise bei der Entwicklung einer Therapie gegen das Prostata-Karzinom feststellen.

Im Januar 2017 berichtete Ingmar Hoerr auf der jährlichen J.-P.-Morgan-Konferenz in San Francisco den dort versammelten Investoren und Vertretern der Pharmaindustrie über die Ergebnisse der ersten Phase-2-Studie des Unternehmens in Patienten mit Prostatakrebs. In dieser Phase der klinischen Entwicklung geht es bereits um eine Wirksamkeitsprüfung – im Falle von Krebsimmuntherapie die größte Hürde, die ein Entwicklungskandidat überspringen muss. Die Studie hatte bereits im August 2012 begonnen. Sie umfasste 197 Patienten, deren Krankheitsverlauf nach der Impfung bis zu vier Jahre nachverfolgt worden war. Nun war die Zunft gespannt, ob Ingmar die Zukunft der Krebstherapie mit mRNA einläuten würde. Leider gab es nichts Positives zu berichten. Weder überlebten Patienten länger mit der von CureVac entwickelten Behandlung, noch blieben sie länger ohne Progression.[5, 6]

Fünf Jahre Investment in die Studie waren für die Katz, ein zweistelliger Millionenbetrag hatte sich in Rauch aufgelöst. Der führende

Kandidat in CureVacs Portfolio war aus dem Rennen. Katerstimmung machte sich bei Mitarbeitern wie im Management breit – und bei den Investoren. CureVac war damals nicht an der Börse gelistet, entsprechend konnte man den Wertverfall des Unternehmens angesichts der schlechten Nachrichten nicht live beobachten. Die Anteilseigner benötigten dennoch keinen bunten Chart, um die harte Realität zu begreifen: CureVacs Wert war von einem Tag auf den anderen drastisch gesunken. Kein unüblicher Vorgang in der Biotechnologiebranche.

In solchen Situationen stellt sich sofort die Frage nach den verbleibenden Eisen im Feuer. Gibt es noch weitere Entwicklungen? Kann man vom aktuellen Fehlschlag auf die Erfolgsaussichten anderer Entwicklungsvorhaben schließen? Welche Entwicklungskandidaten sollte man gleichfalls gedanklich schon abschreiben? Lohnt es sich noch, etwas Neues zu beginnen, das noch mehr Zeit und Geld kostet? Soll man wieder jahrelang zuwarten, nur um am Ende vielleicht wieder mit leeren Händen dazustehen? Investmentmanager in Risikokapitalunternehmen beschreiben die Situation oft mit der schon etwas tendenziösen Frage: »Sollen wir gutes Geld schlechtem hinterherwerfen?«

Und gelangen allzu oft zu einer negativen Antwort. Dabei geben sie regelmäßig nicht ihr eigenes Geld aus, sondern das von Anlegern in ihren Fonds. Umso mehr gilt, dass sie sich nicht vorwerfen lassen wollen, zu lange auf dem sinkenden Schiff verweilt zu haben. Man kann sich einmal täuschen, das liegt in der Natur von Forschung und Entwicklung. Aber zweimal – das könnte der eigenen Karriere ernsthaft schaden. Misserfolge haften an unserem Lebenslauf wie Hundekot an den Schuhen.

Dietmar Hopp gibt sein eigenes Geld aus. Und er hat im Falle von CureVac nicht nur auf eine Desinvestition verzichtet, vielmehr hat er nach diesem katastrophalen Misserfolg, der in den Köpfen manch anderer Investoren ein Erdbeben ausgelöst hätte, noch mehrfach nachinvestiert. Der Mann seines Vertrauens für Biotechnologie, Friedrich von Bohlen, hatte ihm erläutert, dass die Entwicklung einer Therapie für das Prostata-Karzinom gescheitert sei, aber nicht die mRNA-basierte Medikamentenentwicklung als solche. Das Potenzial des Moleküls, in das Dietmar Hopp nunmehr schon seit mehr als zehn Jahren investiert hatte, war so groß wie zuvor. Der Durchbruch würde kommen. Friedrich erinnert sich: »Ich habe Dietmar Hopp damals eine Wette angeboten: CureVac werde das erste Unternehmen im Portfolio sein, das eine Marktkapitalisierung von 10 Milliarden Euro überschreitet.«

Die Wette habe nicht stattgefunden. Aber Friedrich hatte es zutreffend vorausgesagt: Am 14. August 2020, dem Tag des Börsengangs von CureVac, war es so weit.

Zusammenfassend lässt sich festhalten: Wir brauchen transformative Technologien in Deutschland, um nachhaltigen Wohlstand zu begründen. Das Zeitalter des Verbrennungsmotors, das uns mithilfe der Automobilindustrie viele Jahrzehnte lang Wohlstand beschert hat, neigt sich dem Ende zu. Dafür sind neue Betätigungsfelder für dringend benötigte Technologien und Produkte in den Bereichen erneuerbare Energien, neue Werkstoffe, Klimaschutz oder Medizin entstanden, um nur diese wenigen und offensichtlichen zu nennen. Mit CureVac hat es ein deutsches Unternehmen geschafft, eine Medikamententechnologie mit großem Potenzial zu erfinden und zu entwickeln. Wir haben gesehen, dass Dietmar Hopp mit seinem vielen Geld, mit seiner Risikobereitschaft und mit seiner Geduld einen entscheidenden Anteil an dieser Erfolgsgeschichte hatte.

Doch muss sein Handeln eine Ausnahme bleiben? Können wir nicht vielleicht etwas dafür tun, um unseren Standort für Investoren attraktiver zu machen? Wie sorgen wir dafür, dass CureVac kein Sonderfall bleibt, sondern sich Einhörner künftig öfter als bisher ein Stelldichein in Deutschland geben?

Kapitel 9

Der Standort Deutschland: Eine Weide für Einhörner?

Aus den im vorigen Kapitel genannten Gründen müssen wir den deutschen und europäischen Standort stärken und günstige Rahmenbedingungen für das Schlüpfen von Einhörnern schaffen. Denn machen wir uns nichts vor: Kein bestehendes Einhorn wird aus den USA oder China zu uns kommen. Da können wir den Standort noch so attraktiv gestalten. Es geht darum, dass sie künftig bei uns entstehen und gedeihen können. Deshalb müssen wir bei der Standortbetrachtung den gesamten Entwicklungsprozess eines am Markt verkauften disruptiven Produkts oder einer gänzlich neuen Technologie berücksichtigen und dürfen kein Glied ignorieren, das dann zum Engpass werden könnte. Begeben wir uns zunächst an den Anfang dieser Kette und werfen wir einen Blick auf die Forschung.

Forschungsförderung: zu wenig und zu breit

Deutschland kann grundsätzlich zu Recht stolz auf seine Universitäten und Forschungsinstitute sein. Doch auch hier könnte man mehr tun, wie ein Blick über den Tellerrand ins Ausland zeigt. Einen solchen internationalen Vergleich unternahmen in strukturierter Form zuletzt das Zentrum für Europäische Wirtschaftsforschung und das Fraunhofer Institut für System- und Innovationsforschung. Beides sind deutsche Institutionen, ihre Kritik kommt also aus dem eigenen Lager – und wir sollten sie ernst nehmen. Sie deckt sich mit der Ansicht zahlreicher Beobachter, wonach deutsche Forschungsinstitutionen in vielen Bereichen den Anschluss an die Spitze verloren haben. Dies befand auch das *Handelsblatt*, das auf die beiden Studien Bezug nahm. Es fehle trotz Exzellenzstrategie an Exzellenz. Hinsichtlich der meist zitierten Publikationen liege Deutschland weltweit nur auf Rang 15. Statt einer allzu breiten Streuung der Mittel solle man sich auch auf Leuchttürme konzentrieren, die mit Universitäten wie Harvard, Oxford oder dem MIT konkurrieren könnten.[1]

Auch was den Anteil der Ausgaben für Forschung und Entwicklung am Bruttoinlandsprodukt anbelangt, bleibt in Deutschland wie in der EU viel Luft nach oben. Schon vor 20 Jahren beschloss die EU in Lissabon, die Ausgaben für Bildung, Forschung und Entwicklung auf 3 Prozent des Bruttoinlandsprodukts zu erhöhen. Davon sollten zwei Drittel statt vormals gut die Hälfte aus dem privaten Sektor finanziert werden. Der Bericht für die erste Dekade aus dem Jahre 2010 stellt fest, dass diese Ziele deutlich verfehlt wurden. Der Anteil an Investitionen für Forschung, Bildung und Entwicklung war von 1,82 Prozent (2000) auf lediglich 1,9 Prozent (2008) angestiegen, anstatt sich fast zu verdoppeln, wie ursprünglich vorgegeben.[2] 2019 lag die Quote dann bei 2,19 Prozent, deutlich unter den Vergleichsquoten der innovativen Konkurrenz aus Israel (2018: 4,95 Prozent)[3], Südkorea (2018: 4,52 Prozent), Japan (2018: 3,28 Prozent) oder den USA (2018: 2,82 Prozent). Deutschland lag 2019 bei immerhin 3,17 Prozent und damit in Europa auf Platz drei.[4]

Insgesamt aber beileibe keine Situation, in der man sich zurücklehnen und zufrieden die Hände in den Schoß legen könnte.

Technologietransfer: halbherzig und unprofessionell

Noch viel wichtiger als die Forschung an sich ist die Verwertung ihrer Ergebnisse: Wie gut patentieren Universitäten ihre Forschungsresultate? Wie effektiv überführen sie dieses geistige Eigentum durch Unterstützung von Ausgründungen und durch Lizenztätigkeit in die Entwicklung?

Die meisten Universitäten unterhalten heute eine spezielle Organisationseinheit für den Transfer von Technologie aus der Forschung in die Wirtschaft. Auch die Universität Tübingen besaß schon zu Zeiten von CureVacs Gründung unterschiedliche Anlaufstellen für Gründer und zur wirtschaftlichen Verwertung von Erfindungen. Eine solche Funktion war als ausgelagerte Service-GmbH institutionalisiert worden und sollte potenzielle Gründer beraten.[5] Sie segelte damals unter dem Namen »Attempto«, zu Deutsch: Ich wage es. Das war Ende des 15. Jahrhunderts schon der Wahlspruch von Graf Eberhard im Bart, dem Gründer der Universität Tübingen. Ein gut gewählter Name, und in der Tat genossen die Gründer durch die zu ihrer Unterstützung geschaffene Organisationseinheit Attempto Service GmbH gelegentlich unbürokratische Hilfe, wie sie innerhalb des herkömmlichen Apparats der Universität schwer zu organisieren gewesen wäre.

Der damals amtierende Chef der Einheit legte dann allerdings ein derart unbürokratisches Geschäftsgebaren bei der Verwendung eingeworbener Fördermittel an den Tag, dass er sich bald wegen Veruntreuung vor Gericht gestellt sah und in der Folge zu drei Jahren Gefängnis verurteilt wurde. Der Universität hatte er in 50 Einzelfällen einen Gesamtschaden von 440 000 Euro zugefügt, wovon er knapp 200 000 Euro auf eigene Konten leitete.[6] Dabei spielte aus Sicht des Angeklagten wohl eine Rolle, dass er sich in seiner Funktion als nebenberuflicher Geschäftsführer der GmbH nicht ausreichend vergütet gefühlt hatte, weswegen er sich selbstherrlich aus der Kasse bedient hatte. In einem anderen Fall hatte er »ohne jegliche

Geschäftsgrundlage (…) Darlehen in Höhe von 145 000 Euro an drei Existenzgründer [vergeben]. In einem Fall war das Darlehen sogar als Kaufvertrag getarnt, der die Lieferung von ›Naturstoffextrakten‹ vorgab.«[7]

Auch die Einrichtung eines Fuhrparks für repräsentative Fahrzeuge über eine Tochterfirma in Dessau ist weder eine akzeptable Verwendung von Fördermitteln noch eine zwingende Maßnahme im Zusammenhang mit dem Ziel der Gründerförderung. Der damalige Rektor der Universität sprach von einem »fulminanten Phänomen, wer alles welche Fahrzeuge in Anspruch genommen hätte« und beschrieb die Buchführung des Mannes nach einer Aufarbeitung der Vorfälle als »unorthodox«.[8]

Der Fall sorgte dann noch einmal für lokale Schlagzeilen, als der Angeklagte aus dem Gerichtssaal heraus einen Fluchtversuch unternahm und damit dem Namen Attempto! ein letztes Mal auf zweifelhafte Weise zur Ehre gereichte. Während einer Pause im Gerichtssaal hatte sich der Mann seiner Beaufsichtigung entzogen und war bis in das nahe gelegene Café Kommödle geflohen, wo er beim Warten auf ein Taxi von einer Streife wieder in Gewahrsam genommen wurde.[9]

Wenngleich diese Episode nicht den Alltag des Technologietransfers und der Gründerunterstützung in Deutschland repräsentiert, so ist es um die Sicherung intellektuellen Eigentums aus Forschungsleistungen sowie die daraus resultierende Lizenzierungs- und Gründungsaktivität im internationalen Vergleich doch mehr als schlecht bestellt – man könnte geradezu von einer Misere sprechen. Das Ziel, aussichtsreiche Forschungsergebnisse wirtschaftlich zu verwerten, scheint vielerorts nach wie vor eine untergeordnete Rolle zu spielen. Viel zu wenig Patente erblicken das Licht der Welt, viel zu wenige werden erfolgreich auslizenziert oder münden in Ausgründungen. Der Umgang mit den angemeldeten Patenten ist oft unprofessionell, und was die Unterstützung unternehmerischer Strukturen in der Nachbarschaft der Universität anbelangt, sieht man eher Welten aufeinanderprallen als effiziente Kooperation. Der Umstand, dass das Personal in akademischen Einrichtungen meist über keine Erfahrungen in der freien Wirtschaft verfügt, wird bisweilen noch dadurch in unseliger Weise verstärkt, dass externer Rat von solchen Vertretern der Zunft eingeholt wird, die ebenso wenig einschlägige Erfahrungen besitzen. Die Lust zur Zusammenarbeit auf Industrieseite wird dadurch nicht eben gefördert. Letzteres kann ich aus leidvoller eigener Erfahrung berichten.

In einer Studie aus dem Jahr 2013 über die Effizienz von Technologietransferorganisationen (TTO) an Universitäten in Deutschland bestätigen die Autoren Marcel Hülsbeck, Erik Lehmann und Alexander Starnecker den Eindruck von Praktikern und Forschern, dass die Existenz von TTO für sich allein genommen wenig wirtschaftlichen Wert habe. TTO seien an den meisten Universitäten ein »Must-have«, doch anscheinend interessierten sich die Manager in Universitäten wenig dafür, wie diese Einheiten organisiert sein sollten.

Unternehmerischer Geist und proaktive Förderung der TTO seien mangelhaft. Die relativ geringe Anzahl an promovierten Mitarbeitern offenbare, dass TTO in Deutschland eher eine Untereinheit von Verwaltungen seien als eine Einheit, die ihre Aufgabe darin sehe, Ideen zur Marktreife zu bringen:

> *»Nur etwa 17 Prozent der Mitarbeiter verfügen über einen Doktortitel. Eine notwendige Bedingung für den Technologietransfer von Universität zu freier Wirtschaft ist, dass die Mitglieder der TTO auf Augenhöhe mit den Wissenschaftlern kommunizieren. Dies ist in Deutschland womöglich nicht immer der Fall. Aussagen, wonach manche Wissenschaftler in Deutschland TTOs ablehnen und daher unwillig und zögerlich sind, mit ihnen zu kooperieren, unterstreichen die Ergebnisse.«*[10] *(Übersetzung durch den Autor)*

Aus eigener Erfahrung möchte ich hinzufügen, dass nicht nur die Forscher intern geeignete Gegenüber in der Technologietransfereinheit benötigen, sondern auch die Geschäftspartner auf der Industrieseite. Es wird nicht ausreichen, einen promovierten Wissenschaftler, der keine Ausbildung und Berufserfahrung in der Lizenzierung hat, mit dem Technologietransfer zu betrauen. Es braucht beides, den geeigneten Ansprechpartner für die interne Kommunikation und jenen für die Geschäftsanbahnung und Verhandlung nach außen.

Schließlich werden Unterstützungsstrategien und die entsprechenden Mittel dafür in Technologie-Transfereinheiten benötigt. Professoren und Doktoranden müssen bei der Patentierung ihrer Ergebnisse gefördert werden, genauso wie Gründer, die mit Patenten der Universität ein Unternehmen aufbauen wollen. Beide Kunden des Technologietransfers sind darin in der Regel sehr unerfahren. Wer beispielsweise denkt, ein frisch Promovierter, der sich auf ein Gründungsabenteuer einlässt, sei gleichzusetzen mit der Lizenzierungsabteilung eines Industrieunternehmens, ist schief gewickelt. Während ein Geschäft mit Letzterer auf sofortigen Gewinn ausgerichtet sein kann, benötigt der gründende Post-Doktorand eine Vertragsstruktur, die ihm Luft zum Atmen lässt. Feste Termine für Lizenzzahlungen beispielsweise sind für ihn im Zweifel tödlich. Trotzdem sieht man solche Vorschläge immer wieder in Vertragsangeboten von universitären Vertretern. Dabei hat der Gründer vielleicht für längere Zeit nicht genügend Liquidität, um Lizenzgebühren zu bezahlen. Und an seinem Geschäft wollen bis zur Vermarktung noch viele mitverdienen: Vermittler für Kapitalbeschaffung, Risikokapitalunternehmen, Industrieunternehmen. Man kann den Erfolg einer Ausgründung durch zu harsche Bedingungen der Technologietransfergesellschaften schlicht zum Scheitern verurteilen. Wenn der Gründer es nicht merkt, wird er im Zweifel Jahre seines Lebens in eine von Anfang an verlorene Sache stecken. Wünschenswert wäre also, dass auch die Universitäten schon von Anfang an den Markterfolg im Blick haben und nicht auf den schnellen Gewinn aus einem Geschäft mit dem Ausgründer schielen.

Auch mit dem Vorwurf »mangelnden unternehmerischen Geistes« treffen die Autoren der oben zitierten Studie beim Führungspersonal in akademischen Forschungseinrichtungen oft ins Schwarze. Der Leiter eines großen universitären Forschungsinstituts mit etwa 80 Mitarbeitern fragte mich einmal sinngemäß, wie ich als selbstständiger Geldbeschaffer für Start-ups so einfältig sein könne, bei Risikokapitalgebern auf Geldsuche zu gehen. Er habe als Gutachter für solche Investoren gearbeitet und wisse, wie sie Gründer über den Tisch zögen. An meiner Stelle würde er die Finger davon lassen.

Ob er mit dieser Einstellung bereit ist, Spin-offs zu fördern? Bei einem Institut mit 80 Mitarbeitern sollte man eigentlich gelegentlich Innovationen erwarten können. Auch solche, die nicht gleich von der etablierten Industrie übernommen werden. Im betroffenen Institut könnte ein Erfinder wohl keine Unterstützung des Chefs für eine Ausgründung erwarten. Schade eigentlich. Schade auch um das Geld aus Steuermitteln, mit denen in diesem Institut Erfindungen aus Forschungsprojekten hervorgehen. Sie werden im Zweifel nicht zu künftigem Wohlstand beitragen, sondern in der Versenkung verschwinden. Erinnern Sie sich an die Blitze der Erkenntnis am Nachthimmel der mRNA-Technologie aus einer Zeit vor Ingmars Doktorarbeit? Derartige Blitze leuchten ständig durch unsere Forschungslandschaft und bleiben ungenutzt. Die Art und Weise, wie wir Technologietransfer in unserem Land betreiben, trägt hierzu in hohem Maße bei.

Natürlich wird man diese Ergebnisse und Eindrücke mit positiven Beispielen widerlegen können. Ausnahmen bestätigen wie immer die Regel. In der oben zitierten Studie werden die TU München und die TU Dresden als beispielhaft aufgeführt. Dass gute Arbeit geleistet werden kann, beweist auch die heutige Technologie-Transfereinheit einiger Fakultäten an der Universität Tübingen unter der Leitung eines Ex-Patentsyndikus aus der Biotechindustrie. Man wünschte sich mehr davon.

Dass es auch anders geht, zeigt wieder einmal der Blick ins Ausland, insbesondere über den Nordatlantik. Das Harvard Office of

Technology Development veröffentlicht auf der Homepage seine Erfolgsbilanz. (Welches deutsche Forschungsinstitut oder welche deutsche Universität tut dies?) Aus dieser Bilanz kann man ersehen, dass im Finanzjahr 2020, das im Juni des Jahres abschloss, Kommerzialisierungsumsätze in Höhe von 58 Millionen US-Dollar erzielt wurden.[11] Im Durchschnitt der letzten zehn Jahre zählt Harvard dabei nicht einmal zu den 20 erfolgreichsten Universitäten in den USA. Deren Kommerzialisierungsumsätze aus Lizenzeinnahmen lagen für die Dekade zwischen 2008 und 2018 bei knapp 500 Millionen US-Dollar am unteren Ende und knapp 3 Milliarden US-Dollar im Falle der Northwestern University am oberen Ende.[12] Eine Analyse der Entwicklung des Geschäfts der Technologietransfereinheiten in den USA zeigt dabei, dass der Trend zu Start-ups geht und sich von Geschäften mit großen Industrieunternehmen abwendet. Sämtliche Top-20-Universitäten verzeichneten zwischen 2008 und 2018 mehr als 100 Start-up-Ausgründungen, angeführt vom Massachusetts Institute of Technology mit 244.[13] Wo sind die jährlich rund 300 Ausgründungen aus Universitäten der 20 erfolgreichsten Technologietransfereinrichtungen in Deutschland?

Auch wenn es Zeit und Aufwand erfordern wird, um auch nur annähernd an die Ergebnisse der Kollegen in den USA heranzukommen, wäre es sehr wichtig für den Technologietransfer in Deutschland, dass sein Stellenwert endlich erkannt und respektiert wird und dass er sich dementsprechend professionalisiert. Selbst wenn Universitäten und Forschungseinrichtungen nicht gleich und nicht unmittelbar in Form von Gewinnen davon profitieren, wäre es doch eine gesellschaftlich enorm wichtige Aufgabe. Wir können es uns auf Dauer nicht leisten, geistiges Eigentum für die Entwicklung von Zukunftstechnologien nicht optimal für den Erhalt von Wohlstand in unserem Land zu nutzen.

Das hat auch die Bundesregierung erkannt und im Jahr 2019 eine Bundesagentur für Sprunginnovation ins Leben gerufen. In der Rechtsform einer GmbH und unter dem Namen SPRIND soll sie

Menschen mit Ideen für Sprunginnovationen auf ihrem weiteren Weg unterstützen. Zum Leistungsportfolio gehören

- Rat und Tat,
- Business Services (von Buchhaltung bis Marketing),
- Team-Building und
- Netzwerkausbau.

Man könnte den Eindruck gewinnen, dass hier auf Bundesebene bereitgestellt werden soll, was dem Technologietransfer an den einzelnen Universitäten bislang nicht gelingt. Ergänzt um eine Patent- und Lizenzierungsabteilung könnte die neu aufgesetzte Webseite eine Blaupause für Technologietransferinstitutionen an jeder akademischen Einrichtung darstellen.

Auffällig ist, dass das Stichwort »Finanzierung« kaum auftaucht. Wie segensreich könnte sich eine Taskforce auswirken, die kompetent und schlagkräftig sowie mit Unterstützung von ganz oben ausgerüstet an der Ausrichtung des Standorts Deutschland auf Sprunginnovationen arbeitet. Auf der To-do-Liste einer solchen Truppe müsste das Thema Geldbeschaffung für Sprunginnovationen ganz oben stehen: Wie müssen die Rahmenbedingungen gestaltet sein, damit Investorengeld – und zwar geduldiges Geld auf der Suche nach der nächsten großen revolutionären Erfindung – in Deutschland bleibt, nach Deutschland fließt oder in Deutschland für diese Zwecke umgewidmet wird? Denn ohne diesen Wandel des Finanzierungsstandorts Deutschland werden auch Innovationen mit höchstem Sprungpotenzial nur Sprüngchen-Innovationen bleiben.

Blicken wir nun auf einige Standortfaktoren, die Deutschland derzeit zur Wüste für die Finanzierung von transformativen Technologien machen.

Steuerstandort für Start-ups: Einhörner unerwünscht!

Einer meiner sehr lieben Freunde ist Steuerberater und pflegt seiner Mandantschaft zu sagen: »Seid froh, wenn ihr Steuern zahlt, denn dann habt ihr etwas verdient!«

Doch darauf müssen Einhörner der Prägung CureVacs lange Zeit warten: Sie verkaufen zunächst nichts und verdienen folglich auch nichts. Sie haben lediglich gute Aussichten, in Zukunft hohe Gewinne zu erzielen. Einstweilen schreiben sie Verluste. Warum also sollte das Steuerrecht eine Rolle für die Attraktivität von Hightech-Unternehmen spielen?

Einkommensbesteuerung für innovative Unternehmen

Weil jeder beim Stichwort »Steuerstandort« zuerst an Unternehmens- und Einkommensbesteuerung denkt, sollen diese auch hier an die erste Stelle rücken. Tatsächlich greifen diese Besteuerungsformen auch bei Einhörnern, die gar keine Gewinne erzielen, sondern Verluste schreiben – und zwar indirekt über deren Bewertung. Der aktuelle Wert eines Start-ups errechnet sich nämlich aus den künftigen Gewinnen, die mit einer erwarteten Rendite und unter Berücksichtigung des Risikos auf heute zurückgerechnet werden. Da können 15 Prozentpunkte Unterschied pro Jahr in der Unternehmensbesteuerung, welche die möglichen künftigen Gewinne entsprechend schmälern, schon eine Menge ausmachen. Das Unternehmen wird weniger wertvoll; der Risikoinvestor trägt mehr Risiko; bei gleicher Bewertung vor Steuern kann aufgrund der für den Investor entscheidenden Betrachtung nach Steuern nur weniger in das Unternehmen investiert werden und dieses Investment wird sich im Erfolgsfall weniger auszahlen.

Als Unternehmer verdrängt man diesen Umstand im Alltag gerne, weil man keinen Einfluss darauf nehmen kann oder zumindest nur einen sehr indirekten über Interessenvertretung in der Politik. Deren Protagonisten leiern seit Jahren wie tibetanische Gebetsmühlen die immer gleichen Konzepte herunter – während meiner beruflich aktiven Zeit mit überschaubarem Erfolg. Derweil bleibt man als Start-up-Unternehmer erst einmal in Deutschland, denn eine Verlegung des Firmensitzes ins Ausland ist aufwendig, unpraktikabel und gerade für den Unternehmer selbst oft mit besonderen Härten verbunden. Es ist schon ein großer Schritt, nach Palo Alto zu ziehen, wenn man in seiner Partnerschaft gerade das zweite Kind plant und das eigene Start-up aufgrund geringer Liquidität nur ein überschaubares Gehalt zulässt. Man sträubt sich innerlich auch gegen die Notwendigkeit. Warum sollte man als Deutscher in die USA gehen müssen, um ein Geschäft aufzubauen? Also akzeptiert man das scheinbar Unausweichliche. Das Hemd ist einem im Alltag einfach näher als die Jacke.

Die Politik sollte die Frage nach dem Steuerstandort dagegen nicht verdrängen. Denn Kapital ist deutlich beweglicher als Menschen, in diesem Fall: Gründer. Und wenn es nicht nach Deutschland oder Europa fließt oder dort nicht bleibt, dann wird es weniger Gründer und kleinere Gründungen geben. Am Ende leidet darunter der Erfolg des Standorts. Es ist beinahe schon ein Klischee, dass es in Deutschland an guten Ideen nicht fehlt, wohl aber an Geld für risikoreiche Gründungen mit komfortabler Kapitalausstattung. Und für Geld ist es eben nicht mit Härten verbunden, ins Ausland zu fließen oder dort zu bleiben. Das geschieht einfach.

Schon in Bezug auf die hier besprochene allgemeine Unternehmensbesteuerung steht Deutschland nicht gut da. In einer Liste des Bundesfinanzministeriums – man scheut sich offensichtlich nicht, dies zuzugeben – von 33 europäischen Staaten, den USA, Kanada und Japan steht Deutschland hinsichtlich attraktiver Unternehmenssteuern mit knapp 30 Prozent an viertletzter Stelle. Nur in Frankreich, Japan und Malta werden Unternehmen noch stärker zur Ader gelassen.[14] Übrigens führen die Eigentümer aus den nach Steuern ermittelten Gewinnen noch einmal Kapitalertragsteuern in Höhe von

25 Prozent plus Solidaritätszuschlag und gegebenenfalls Kirchensteuer ab, sodass Unternehmensgewinne vor Steuern auf dem Weg zum Eigentümer doppelt belangt werden. Eigentlich ein Verstoß gegen den guten alten römischen Rechtsgrundsatz »non bis idem« – nicht zweimal für dasselbe. Doch diese Steuer bezahlen die Eigentümer in dem Land, in dem sie ihren Wohnsitz haben. Sie spielt also für unsere Standortbetrachtung eine untergeordnete Rolle.

Tatsächlich schlug einmal ein Wagniskapitalunternehmen aus Düsseldorf noch vor dem Engagement von Dietmar Hopp in Verhandlungen mit CureVac einen möglichen Umzug in die Schweiz vor, um dort steuerlich günstigere Rahmenbedingungen für seine Investition in CureVac nutzen zu können. Dabei stand der niedrige Körperschafts- und Gewerbesteuersatz in manchen Schweizer Kantonen an erster Stelle der vorgebrachten Argumente. In der oben erwähnten Liste rangiert die Schweiz mit dem steuerlich eher mittelmäßig attraktiven Kanton Zürich im Mittelfeld, doch auch dieser ist immer noch um etwa zehn Prozentpunkte günstiger als Deutschland. Per Mausklick findet man im Internet auch Kantone, die eine Gesamtbesteuerung von nur 16 Prozent anbieten, womit man in Europa unter den Top Ten liegt. Zu dem angesprochenen Investment in CureVac kam es dann nicht. Ob das am Unwillen CureVacs lag, den Standort zu wechseln, oder ob die Technologie nicht gefiel, darüber schwieg der potenzielle Investor sich aus.

Steueranreize für Forschung und Entwicklung

Zu Unrecht wird dem Steuersatz eines innovativen Unternehmens oft keine große Bedeutung beigemessen. An dieser Stellschraube könnte und sollte man drehen, es wäre ein wichtiges Signal für den deutschen Innovationsstandort. Die Unternehmensbesteuerung muss ja nicht für alle in gleichem Umfang gesenkt werden. Man könnte vielmehr eine steuerliche Begünstigung an Innovation binden, die hervorzubringen mit größeren Risiken verbunden ist, deren Erfolg jedoch der Allgemeinheit einen besonderen Nutzen beschert.

Wie das geht, zeigt seit dem Jahr 2011 Australien. Die dortigen Regeln für die Einkommensbesteuerung geben Unternehmen einen Anreiz, in Forschung und Entwicklung zu investieren. Das betreffende Programm hört auf den Namen R&DTI (Research & Development Tax Incentive), zu Deutsch: Steueranreiz für Forschung und Entwicklung.[15] Dieser Anreiz ist gleichbedeutend mit einer staatlichen Kofinanzierung von Forschung und Entwicklung. Unternehmen erhalten je nach Größe einen Anreiz in Form eines Steuernachlasses von 38,5 bis 43,5 Prozent der zum R&DTI-Programm passenden Forschungs- und Entwicklungskosten. Mehr noch, Unternehmen mit einem Umsatz von weniger als 20 Millionen australischen Dollar wird dieser Anteil von 43,5 Prozent ausbezahlt, wenn sie gerade keine oder zu geringe Gewinne schreiben – und zwar in bar![16] CureVac hätte in Australien seit 2011 in den meisten seiner Geschäftsjahre die Möglichkeit gehabt, 43,5 Prozent seiner F&E-Kosten vom Staat via bar ausgezahltem Steueranreiz finanzieren zu lassen, gleich ob Einkommensteuer an den Staat abgeführt wurde oder nicht. Salopp gesagt, hätten Familie Hopp und alle anderen Investoren nur die Hälfte des Geldes in die Hand nehmen müssen oder man hätte mit dem investierten Geld fast doppelt so viel Forschung und Entwicklung betreiben können. Und alle anderen forschenden und entwickelnden Unternehmen in sauberem Wettbewerb auch.

Ist das fair? Benachteiligt man damit nicht die Unternehmen, die aufgrund ihres Geschäfts weniger Forschung und Entwicklung betreiben? Die Bäcker, Metzger, Landwirte und Händler, die uns täglich versorgen, das produzierende Gewerbe, das die Güter herstellt, die wir täglich nutzen, die Physiotherapeuten, Anwälte oder Schornsteinfeger, deren Dienstleistungen in der Regel eher weniger innovative Produkte hervorbringen können? Ja, man benachteiligt diese Wirtschaftsbereiche, und ja, das ist fair. Denn die Allgemeinheit einschließlich aller hier Genannten wird künftig von dem Wohlstand profitieren, den nur stetige Innovation nachhaltig hervorbringen kann.

Ob es fair ist, ist aber letztlich eine wenig relevante Frage: Wir kommen in Deutschland gar nicht umhin, disruptive Technologien und Produkte zu entwickeln und zur Marktreife zu bringen. Umweltfreundlicher Transport, Medikamente, die Krankheitsverläufe wirklich ändern, klimaschonende Heizungssysteme, Robotik oder künstliche Intelligenz: Das sind Technologien und Produkte, auf denen künftiger Wohlstand fußt. Wenn wir sie nicht selbst auf den Weg bringen, machen es andere, und dann stellt sich die Frage, wie es um die Bäcker, Metzger, Landwirte, Händler, Hersteller und Dienstleister bestellt ist, wenn Wohlstand in der Zukunft woanders entsteht. Bieten sie dann ihr Brot, ihre Wurst, ihre Produkte oder ihre Dienstleistungen in den USA und China an? Wenn überhaupt, dann sicher nur zum kleinen Teil. Um zu verhindern, dass Wohlstand abwandert, wäre die finanzielle Förderung von Forschung und Entwicklung innovativer Produkte eine geeignete Maßnahme. Das damit verbundene Risiko würde so auf alle verteilt, und dies zu Recht – denn wir alle werden am Ende davon profitieren.

Nun wird der eine oder andere Wohlinformierte einwerfen, genau dazu gebe es ja in Deutschland seit dem Jahr 2020 das Gesetz zur steuerlichen Förderung von Forschung und Entwicklung. Man hat an diesem Gesetzlein in Deutschland länger herumgedoktert als am neuen Berliner Flughafen. Und das Ergebnis ist mit Blick auf künftige Einhörner enttäuschend. Zwar zielt das Gesetz tatsächlich in die richtige Richtung. Doch leider hat man mit diesem Instrument ein Parfum-Flakon statt einen Tanklastwagen geschaffen, und leider hat man zur Verteilung der Fördergelder an die begünstigten Unternehmen nicht den Feuerwehrschlauch angeschlossen, sondern einen Portionierer für Spirituosen, damit auch ja keines der kostbaren Tröpfchen aus dem Steuersäckel danebengeht.

Unternehmen können eine Förderung in Höhe von 25 Prozent ihrer Forschungs- und Entwicklungsausgaben in bestimmten Kategorien erhalten. Das klingt gut. Sogar 60 Prozent, wenn die Forschung extern beauftragt wird. Das klingt noch besser.

Leider beschränken sich die anrechenbaren Kosten auf Personalkosten, wohingegen beispielsweise Abschreibungen und Materialien nicht berücksichtigt werden. Das reduziert die Quote von 25 Prozent in der Realität deutlich, auch wenn Personalkosten der treibende Faktor für Forschung und Entwicklung sind.

Zudem liegt der Maximalbetrag der Bemessungsgrundlage, also des Betrags, der dem Fördersatz zugrunde liegt, bei 2 Millionen Euro. Das bedeutet, dass die Förderung bei interner Forschung auf eine Personalkostenzulage von 0,5 Millionen Euro beschränkt ist. Es muss schon ein kleines Unternehmen sein, das an einem kleinen Forschungsrad dreht, damit dieser Betrag einen deutlichen Unterschied macht. Den großen technologischen Wurf fördert man damit nicht.

Ferner hat die solide deutsche Politik – vermutlich in bester Absicht, aber eben wieder mit großem Unwissen – dem Paket Bandagen angelegt, die ausgerechnet diejenige Klientel, die von ihm besonders profitieren könnte, ausschließt: kleine Unternehmen, die ausschließlich forschen und entwickeln. Unternehmen in Schwierigkeiten sollen die Förderung nämlich nicht erhalten können. Das klingt im ersten Moment vielleicht vernünftig. Warum sollte man Unternehmen, die vielleicht schon morgen an die Wand fahren, heute noch Fördergelder in den Rucksack stopfen. Doch wenn die Überschuldung zum Prüfkriterium gemacht wird und Rangrücktritte nicht abhelfen, dann sind all jene in Entwicklungsvorhaben begriffenen Start-ups ausgeschlossen, die über unterschiedliche Formen von Darlehen finanziert sind.

Im Herbst 2020 nahm ich an einem Webinar zur Beantragung der neuen steuerlichen Forschungszulage teil. Da fragte der Repräsentant einer regionalen Biotechnologie-Interessenvertretung die referierende Wirtschaftsjuristin, ob dies denn zutreffen könne, denn in diesem Fall könnten ja die meisten durch die bundeseigene KfW über den Hightech-Gründerfonds mitfinanzierten Start-ups vom Kuchen nichts abbekommen. Der Hightech-Gründerfonds ist einer der größten Financiers von Start-ups in Deutschland. Ein sehr gebräuchliches Finanzierungsinstrument des Hightech-Gründerfonds ist das Wandeldarlehen. Es führt bei Verluste schreibenden Gründungen typischerweise zur handelsbilanziellen Überschuldung, die dann durch einen qualifizierten Rangrücktritt insolvenzrechtlich geheilt wird, indem der Darlehensgeber auf seine handelsrechtlichen Vorteile im Insolvenzfall verzichtet. Die Überschuldung eines über Darlehen finanzierten forschenden Start-ups ist also etwas ganz Normales. Nun schließt diese Finanzierungsform forschende und entwickelnde Start-ups von der steuerlichen Förderung von Forschung und Entwicklung aus. Man sollte nicht glauben, dass der Ball beim Strafstoß vom Elfmeterpunkt im eigenen Tor landen kann – hier ist es der Gesetzgebung eindrucksvoll gelungen.

Auch muss man sich fragen, was an Forschung und Entwicklung in einem finanzschwachen Unternehmen eigentlich schlecht sein soll. Prototypen, Patente und Know-how überleben schließlich eine Insolvenz, wenn sie denn tatsächlich eintreten sollte. Der gesellschaftliche Nutzen der Förderung überdauert im Zweifel also einen Offenbarungseid. Und wenn eine bestimmte Forschung und Entwicklung schiefgeht, dann stellt sich die Lage in einem gesunden Unternehmen letztlich nicht besser dar als in einem Start-up, das aufgrund der gescheiterten Entwicklung seine Türen für immer schließt.

Schließlich erscheint das Konstrukt wieder einmal ausufernd bürokratisch. Eine zentrale Stelle entscheidet über Anträge auf Forschungszulage. Die Abgrenzung förderungswürdiger Projekte ist kompliziert. Für den Nachweis der Personalkosten beim Finanzamt ist der Nachweis geleisteter Stunden für genau die Projekte erforderlich, die unter die steuerliche Förderung fallen sollen. Ein Informationsinteresse im Unternehmen, dessen Befriedigung erst organisiert werden muss. Überspitzt formuliert entsteht der Eindruck, man müsse Aufwand für eine Million betreiben, um eine halbe Million zurückzuerhalten.

Unter dem Strich lässt sich zusammenfassen: Das »Gesetz zur steuerlichen Förderung von Forschung und Entwicklung« in

Deutschland fördert in zu geringem Umfang (nur 0,5 Millionen Euro pro Unternehmen, nur die Kostenart Personalkosten). Es schließt vermeintlich in finanziellen Schwierigkeiten befindliche Start-ups, die eine sehr verbreitete Finanzierungsform über Darlehen mit Rangrücktritt nutzen, aus und es führt zu erheblichem Verwaltungsaufwand, der angesichts der geringen Gesamthöhe der Förderung ihren Zweck infrage stellt. Hoffen wir inständig, dass diese Geburtsfehler schnell behoben werden.

Dass es schon lange möglich ist, Forschung und Entwicklung in Europa engagiert zu fördern, zeigt unser Nachbarland Frankreich. Jawoll, Frankreich. Eingeführt durch niemand anderen als den Sozialisten François Mitterand im Jahr 1983, hat sich der Steuernachlass für Forschungs- und Entwicklungsaktivitäten über die Jahre zu einem Instrument entwickelt, das viele Arbeitsplätze in der industriellen Forschung geschaffen und Frankreich zu einem attraktiven Forschungs- und Entwicklungsstandort gemacht hat.

Was machen unsere französischen Freunde anders? Im Grunde ist das dortige Programm ähnlich gestrickt wie der neue Ansatz in Deutschland – nur wesentlich großzügiger. Alle Kostenarten im Bereich Forschung und Entwicklung können gefördert werden, nicht nur Personal. Alle Unternehmen können die Förderung erhalten, auch solche, die sich in Schwierigkeiten befinden. Aufwendungen bis zu 100 Millionen Euro werden zu 30 Prozent gefördert. Schon dies ist das 60-Fache der maximalen Förderung, die das deutsche Forschungszulagengesetz ermöglicht. Und auch darüber hinaus können die Forschungs- und Entwicklungskosten eines Unternehmens in Frankreich bei unbegrenzter Bemessungsgrundlage noch zu immerhin 5 Prozent gefördert werden. Es liegt also nicht am Europarecht, dass die Steuererleichterung für Forschung und Entwicklung nach vielen Jahren des Zögerns in Deutschland ein so verkrampftes Instrument geworden ist.

Lohnt sich mutige steuerliche Förderung von Forschung und Entwicklung? Bis 2005 galten auch in Frankreich Einschränkungen hinsichtlich der Größe. Nur Unternehmen mit maximal 250 Beschäftigten konnten von der Förderung profitieren. Die letzte Anpassung des französischen Programms für steuerliche Förderung von Forschung und Entwicklung fand im Jahr 2015 statt. Bis dahin konnte nur die Ausweitung von Forschungs- und Entwicklungsaktivitäten in einem Unternehmen über das bisherige Pensum hinaus zu Steuergutschriften führen, so wie das auch in den USA seit 40 Jahren Usus ist. Seit 2015 gewährt Frankreich nun eine großzügige Steuererleichterung für Forschungs- und Entwicklungsleistungen, die ihm einen äußerst attraktiven Forschungsstandort beschert. Das belegt ein Blick auf die Entwicklung der Anzahl ausländischer Investitionsprojekte seit 2015: Frankreich konnte diese Zahl in nur vier Jahren von 598 auf 1197 verdoppeln und hat sich damit in Europa vor Großbritannien (1109) und Deutschland (971) an die Spitze gesetzt. Deutschland ist in diesem Zeitraum etwa auf gleichem Niveau geblieben und vom zweiten auf den dritten Platz abgerutscht.[17] Freilich kann man darüber streiten, ob diese Verschiebung allein auf die steuerliche Förderung von Forschung und Entwicklung in Frankreich zurückzuführen ist. Geschadet hat diese ganz sicher nicht. Eine Studie aus dem Jahr 2017 schätzt den Effekt auf den Arbeitsmarkt in Forschung und Entwicklung in der französischen Industrie auf über 37 000 zusätzliche Arbeitsplätze allein im Zeitraum zwischen 2008 und 2015, also noch vor der Einführung der großzügigeren Bemessung der Zulage.[18] Forschung und Entwicklung ist in Frankreich – den Steuervorteil eingerechnet – so günstig wie in keiner anderen führenden Industrienation.[19]

Dass diese Attraktivität des Entwicklungsstandorts nicht ohne Folgen bleibt, zeigt auch bereits eine »Abstimmung mit den Füßen«, wie Frédéric Bouquet beobachtet. Er ist Senior Investment Advisor für die der französischen Botschaft angegliederte Wirtschaftsförderung »Business France Deutschland«. Sein Kommentar lautet:

> *»Immer mehr deutsche Firmen nehmen durch ihre Tochtergesellschaften in Frankreich diesen großzügigen steuerlichen Vorteil für ihre F&E-Ausgaben bereits in Anspruch. Zum Bei-*

spiel ist die Bosch-Gruppe mit 6600 Mitarbeitern und zehn F&E-Standorten der größte ausländische Industriekonzern in Frankreich. Der CIR (die französische Abkürzung für das »credit impot recherche« genannte Steueranreizprogramm) hat dazu erheblich beigetragen.«[20]

Bouquet berichtet auch von Frankreichs Erfahrung, das Steueranreizprogramm für Forschung und Entwicklung im ersten Anlauf zu kleinlich angelegt zu haben. Die Deckelung auf Unternehmen mit weniger als 250 Mitarbeitern habe anfangs zu keiner Zunahme der Forschungs- und Entwicklungsausgaben geführt – im Gegenteil, die Forschungsausgaben seien zunächst weiter gesunken. Erst nachdem das Programm Schritt für Schritt nachgebessert worden sei, es allen Unternehmen zugänglich gemacht wurde und größere Beträge als Steuergutschriften abgesetzt werden konnten, habe es steuernde Kraft entfaltet. Wir sollten versuchen, von unserem Nachbarn und seinen Erfahrungen zu lernen.

Denken wir in diesem Zusammenhang auch an die jüngste Firmengeschichte von CureVac. Wäre das Investment der Bundesregierung in das Unternehmen im Jahr 2020 nötig gewesen, wenn seit CureVacs Gründung die australischen oder französischen Steuerregeln zur Besteuerung von Forschung und Entwicklung auch in Deutschland gewirkt hätten? Und verfolgen Sie einmal in den nächsten Jahren die Entwicklung der am Anfang des Buchs zitierte Hurun-Liste der Einhörner für Australien und Frankreich. Australien liegt am anderen Ende der Welt und hat mit seinen gerade mal 25 Millionen Einwohnern und ohne bedeutenden Finanzplatz oder etablierte Hightechindustrie denkbar schlechte Voraussetzungen. Es würde mich nicht wundern, wenn seine Einhorn-Zahl gegenüber der Erhebung 2019 in Zukunft wächst. Und auch wenn es nicht gleich milliardenschwere Gründungen sind, so werden doch andere Indikatoren dieser mutigen Steuer- und Innovationspolitik Recht geben. Dasselbe gilt für Frankreich.

Beschränkter Verlustvortrag: ein bis vor Kurzem gravierender Standortnachteil

Zu der Zeit als Dietmar Hopp zum ersten Mal in CureVac investierte, war sein Investment im Vergleich zu den Regelungen in anderen Ländern von einem gravierenden Nachteil begleitet: dem begrenzten Verlustvortrag. Dieser glich in seiner Wirkung einem Schild am Standort Deutschland, auf dem für Investoren zu lesen stand: »Einhörner unerwünscht. Die Fütterung von Fabeltieren findet im Ausland statt.« An dieser beklagenswerten Situation hat ein Gesetz aus dem Jahr 2016 einiges geändert. Doch bevor wir uns dieses genauer ansehen, blicken wir auf die Gesetzeslage vor seiner Verabschiedung.

Leser, die mit dem Begriff »Verlustvortrag« nicht vertraut sind, sollten zunächst Folgendes wissen: Verluste vorzutragen bedeutet nicht, der Welt zu erzählen, dass man Verluste macht. Es geht vielmehr darum, Verluste aus früheren Geschäftsjahren für spätere, in denen dann hoffentlich Gewinne anfallen, steuerlich zu erhalten – und zwar in der Weise, dass sie bei der Berechnung des steuerlichen Gewinns wie aktuelle Kosten angesetzt werden dürfen. Sie reduzieren also die Besteuerung künftiger Gewinne. Doch warum ist das wichtig?

Jeder Unternehmer weiß, dass er innerhalb eines Geschäftsjahres alle Aufwendungen für die Entwicklung und Herstellung seiner Produkte von den Umsätzen abziehen kann, bevor auf der Basis des so errechneten Gewinns die Steuerlast ermittelt wird. Dabei kommt es auf die Zuordnung der Kosten, die auf die Entwicklung eines bestimmten Produkts entfallen, zum Umsatz, den genau dieses Produkt erzielt, nicht an. Die Entwicklungskosten im aktuellen Jahr können für ein Produkt entstanden sein, das in zehn Jahren auf den Markt kommt oder überhaupt nicht. Der innerhalb eines Jahres entstehende Gesamtaufwand darf vom im selben Jahr erzielten Gesamtumsatz abgezogen werden – pauschal und unbegrenzt.

Wenn nun in einem Jahr viel in Forschung und Entwicklung gesteckt wird – so viel, dass diese Aufwendungen die Erträge übersteigen –, dann macht ein Unternehmen Verluste. Und korrekterweise erlaubt ihm das Finanzamt, diese Verluste in einem späteren Jahr mit Gewinnen zu verrechnen. Im fraglichen Verlustjahr dürfen die Verluste auf neue Rechnung vorgetragen werden. Mit anderen Worten, es dürfen Verlustvorträge gebildet werden.

So weit, so gut. In der Vergangenheit ist aus der Nutzung solcher Verluste wohl einmal der typische, zügelloser Gier geschuldete Wildwuchs entstanden, den findige Steuerschlupflochsucher immer wieder auslösen. Etwas eigentlich für jeden erkennbar Verwerfliches ist aus Versehen legal. Irgendwann wird es bekannt, und dann stürzen sich alle darauf. Im vorliegenden Fall erwarben florierende Unternehmen reihenweise Pleitekandidaten, die hohe Verlustvorträge aufgebaut hatten, ohne realistische Chance, diese je zu nutzen. Sie erwarben diese Schrottfirmen nur wegen der Verlustvorträge, die es ihnen ermöglichten, die Verluste des in Schieflage geratenen Tochterunternehmens mit den Gewinnen ihres gesunden Stammunternehmens zu verrechnen. Dies ein Steuersparmodell zu nennen, wäre schon ein Euphemismus. Die Geschäftsmodelle der beiden Firmen mussten nichts miteinander zu tun haben. Ein Unterwäschehändler konnte Verluste eines insolvenzgefährdeten Kartoffelzüchters nutzen oder umgekehrt. Wie bei allen Steuerschlupflöchern dauerte es nicht lange, bis der Staat handelte und es stopfte. Und wie so oft erlitten dabei völlig Unbescholtene einen hohen Kollateralschaden.

Denn die Regelungen zur Unternehmensbesteuerung schrieben nun Folgendes vor: Sobald das Eigentum an einer Firma zu 25 Prozent wechselt, verfallen anteilig Verlustvorträge. Ab einem Eigentumswechsel von 50 Prozent verfallen sie ganz. Und vermutlich ohne jede Absicht hat die deutsche Steuergesetzgebung damit der Geburt von Hightech-Einhörnern einen Riegel vorgeschoben. Denn auf seinem Weg zur Gewinnzone wechselt ein Technologieunternehmen gegebenenfalls mehrfach den Eigentümer. Erst gehört es den Gründern, dann einer ersten Gruppe von Investoren und später vielleicht einem anderen Investor. Schließlich wird es womöglich von einem Industrieunternehmen gekauft. Der Zeitpunkt hierfür könnte im Falle eines Biotech-Start-ups, das eher über Jahrzehnte als über Jahre hinweg Medikamente entwickelt, am Ende einer sehr erfolgreichen Entwicklung liegen – aber eben noch vor den ersten Umsätzen, vor ersten Gewinnen, vor der Nutzung von Verlustvorträgen. Und das war für die Betroffenen bis 2016 von großem Nachteil. Denn bei jedem Eigentümerwechsel ging der womöglich vorhandene Verlustvortrag anteilig oder ganz verloren. Wenn also nach einer langjährigen Entwicklung endlich Gewinne sprudelten, floss im Zweifel gleich ein großer Teil davon an den Staat. Dabei spielte es keine Rolle, dass die nun verkauften Produkte nur dank eines viele Millionen Euro schweren Investments über viele Jahr hinweg entwickelt werden konnten – ungeachtet der Frage, wem die Entwicklung jeweils gehörte. Bei der damaligen Rechtslage mussten Investoren also deutlich länger warten, bis sich ihre Investition rechnete.

Bevor wir uns die heutige Regelung für Verlustvorträge näher ansehen, sei eine grundsätzliche Bemerkung erlaubt: Letztlich stellt jede Begrenzung des Verlustvortrags aus dem Aufwand für Forschung und Entwicklung eine nicht nachvollziehbare Ungleichbehandlung von neugegründeten Unternehmen, die mittels Beteiligungskapital Entwicklung betreiben, gegenüber etablierten größeren Unternehmen mit laufenden Gewinnen dar. Warum? Nun, de facto machen die Mitarbeiter einer forschenden und entwickelnden Neugründung nichts anderes als ihre Kollegen in der F&E-Abteilung eines etablierten, Gewinne bilanzierenden Unternehmens. Steuerlich wird das große Unternehmen jedoch bevorzugt: Dort können Aufwendungen für Forschung und Entwicklung jedes Jahr mit Gewinnen verrechnet werden. Und zwar vollständig und unbegrenzt. Alle Bedingungen, an die ein Verlustvortrag gebunden ist, sind ohne Belang, darunter auch die Frage, ob während des Jahres der Eigentümer des Unternehmens gewechselt hat. Ein klarer Wettbewerbsnachteil für Neugründungen.

Gerade in hoch innovativen Start-ups entstehen aber oft jene disruptiven Technologien mit großer Sprunghöhe, die sich nachhaltig auf die Innovationskraft, die Beschäftigung und den Wohlstand eines Landes auswirken. Wer diese im eigenen Land halten will, muss die Regelungen für den Verlustvortrag an ihren Bedürfnissen ausrichten. Und das wollte man in Deutschland auch tun.

Im Jahr 2016 erhielt das Körperschaftssteuergesetz einen neuen Paragrafen, aufgrund dessen der Missstand des schädlichen Eigentümerwechsels für forschende und entwickelnde Start-ups behoben werden sollte. Der neue Paragraf 8d führte einen sogenannten fortführungsgebundenen Verlustvortrag ein. Sein Grundgedanke lautete: Wenn ein Käufer von Unternehmensanteilen den Gegenstand des Unternehmens fortführt, dann soll auch der im Unternehmen aufgelaufene Verlustvortrag erhalten bleiben.

Passt es jetzt aus der Sicht bestehender oder künftiger Einhörner? Jein. Positiv ist, dass es jetzt tatsächlich gelingen kann, Verlustvorträge aus Forschung und Entwicklung auch im Falle eines Eigentümerwechsels zu erhalten. Nach wie vor von Nachteil ist dagegen, dass dies nicht zuverlässig gelingt, denn der Erhalt ist an Bedingungen gebunden. Beispielsweise muss der Geschäftsbetrieb erhalten bleiben. Das erscheint zunächst folgerichtig. Doch der Teufel steckt im Detail, wie man feststellt, wenn man die einschlägigen Bestimmungen liest. Das befand auch eine unter anderem Start-ups beratende Nürnberger Steuerkanzlei im Jahr 2017 und kommentierte das neue Gesetz.

Der Geschäftsbetrieb werde demnach anhand qualitativer Merkmale wie den angebotenen Dienstleistungen oder Produkten, dem Kunden- und Lieferantenkreis, den bedienten Märkten und der Qualifikation der Arbeitnehmer im Rahmen einer Gesamtbetrachtung bewertet. Fraglich sei dabei, ob jede Änderung dieser Qualitätsmerkmale zu einer Änderung des Geschäftsbetriebs führe. Zwar habe das Bundesfinanzministerium zugesagt, dass organisches Wachstum weiterhin möglich sein solle. Streitanfällig bleibe jedoch die Frage, wie flexibel die Auslegung tatsächlich sei. Was geschehe, wenn – wie häufig in der anfänglichen Entwicklungsphase – die strategische Ausrichtung angepasst oder erweitert werde? Was, wenn neue Produkte entwickelt würden? Inwieweit könne auf eine Änderung des Marktes tatsächlich angemessen reagiert werden, ohne die Verlustnutzungsmöglichkeit zu verlieren?[21]

Auch nach der Gesetzesänderung von 2016 blieb ein unliebsamer Aspekt in Sachen Verlustvortrag aus Sicht der Unternehmen wie der Investoren bestehen. Es geht um die Tatsache, dass in einem Jahr nur 60 Prozent der Gewinne mit Verlustvorträgen verrechnet werden können. Das heißt: Auch wenn kein Eigentümerwechsel stattgefunden hat oder nach 2016 der Geschäftsbetrieb fortgeführt wurde, müssen 40 Prozent der Gewinne versteuert werden, ohne jede Möglichkeit, sie mit Verlustvorträgen zu verrechnen. Die Nutzung der Verlustvorträge zieht sich hin, das Investment dauert länger, das Risiko für den Investor nimmt zu. Warum? Gewinne bilanzierende Unternehmen im eigenen Land müssen sich mit derlei Anrechnungsarithmetik nicht befassen. Ein Wettbewerbsnachteil, der nicht sein müsste und den Start-ups in anderen Ländern nicht erdulden müssen. Ein Faktor, der Kapital in diese Länder zieht und aus Deutschland abfließen lässt.

International gibt es wesentlich attraktivere Standorte, was diesen wenig beachteten Aspekt der Steuergesetzgebung angeht. Und so findet man die am besten bewerteten Innovationsstandorte mit den meisten Einhörnern auch dort, wo Verlustvorträge von Hightech-Unternehmen in sehr großzügiger Weise verrechnet werden dürfen: in den USA, in Israel oder in der Schweiz. Dorthin fließt das Geld. Und ohne sehr viel Geld wachsen eben keine Einhörner heran. Wenn Sie Milliardär oder Fondsmanager sind, ist es für Sie ein Leichtes, ein Wagniskapitalunternehmen in einem anderen Land zu unterhalten oder von hier aus im Ausland zu investieren. Und wenn Sie wie mancher Milliardär ihr Geld von Profis verwalten oder sich von solchen beraten lassen, dann müssen die Ihnen das sogar ganz nüchtern empfehlen.

Das Gleiche spielt sich aufseiten der Gesellschaften der Investoren ab. Auch hier führten Eigentümerwechsel zum Wegfall von Verlustvorträgen. Auch hier gelten die seit 2016 eingeführten Bandagen. Dietmar Hopp, Mehrheitseigentümer bei CureVac, sagte in der Bundespressekonferenz anlässlich des Einstiegs der Bundesrepublik in das Unternehmen:

> *»Deutsche Forschungs- und Entwicklungsansätze können weltweit mithalten, obwohl die Finanzierung dieser [Biotech-] Branche bislang stiefmütterlich behandelt wurde, wobei die Ursache nicht zuletzt in unserer Steuergesetzgebung liegt. Sie ist innovationsfeindlich, weil nur 60 Prozent der Investitionen abgeschrieben werden dürfen mit dem Argument, dass man die Erlöse auch nur zu 60 Prozent versteuern muss. (...) Dies alles schreckt Investoren ab, und das wird auch der Grund sein, warum ausländische Investoren selten in deutsche Biotech-Unternehmen investieren. Mich hat es auch schon getroffen. Von ursprünglich 16 Biotech-Investitionen sind sechs gescheitert. Ein kleines Wunder, dass es hier in Deutschland dennoch einige großartige Biotech-Firmen gibt, die ohne die steuerlichen Hindernisse allerdings sehr viel weiter entwickelt sein könnten. Ich möchte der Politik ausdrücklich dazu raten, eine mutige dramatisch verbesserte Behandlung von solchen Risikoinvestitionen anzugehen.«*[22]

In Summe wirken sich all diese Steuernachteile drastisch auf die Bewertung der Technologieunternehmen aus und drücken folglich auch die Renditen der Wagniskapitalgeber. Kein Wunder, dass diese lieber woanders investieren.

Altersrücklagen: Ein Standortfaktor für Einhörner

Norbert Blüm, Bundesarbeitsminister unter Kanzler Helmut Kohl, wurde berühmt mit seinem Satz: »Die Renten sind sicher!« Natürlich bezog er sich dabei auf Deutschland. Und im Hinblick auf die deutsche staatliche Altersvorsorge lässt sich tatsächlich eines mit Sicherheit sagen: Sie ist von vergleichsweise geringem Wert. Schon zu meiner Studentenzeit kursierte der Spruch »Darauf verwette ich meine Rente«, wenn jemand einerseits mit markiger Ansage seiner Meinung Gewicht verleihen wollte, andererseits aber auch damit kokettieren wollte, nicht viel aufs Spiel zu setzen. Und wir alle wussten, dass wir privat vorsorgen mussten, wenn wir nach Ende unserer Berufstätigkeit keinen spürbaren Rückgang unseres Lebensstandards hinnehmen wollten.

Der größte Makel des staatlichen deutschen Rentensystems besteht darin, dass es ausschließlich umlagefinanziert ist. Inwiefern berührt das unser Thema, die Standortqualität für Einhörner? Nun, es fehlt eine wichtige Quelle für Investments. Diese ist in Deutschland, bezogen auf das staatliche Rentensystem, schlicht nicht existent.

Andere Länder handhaben das anders und besitzen große Investoren, welche die Altersrücklagen von Beschäftigten verwalten und das Aktien- und Private-Equity-Investment mitbeherrschen. Betrachten wir ein Beispiel: Die kalifornische CalPERS ist eine staatliche Agentur, die die Pensionsansprüche der etwa 1,6 Millionen kalifornischen Angestellten im öffentlichen Dienst verwaltet. Das von ihr verwaltete Vermögen belief sich im Jahr 2019 auf 372 Milliarden US-Dollar. Dieser Betrag entspricht fast dem für 2020 ursprünglich vorgesehenen Haushalt der Bundesrepublik Deutschland.[23] Laut Faktensammlung der Agentur kommen pro ausgegebenem Dollar 58 Cent aus erzielten Renditen. Das klingt doch gar nicht schlecht, wenn man es mit einem rein umlagefinanzierten System vergleicht, nicht wahr? Fast zwei Drittel der Leistungen muss man nicht selbst einzahlen, vielmehr erwirtschaftet diese der Fonds mit Renditen aus Anlagen. Anders ausgedrückt, könnte man das Dreifache dessen erhalten, was der Umlagerentner bekommt, oder nur ein Drittel dessen einzahlen, was der Umlagebeschäftigte aus seiner Lohntüte abzweigt.

Laut aktueller Anlagestrategie soll der CalPERS-Fonds unter anderem 50 Prozent des verwalteten Vermögens in Aktien und 8 Prozent in Private Equity investieren. Letzteres umfasst auch Risikoinvestments, und die Sollquote von 8 Prozent des CalPERS-Vermögens entspricht einem Wert von knapp 30 Milliarden US-Dollar – kein kleiner Betrag im Private-Equity-Segment.[24] Auch der Aktienanteil in Höhe von 186 Milliarden US-Dollar entfaltet Zugkraft für ein Investment von Risikokapitalinvestoren, denn eine Hauptquelle für deren Exit, mit dem sie am Ende ihr Investment liquidieren, ist und bleibt der Aktienmarkt.

Lassen wir mal einen Moment lang kreativ die Gedanken schweifen. Deutschland hat laut statistischem Bundesamt 8,3 Millionen Beschäftigte im öffentlichen Dienst, Beamte und daraus hervorgegangene Versorgungsempfänger. Ein dem CalPERS vergleichbarer Versorgungsträger, nennen wir ihn Beamten-und-Öffentlicher-Dienst-Pensionsfonds oder kurz BÖffDi-Pensionsfonds, der sich mit einer ähnlichen Struktur in Deutschland um deren Altersversorgung kümmerte, würde also vielleicht rund fünfmal so viel Vermögen verwalten wie der CalPERS-Fonds – rund zwei Billionen US-Dollar, um der besseren Vergleichbarkeit halber bei dieser Währung zu bleiben. Entsprechend der von CalPERS übernommenen 50- und 8-Prozent-Quote würde der BÖffDi-Pensionsfonds für etwa eine Billion US-Dollar Aktienanlagen und für 150 Milliarden US-Dollar Private-Equity-Investmentmöglichkeiten suchen. Würde man von den 150 Milliarden US-Dollar, die in Private Equity fließen, nur 10 Prozent in riskantere Wagniskapitalfonds investieren, wären das auch noch 15 Milliarden US-Dollar.

Zum Vergleich: Gemäß einer Zusammenstellung des wissenschaftlichen Dienstes des Bundestages beliefen sich die gesamten in den Jahren 2016 bis 2018 von Risikokapitalunternehmen mit Sitz in Deutschland investierten Beträge in Deutschland umgerechnet auf durchschnittlich etwa 1,5 Milliarden US-Dollar pro Jahr, wovon grob ein Drittel aus Steuergeldern finanziert wurde. Der Anteil, der von – wohlgemerkt privaten – Pensionsfonds investiert wurde, lag im Schnitt bei jährlich umgerechnet etwas über 40 Millionen US-Dollar.[25]

Zurzeit beteiligt sich die staatliche Versorgung von öffentlichen Beschäftigten und Beamten in Deutschland mit einem Investment in

Aktien und Private Equity inklusive Wagniskapital von genau *null.* Keine innovative Technologie wird unterstützt, kein Exit für Risikokapitalinvestoren wird finanziert. Kein einziger Cent fließt! Sollte sich je ein Einhorn in diese Wüste verirren, wird es zusehen, dass es weiterzieht.

Auf betrieblicher Ebene findet Private-Equity-Investment im Zusammenhang mit Altersvorsorge in Deutschland durchaus statt. Firmen wie Daimler oder Siemens und auch Berufsgruppen wie Ärzte oder Rechtsanwälte unterhalten recht achtbare Pensionsfonds, die tatsächlich auch in Aktien und in Private Equity investieren, wenn auch nicht in gleichem Umfang wie etwa CalPERS. Auf diese Weise hat die Baden-Württembergische Versorgungsanstalt für Ärzte, Zahnärzte und Tierärzte zusammen mit der L-Bank 2016 insgesamt 26 Millionen Euro in CureVac investiert. Der Wert der seinerzeit erstandenen Anteile hat sich allein in dem Monat um den Börsengang um den Faktor vier bis sechs erhöht, wie bereits im Zusammenhang mit dem Investment des Bundes erläutert. Die Baden-Württembergische Versorgungsanstalt für Ärzte, Zahnärzte und Tierärzte ist sicher kein Risikoinvestor herkömmlicher Prägung, und ihre Mitglieder müssen nicht befürchten, dass ihre Altersvorsorge verzockt wird. Im Gegenteil. Hier wurde mit einem Chancen-Investment für ein Wachstum des Vermögens gesorgt – wohlgemerkt mit einem kleinen Anteil des verwalteten Vermögens. Und was das Risiko angeht: Die Ärztekasse könnte sich jetzt drei bis fünf Investments der gleichen Prägung leisten, die komplett an die Wand fahren, und hätte unter dem Strich dennoch keinen Verlust gemacht.

CalPERS hat auf diese Weise im Durchschnitt der letzten drei Jahre genauso wie im Schnitt der letzten 30 Jahre über 8 Prozent Rendite jährlich erwirtschaftet.[26] Damit kann man schon ein sehr ansehnliches Vermögen für das Alter aufbauen. Nehmen wir an, Sie wären im öffentlichen Dienst Kaliforniens tätig gewesen und würden heute in Pension gehen. Ob Sie den Ruhestand genießen könnten, hinge in nicht geringem Maße von der Frage ab, ob sie gut vorsorgt wären. Nehmen wir weiter an, Sie würden eine CalPERS-

Auszahlung erhalten, basierend auf einer monatlichen Einzahlung von 416 Euro über 40 Jahre hinweg. Bei einer angenommenen jährlichen Effektivverzinsung von 8 Prozent wären das beachtliche 1,34 Millionen Euro, die sich aus den monatlichen Einzahlungen, Zinsen und Zinseszinsen in diesem Zeitraum ergeben hätten. Ist Ihr Interesse geweckt? Dann auf nach Kalifornien! Und selbst wenn man gerechterweise die in der Außendarstellung des Fonds nicht genannten Kosten in die Rechnung aufnimmt und den Einfluss von Renditeschwankungen berücksichtigt, wird dem kalifornischen Beschäftigten im öffentlichen Dienst aller Wahrscheinlichkeit nach mehr auf dem Konto bleiben als dem deutschen Umlagerentner. Denn in Deutschland bedarf es weit höherer Einzahlungen, um sich solche Alterspolster zu erarbeiten – wenn es einem denn überhaupt gelingt. Viel zu sehr umlagebasiert funktioniert unsere Altersvorsorge und fast ohne den Wohlstand generierenden Effekt der Verzinsung aus Anlageformen, die Wachstumschancen bergen. Und selbst wenn der kalifornische Fonds keine höhere Altersvorsorge aufbauen würde, wäre er dem deutschen Umlagesystem vorzuziehen: Denn immerhin wird die Innovationswirtschaft gestärkt, wovon die gesamte Gesellschaft profitiert.

Der CalPERS-Fonds ist nicht die größte kapitalgedeckte Pensionskasse der Welt, sondern nahm im Jahr 2020 »nur« Platz sechs ein, auf Platz elf gefolgt von den California State Teachers. Von den TOP-300 der weltweit größten Pensionskassen stammen 144 aus den USA. Sie verwalten ein Vermögen von 7,5 Billionen US-Dollar und damit über ein Drittel des weltweit in Pensionsfonds verwalteten Vermögens. Die Plätze auf dem Siegertreppchen nehmen jedoch keine US-amerikanischen Fonds ein. Es sind staatliche Vermögen aufbauende Kassen aus Japan, Norwegen und Südkorea mit einem Gesamtvermögen von 3 Billionen US-Dollar.[27]

Im Hinblick auf unsere Standortfrage müssen wir jedoch nicht einzelne Fonds, sondern Länder vergleichen. Deutschland belegt hier aufgrund der Aktivität seiner betrieblichen Pensionsfonds immerhin Platz 14. Das in Deutschland verwaltete Fondsvermögen liegt mit eher überschaubaren 250 Milliarden US-Dollar bei rund einem Dreißigstel des verwalteten Vermögens des Spitzenreiters USA, das sich auf fast 7,5 Billionen US-Dollar beläuft. Allein die öffentlichen Angestellten in Kalifornien, und zwar ohne die Lehrer, bringen im CalPERS-Pensionsfonds mehr auf die Waage als alle unter den TOP-300 gelisteten Pensionsfonds in Deutschland zusammen.[137]

Nun aber kommen wir zur Frage nach dem optimalen Standort für Einhörner mit ihrem unbändigen Hunger nach Private Equity. Die schier unvorstellbaren Vermögen der Pensionsfonds suchen nach Anlagemöglichkeiten. Da Pensionsfonds bei uns eine sehr untergeordnete Rolle spielen, mangelt es an Investoren für Private Equity, die direkt oder über Risikokapitalgesellschaften gestreut in unsere Zukunftschancen investieren könnten. Es fehlt das Volumen am Aktienmarkt, das die so geschaffenen Werte aufnimmt und handelbar macht. Doch es gilt: Ohne Risikoinvestoren und Aktieninvestment keine gut finanzierten innovativen Start-ups und nur schlechte Exit-Möglichkeiten für die Wagniskapitalinvestoren; ohne innovative Start-ups viel weniger disruptive Produkte und Technologien; ohne diese viel weniger nachhaltiger Wohlstand. Ein Pensionsfonds-Vermögen in den USA von 7,5 Billionen US-Dollar, das zu 50 Prozent in Aktien investiert, sorgt für 3,75 Billionen US-Dollar an zusätzlichem Kapital in den Aktienmärkten – genug, um 400 CureVacs zu dessen Marktwert im ersten Monat nach dem Börsengang zu kaufen – oder mehr als zweimal den gesamten DAX zu erwerben. Nicht dass US-amerikanische Pensionsfonds dies planten. Ein Vermögen von 7,5 Billionen US-Dollar schafft, wenn es zu 8 Prozent in Private Equity investiert wird, 600 Milliarden US-Dollar an Kapital für Private-Equity-Investments. Genug, um 2 000 Unternehmen mit einer Finanzierung von 300 Millionen US-Dollar auszustatten. Erinnern Sie sich: So hoch war etwa das Investment des Bundes in CureVac kurz vor dem Börsengang.

Pensionsfonds, die in Aktien und Private Equity investieren, wirken in den USA und anderswo wie ein gewaltiger Antriebsmotor für Innovation, für wohlausgestattete industrielle Forschung und

Entwicklung, für Investment in Marge versprechende Produkte und Dienstleistungen – Produkte, die den Wohlstand einer Gesellschaft mehren. Dieser stetige Investmentstrom ist in den USA eine verlässliche Größe. In Deutschland tröpfelt etwa ein Dreißigstel davon, und selbst gemessen an der Bevölkerungsgröße ist das verwaltete Pensionsfondsvermögen pro Kopf in Deutschland nur wenig mehr als ein Zehntel so groß wie in den USA. Eine vertane Chance auf dem Weg zu nachhaltigem Wohlstand.

Norbert Kuhn ist Leiter des Bereichs Unternehmensfinanzierung beim Deutschen Aktieninstitut e. V., einem Think Tank für Kapitalmarktfragen, und kennt die Misere mangelnden Geldes für die Finanzierung von Zukunftstechnologien nur zu gut. Er sieht im Altersvorsorgesystem einen Dreh- und Angelpunkt für die Finanzierung von Wachstumsunternehmen auf dem Weg zum Börsengang und danach.

Dabei vergleicht Kuhn den Kapitalmarkt mit einem Ökosystem. In diesem haben innovative Unternehmen genauso ihren Platz wie spezialisierte Fonds, die Geld von privaten Investoren und institutionellen Anlegern wie Pensionsfonds einsammeln und es in Wachstumsunternehmen investieren. Aufnahmefähige Börsen sorgen für Exit-Möglichkeiten der Fonds, was diese wiederum in die Lage versetzt, ihre Anleger zu befriedigen. Kompetente Analysten begleiten die notierten Unternehmen und erhöhen die Entscheidungssicherheit von Anlegern, die nicht über die gleiche Expertise verfügen. In diesem Biotop übernimmt Geld die Rolle von Wasser, Licht und Sauerstoff zugleich – Geld, das in Aktien und vorbörsliche Wachstumsunternehmen investiert wird. Ohne dieses erwacht das ganze Biotop gar nicht erst zum Leben. Und da bei uns wenig Geld in Aktien und Private Equity investiert wird, finden bei uns kaum Börsengänge von Technologieunternehmen statt.

»Wir haben in Deutschland ein Defizit bei der Finanzierung von Zukunftstechnologien. Unser viel zu sehr umlagefinanziertes System der Altersvorsorge spielt dabei eine herausragende Rolle«, sagt Kuhn. Und verweist auf unser Nachbarland Schweden, wo eine lebendige Szene von Börsengängen entstanden ist, nachdem der Gesellschaft gesetzlich verordnet worden war, 2,5 Prozent ihrer Altersrücklagen in riskante Anlageklassen zu investieren, zum Beispiel in Aktien. Auch die Schweizer Börse SIX verzeichnet eine deutlich höhere Zahl an Neuemissionen als in Deutschland, insbesondere im Biotech- und Lifesciences-Sektor.[28] Wollen Sie raten, wie das Altersvorsorgesystem in der Schweiz funktioniert? Genau, ein hoher Anteil ist kapitalgedeckt.

Bislang haben wir vor allem den Aspekt des schieren Volumens der Pensionsfonds betrachtet. Ein weiterer Gesichtspunkt, der den Kapitalfluss in langfristigen Wohlstand generierende Anlageformen beeinflusst, sind die Regeln, denen solche Pensionsfonds unterliegen. Das Think Ahead Institute meldet für den Zeitraum von 2014 bis 2019 ein jährliches Fondswachstum in Nordamerika um durchschnittlich 5,2 Prozent gegenüber einem durchschnittlichen Wachstum der Fonds in Europa von nur 2,8 Prozent – kaum mehr als halb so viel.[29]

Diese Differenz lässt sich vielleicht auf die unterschiedlichen Märkte, ganz bestimmt aber auch auf die gewählte Anlagestrategie zurückführen, die sich im Rahmen der jeweiligen gesetzlichen Vorgaben bewegen muss. Und da schreibt in Deutschland die Anlagenverordnung (AnlV) seit 2015 vor: Börsengehandelte Aktien und Private Equity dürfen zusammen mit noch einigen weiteren als riskant eingestuften Anlageklassen insgesamt maximal eine Quote von 35 Prozent des verwalteten Vermögens einnehmen.[30] In der Praxis wird es vielfach ein Bruchteil davon sein. Erinnern Sie sich noch an CalPERS? Da waren die Zielquoten – nicht Maximalquoten – der Anlagestrategie auf 50 Prozent börsennotierte Aktien und 8 Prozent Private Equity, zusammen also 58 Prozent dieser für die Finanzierung von Innovation so wichtigen Anlageklassen, festgelegt.[31]

Fassen wir zusammen: Die größten Investoren anderswo sind nicht unbedingt Milliardäre, sondern Pensionsfonds, die mit einem Teil ihres verwalteten gigantischen Vermögens in risikobehaftete Unternehmen investieren. Sie verwalten kapitalgedeckte Pensionsansprüche von Leuten wie Ihnen und mir. Bei uns in Deutschland geht das nicht, weil wir ein umlagefinanziertes System haben: Was die einen einzahlen, wird gleich wieder an andere ausbezahlt.

John and Jane Doe in Kalifornien haben ihre Pensionsansprüche aufgrund eines höheren Anteils an Aktien und Private Equity in einer vermeintlich unsichereren Anlage gebunden als der Deutsche Michel mit seiner betrieblichen Altersvorsorge, dafür weist ihre Anlage aber auch wesentlich bessere Wachstumschancen auf. Das kalifornische innovative Start-up hat mehr verfügbares Kapital für mit Risiko behaftete Entwicklungen und bessere Exit-Chancen an größeren Kapitalmärkten. Und die amerikanische Gesellschaft erfreut sich an mehr Innovation und langfristig an mehr Wohlstand. Grund für das Hinterherhinken in Deutschland ist einerseits die schlicht geringere Menge an Geld, die in Deutschland für eine Finanzierung von Innovation zur Verfügung steht. Andererseits spielt auch die Anlagestrategie der Pensionsfonds beziehungsweise die allzu vorsichtige staatliche Regulierung derselben eine Rolle. Beides in Kombination trägt dazu bei, dass die Kapital- und Risikokapitalmärkte hierzulande eine dürre Steppe mit trockenem Gras darstellen.

Investment durch Privatanleger

Wenn wir alle schon nur in geringem Maße über die betriebliche Altersvorsorge im Aktienmarkt investiert sind, legen wir wenigstens privat Geld in Aktien oder Fonds an, um Innovation in unserem Land zu fördern? Können wir so die Lücke schließen, die unser Altersvorsorgesystem reißt? Leider nein, denn obwohl wir Deutschen viel Geld auf der hohen Kante haben, nutzen wir es nicht für Investments in Innovation fördernde Anlageformen wie Aktien und Private Equity.

Nennen wir den Durchschnittsdeutschen wieder Michel und stellen fest, dass ein jeder seiner Art – Säuglinge, Greise und alle

Geschlechter eingeschlossen – über fast 40 000 Euro an Barvermögen verfügt. Dagegen hat er nur knapp 18 000 Euro in Aktien, nicht börsennotierte Anlagen und Investmentfonds investiert. In der Republik liegen somit fast 3 Billionen oder 3 000 Milliarden Euro auf Giro- und Geldmarktkonten. Zum Vergleich: Die bundesdeutschen Staatsschulden beliefen sich 2020 auf etwa 2 Billionen Euro.

Dieses Bargeld der Deutschen kratzt sich am Bauch und schaut gelangweilt aus dem Fenster. Doch etwas Neues gibt es dort nicht zu entdecken, denn auf Giro- und Geldmarktkonten trägt unser Vermögen in keiner Weise zur Finanzierung von Innovation bei. Demgegenüber strampeln sich lediglich etwas über 1 400 Milliarden Euro der Deutschen in Aktienanlagen ab und hoffen darauf, dass es vorwärts geht. Diese Zahlen berichtete die Quartalsstatistik der Bundesbank, zur Umrechnung auf Pro-Kopf-Verhältnisse wurden 80 Millionen Bundesbürger angenommen.[32]

Nun kann es gute Gründe dafür geben, dass Geld auf Girokonten liegt. Vielleicht will man sich morgen ein neues Auto und auch noch ein Sofa kaufen und hat deshalb seine renditestarken Anlagen gestern liquidiert. Doch leider trifft das auf unseren Michel ganz bestimmt nicht zu. Wenn wir nur die Hälfte des Geldvermögens der Deutschen konsumieren würden, hätte das einen beispiellosen Wirtschaftsaufschwung zur Folge. Tatsächlich liegt das Geld einfach da und wartet. Von Quartal zu Quartal wird es mehr. Nicht etwa, weil die Rendite dieser Anlageform so überragend wäre, sondern weil wir Deutschen überschüssiges Geld lieber sparen.

Unsere relativ konservativ gestrickten Profianleger des CalPERS-Fonds in den USA stecken insgesamt 58 Prozent der ihnen anvertrauten Gelder in innovationsfördernde Anlagen, wie wir gesehen haben. Michel kommt auf rund 30 Prozent. Wären wir eine Nation von Aktienanlegern und würden nach den gleichen Maßgaben wie CalPERS investieren, flössen etwa 1,2 Billionen Euro mehr in den Kapitalmarkt. Das ist eine Menge Holz und entspricht einer Größenordnung in Höhe des Marktwerts des DAX oder in etwa der Hälfte der gesamten Schuldenlast der öffentlichen Hand in Deutschland, die Ende 2020 etwa 2,3 Billionen Euro betrug.

Schließen Sie einmal die Augen und stellen sich vor, dass diese gigantische Summe nur in Deutschland angelegt würde – in börsennotierte Unternehmen, Aktienfonds, Private-Equity-Fonds und zu einem kleinen Teil auch in Risikokapitalfonds.

Wenn Sie nun ganz still sind, hören Sie das Schnauben und Trappeln? Wenn mich nicht alles täuscht, sind das Einhörner.

Mit welcher Hebelkraft könnte der Staat hier tätig werden, wenn er Investitionen von Privatanlegern förderte, sofern diese in risikoreiche innovative Unternehmen investierten, oder in Fonds, die solche Investments verwalten!

Tatsächlich hat das Bundeswirtschaftsministerium ein Förderprogramm mit dem Namen INVEST gegründet, das Beteiligungskapital von Investoren, die natürliche Personen sind, mit 20 Prozent der investierten Beträge fördert. Bei erfolgreichem Exit wird ein weiterer Zuschuss von 25 Prozent gewährt, was in etwa die Abgeltungssteuer auf Kapitalerträge ausgleicht. Das Programm richtet sich an Business Angels, die mindestens 10 000 Euro in die Hand nehmen.

Was würden Sie nun erwarten: Gibt es Auflagen, welche die Wirkung dieses Instruments dämpfen? Aber ja. Das Unternehmen darf maximal sieben Jahre alt sein, als würde sich Innovation am Lebensalter festmachen. Darüber hinaus wurde das Förderrad auch hier nicht neu erfunden, denn das Unternehmen darf sich nicht in Schwierigkeiten befinden. Wer also bislang über Wandeldarlehen gefördert wurde, geht auch hier wieder leer aus; wir haben das bereits anhand unserer Diskussion über den Steueranreiz für Forschung und Entwicklung kennengelernt. Man fragt sich schon, warum der Staat dem Investor hier so wenig vertraut – warum sollte dieser 80 Prozent in den Wind schießen, um 20 Prozent Förderung zu ergattern?

Ist INVEST also ein Dampfhammer der Förderung? Eher nicht. Die Webseite des Bundeswirtschaftsministeriums gibt an, dass im Zeitraum zwischen Anfang 2013 und Ende 2020, also innerhalb von acht Jahren, 910 Millionen Euro an Wagniskapital mobilisiert worden seien.[33] Unterstellt man, dass keine Exit-Zuschüsse gezahlt worden sind, hätte dies den Staat 227,5 Millionen Euro an Zuschüssen gekostet – weniger als 40 Millionen Euro pro Jahr. Ist das die Lösung, welche die Finanzierung des nächsten großen Zukunftstechnologie ermöglicht? Wohl kaum. Ist es die Lösung, die Gelder im großen Stil von den Girokonten der Nation in den Kapital- oder Risikokapitalmarkt lockt? Eher auch nicht, denn das Unternehmen darf ja kein Risikokapitalfonds, sondern muss ein Start-up sein. Wer kennt schon ein oder gar mehrere Start-ups, in die er investieren will.

Deutschland gehört zu der Gruppe der europäischen Länder, in denen es noch keine Investitionssparkonten gibt. Laut einem Bericht der Europäischen Kommission aus dem Jahr 2019 wurden damals in zwölf Ländern spezielle Sparkonten für natürliche Personen angeboten, deren angespartes Geld bestimmten Investitionsbereichen zufließt. Besonders populär: Aktien. Obgleich die Wahl dieses Instruments schon ohne weitere Anreize Sinn ergibt, weil Aktienrenditen auf lange Sicht immer als attraktiver gelten als die Sparzinsen auf dem Geldmarktkonto oder gar dem Girokonto, fördern die einzelnen Staaten diese Sparform massiv. Wer in Aktien investiert, der bezahlt zum Beispiel weder beim Kauf noch beim Verkauf der Anlagen eine Steuer. Einem Bericht der Europäischen Kommission zufolge ist das Investitionssparen in Europa seit etwa zehn Jahren populär. Die Volumina, die dieser Sparform zufließen, sind in den meisten Ländern noch überschaubar und gesamtwirtschaftlich von untergeordneter Relevanz. Nicht so im Vereinigten Königreich. Dort gibt es das »Individual Savings Account« oder ISA genannte Instrument seit 1991. Man spart damit steuerfrei, im Jahr 2021 bis zu 20 000 Britische Pfund pro Kopf. »Steuerfrei« bedeutet: Der Sparer muss weder auf Zins- noch auf Kapitalerträge eine Steuer entrichten. Laut Bericht aus dem Jahr 2019 lag im Königreich der Gegenwert von 655 Milliarden Euro auf ISA-Konten.[34] Fairerweise muss man zugeben, dass steuerfreies ISA-Sparen auch mit Bargeld funktioniert. Wer aber denkt, die Briten hätten eine ähnliche Vorliebe für

Bargeld wie wir Deutschen, der täuscht sich. In der Berichtsperiode 2018 bis 2019 legten die Briten 54 Prozent ihres ISA-Sparvolumens – mehr als 350 Milliarden Euro – in »stocks and shares ISAs« an, also in Aktien und Anteile.[35] Das entsprach Ende 2020 etwa einem Drittel des DAX-Gesamtwerts.

Besonders elegant wäre die Einführung eines steuerfreien Aktiensparens in Deutschland aus Sicht der damit verbundenen Kosten für den Staat bei heutiger Renditelage im Geldmarkt. Die Zinsen auf das in Giro- und Geldmarktkonten gehortete Vermögen liegen bei null. Selbst wenn man also die gesamten knapp 3 Billionen Euro, die als faule Nichtsnutze auf deutschen Giro- oder Geldmarktkonten liegen, steuerfrei Aktien- und Anteilssparkonten wie in Großbritannien zuführen würde, läge der Verlust an Abgeltungssteuer, die der Staat zu verkraften hätte, aus heutiger Sicht ebenfalls bei null. Wo keine Renditen erzielt werden, da werden auch keine Steuern bezahlt. Und wo keine Steuern auf Geldvermögen bezahlt werden, da verliert der Staat auch nichts, wenn er Steuerfreiheit für das Aktiensparen gewährt. Worauf warten wir noch?

Regulatorischer Standort: Staatliche Aufsicht bremst und verteuert Innovation

Hätte man vor Beginn der Coronapandemie einem Fachmann für Medikamentenzulassung gesagt, man plane einen Impfstoff gegen ein Virus, das gerade erst entdeckt wurde, in weniger als einem oder zwei Jahren am Markt verfügbar zu machen, dann hätte dieser einen herzlich ausgelacht. Ein Geschäftsplan mit dieser Aussage wäre ohne weitere Beachtung in der Mülltonne gelandet. Völlig unrealistisch. Geradezu naiv. Finger weg von einem Management, das keine Ahnung von der Realität der Medikamentenentwicklung zu haben scheint. Angesichts der weiteren Entwicklungen im Verlauf der Coronakrise hatten dieselben Fachleute große Mühe, ihre Stielaugen wieder zurück in die Augenhöhlen zu drücken. Man konnte wirklich nur staunen angesichts dessen, was da plötzlich möglich war.

Beschränken wir uns hier auf die mRNA-Technologie. Sowohl das Team Pfizer/BioNTech als auch Moderna schafften es, im Dezember 2020 ihren Impfstoff mit vorläufigen Zulassungen an den Markt zu bringen. CureVac rechnete mit einer Zulassung im ersten Halbjahr 2021. Von der Veröffentlichung des genetischen Codes des Virus durch chinesische Forscher Anfang des Jahres 2020, die als Startschuss der Entwicklung gelten kann, bis zur Zulassung sind das gerade einmal knapp zwölf bis 18 Monate. Nur ein völlig unbedarfter Zeitgenosse wie der im Jahr 2020 amtierende US-amerikanische Präsident konnte hinsichtlich dieser Zeiträume fragen: »Wieso dauert das so lang?« Tatsächlich purzelte hier Weltrekord um Weltrekord in Sachen schneller Medikamentenentwicklung. Was die Öffentlichkeit sah, waren Unternehmen, die diese Höchstleistungen vermeldeten und sich damit feierten. Viel weniger sichtbar war hingegen die Arbeit der regulatorischen Behörden, die sich kaum jemals in der Vergangenheit so kooperativ, schnell und zielorientiert gaben.

Natürlich hatte diese Geschwindigkeit viele Antriebskräfte: viel öffentliches und privates Geld, Aufmerksamkeit der Politik und der Märkte für das alles beherrschende Thema der Pandemie, die große Angst der Menschen auf dem ganzen Globus vor Infektionen sowie vor einem Lockdown zur Verhinderung derselben. Und eine Reihe neuartiger Technologien, die diese Geschwindigkeit überhaupt erst ermöglichten, allen voran die mRNA-Technologie.

Doch regulatorische Behörden verhinderten im Jahr 2020 eben auch eine hohe Entwicklungsgeschwindigkeit nicht. Und das war neu. Angesichts der vielen durch andere Erkrankungen sterbenden Patienten fragt man sich, warum dies nur eine Ausnahme darstellte.

Im Alltag einer Zulassungsbehörde sind viele Verfahren, wie zum Beispiel die Genehmigung einer klinischen Studie, aber eben auch Zulassungsverfahren von Arzneimitteln genau reglementiert. So gibt es vorgegebene Zeitintervalle für an die Antragsteller gerichtete Antworten und Bescheide. Ein regulatorischer Berater für Arzneimittelentwicklung schätzte mir gegenüber den realistischerweise einzuplanenden Zeitrahmen für die Zulassung einer klinischen Studie auf zwei Monate. Da ein Medikament in drei aufeinanderfolgenden klinischen Studien der Phasen 1, 2 und 3 getestet werden muss, fallen hierfür schon einmal sechs Monate an, wenn alles gut läuft. Für den Antrag auf Marktzulassung müsse man bei der Europäischen Behörde für Arzneimittelzulassung (EMA) dann insgesamt neun Monate veranschlagen, wiederum im Idealfall.[36] Jede zusätzliche Rückfrage der Behörden stoppt die Uhr. Das Unternehmen muss nachbessern. Die Zeit, die hierfür benötigt wird, ist in der Kalkulation im Zweifel nicht enthalten. Die Antworten des Unternehmens liegen dann wiederum 14 bis 30 Tage bei den Behörden.

Hinzu kommen Tierversuchsanträge während der präklinischen Erprobung von Wirkstoffen. Andere Behörde, gleiches Prinzip: Auch hier können Genehmigungen viel Zeit in Anspruch nehmen, und drei Monate einzukalkulieren wäre auch für diese Phase der Entwicklung nicht verkehrt. Alles in allem ist es in der Arzneimittelentwicklung normal, dass die Schachuhr allein aufseiten der Behörden während der Prüfung von Anträgen 18 Monate oder länger tickt. Während dieser Zeit kann das Unternehmen keine Sekunde lang weiterentwickeln.

Nun aber ging plötzlich alles viel schneller.

Seitens CureVac wurde mir berichtet, dass ein präklinischer Versuchsantrag für die Corona-Impfstoffentwicklung vom zuständigen Regierungspräsidium innerhalb eines Tages positiv beschieden wurde. Eine kleine Sensation.

Die Zulassungsantrage von Pfizer/BioNTech und Moderna lagen Ende 2020 nur wenige Wochen zur Begutachtung bei den Behörden.

Rollierende Verfahren kamen zum Einsatz und sparten Zeit. Dabei werden abgeschlossene Kapitel von Anträgen anstelle des gesamten Antrags eingereicht. Diese können dann schon mal geprüft werden, was nach vollendeter Antragstellung Zeit spart.

Von Beurteilungsspielräumen in rechtlichen Vorgaben wurde nun offensichtlich reger Gebrauch gemacht, statt sich wie so häufig von Perfektionismus und Absicherungsmanie zu kleinlichen, oftmals formalen und gelegentlich auch ganz und gar unsinnigen Forderungen hinreißen zu lassen.

Im Jahr 2020 wurde deutlich, was eigentlich möglich ist. Und es ist ja nicht so, dass Menschen in unserem Land normalerweise nicht von Krankheiten dahingerafft würden. Innerhalb von zwölf Monaten sterben allein in Deutschland etwa 120 000 Menschen an koronaren Herzerkrankungen, 40 000 an Lungenkrebs, 25 000 an chronisch obstruktiven Atemwegserkrankungen sowie je etwa 20 000 an Demenz, Schlaganfall, Brustkrebs und Lungenentzündung.[37] Jede Medikamentenentwicklung gegen eine dieser Erkrankungen hätte im Grunde in Deutschland die gleiche Vorrangstellung verdient wie Entwicklungen von Behandlungen oder Impfstoffen gegen eine Infektion mit SARS-CoV-2, einer Erkrankung, an der im Jahr 2020 etwas über 30 000 Menschen in Deutschland starben. Fragen Sie mal die Entwickler von Behandlungen gegen die genannten Erkrankungen, ob schon einmal ihr gesetzlich vorgeschriebener Versuch mit einem Mausmodell innerhalb eines Tages bewilligt wurde. Oder ob der Zulassungsantrag binnen weniger Wochen beschieden werden konnte.

Für die Standortwahl ist es durchaus eine relevante Frage, ob diese Verfahren künftig schneller abgeschlossen werden. Vielleicht könnte man beispielsweise die Verantwortung für eine gesetzeskonforme Durchführung von Tierversuchen auf Unternehmen übertragen, ohne gänzlich auf Kontrollen zu verzichten. Vielleicht könnte die rollierende Behandlung von Anträgen zur Normalität werden, könnten verkürzte Verfahren verstärkt zum Einsatz kommen oder andere Erleichterungen in Kraft treten. In jedem Fall muss es schneller gehen als bisher.

Ein Blick auf einschlägige Studien zu diesem Thema offenbart die Gemütlichkeit, die Europa bei der Medikamentenzulassung an den Tag legt. Während die durchschnittliche Zeit für die Bewilligung eines Zulassungsantrags bei der Europäischen Aufsichtsbehörde EMA im Jahr 2015 422 Tage betrug, schaffte es die FDA in den USA in durchschnittlich 333 Tagen. Die britische Zulassungs- und Aufsichtsbehörde für Arzneimittel (MHRA) benötigte für denselben Vorgang sogar nur 230 Tage.[38]

Diese Zahlen spiegeln lediglich die Wartezeiten für die Marktzulassung wider. Bevor man den Antrag auf Marktzulassung stellt, sind alle klinischen Prüfungen und Tierversuche abgeschlossen – und zuvor beantragt worden. In Europa kommen also die oben geschätzten neun Monate für Tierversuche und klinische Versuche noch zu den 422 Tagen (laut zitierter Publikation) oder 270 Tagen (laut vorsichtig optimistischer Schätzung des regulatorischen Beraters) hinzu. Insgesamt beträgt die Liegezeit von Anträgen bei europäischen Behörden im Rahmen einer Arzneimittelentwicklung etwa 540 bis 690 Tage oder 1,5 bis fast zwei Jahre. Während dieser Zeit trommeln die Entwickler in den Unternehmen mit ihren Fingern auf der Schreibtischplatte und warten auf den Postboten. Wenn man klinische Forschung und Entwicklung in Deutschland und Europa fördern will, dann muss man an dieser Stellschraube drehen.

Apropos klinische Entwicklung in Europa: Auch auf europäischer Ebene wurde inzwischen erkannt, dass es wenig zielführend ist, bei multinationalen klinischen Versuchen die Zulassung derselben in jedem Land gesondert prüfen zu lassen. Im Jahr 2014 beschloss die EU folglich die Verordnung 536/2014, nach der dieses Verfahren europaweit vereinheitlicht werden sollte.

Bislang musste ein Unternehmen den Antrag für die Durchführung einer klinischen Studie bei den Behörden und Ethikkommissionen jedes beteiligten Landes getrennt einreichen. Jeweils mit eigenem Formular, womöglich in der Landessprache und je nach Land mit anderen beizufügenden Unterlagen. Jede Kritik am Studienplan in einem Land musste der Antragsteller dann wieder mit den anderen Ländern abstimmen. Alles war mit allen abzustimmen. Was für ein Aufwand, bis alle Behörden und Ethikkommissionen zufrieden waren. Übrigens rechnet auch jede Behörde ihre eigenen Gebühren für die Prüfung ab. Das vervielfacht die Gebühren je nach Anzahl der Studienländer.

Birgit Fischer vom Verband der forschenden Arzneimittelunternehmen freute sich angesichts der neuen EU-Verordnung in einem Interview: »Künftig wird für die EU pro Studie ein zentraler Antrag genügen. Dieser wird vom Pharma-Unternehmen über ein Onlineportal bei der europäischen Arzneimittelbehörde EMA eingereicht, zusammen mit einer Liste der EU-Länder, aus denen Kliniken oder Arztpraxen mitwirken sollen.«[39]

Im Jahr 2017 wurde die für 2018 beschlossene Implementierung der Verordnung 536/2014 auf 2019 verschoben, weil es an einer geeigneten Softwarelösung fehlte, um das 2014 beschlossene Verfahren umzusetzen. Im Jahr 2018 wurde der Termin erneut verschoben, auf das Jahr 2020 – mit derselben Begründung. Meines Wissens gibt es das zentrale Verfahren bis heute nicht. Wahrlich kein Ruhmesblatt.

Wer in den USA einen klinischen Versuch durchführen will, muss einen einzigen Antrag stellen. Nach Genehmigung kann er mit diesem einen Antrag nach Freiwilligen aus einem fast gleich großen Pool von Patienten suchen wie in Europa, wo 28 – pardon, seit 2021 nur noch 27 – Anträge zu stellen sind. Es ist nicht schwer einzusehen, dass klinische Forschung in den USA im Hinblick auf diesen vermeintlich leicht zu beeinflussenden Faktor attraktiver ist.

Während die Uhr bei Behörden tickt, verlieren innovative Gründungen und ihre Medikamentenentwicklungen an Wert. Die Laufzeit ihrer Patente verlängert sich nicht, während die Behörde die Zulassung prüft. Gleichzeitig kostet ein Unternehmen die Wartezeit Geld. Mitarbeiter müssen bezahlt werden; Miete, Geräte und so weiter verursachen laufende Kosten.

Es wäre für Patienten, Start-ups, Pharmafirmen und wegen der absehbaren positiven wirtschaftlichen Folgen letztendlich auch aus Sicht der ganzen Gesellschaft äußerst wünschenswert, dass Europa sich einen regulatorischen Standortvorteil herausarbeitet und damit Entwicklungen beschleunigt. Und zwar keineswegs nur für Indikationen, an denen jedes Jahr allein in Deutschland Zehntausende Menschen sterben.

Nachwort

Cheerio, Einhorn CureVac – es lebe das nächste Einhorn

Als am 14. August 2020 die Startglocke an der Nasdaq erklang, war dies das letzte Geläut für das schwäbische Impfstoffeinhorn CureVac. Denn mit dem Börsengang endet die Lebenszeit eines Einhorns. Spätestens mit dem »Going Public« gehört man zum Establishment. Investoren können ihre Anteile zu Geld machen und aussteigen, und in der Regel tun sie das auch. Dramatische Wertsteigerungen um den Faktor drei, fünf, zehn und mehr sind in vielen Fällen erst einmal passé. Stattdessen suchen sich die ehemaligen Investoren neu geschlüpfte Wunderpferde, deren Hunger nach Geld für Entwicklung sie stillen und die sie auf ihrem Weg zu Wachstum und Größe begleiten können. Ein Kreis schließt sich. Ob er sich auch in Deutschland schließt, das kann man bezweifeln.

CureVac ist in Tübingen an einem Ort aus dem Ei geschlüpft, wo die Voraussetzungen für einen großen Erfolg denkbar schlecht waren. Die Technologie wurde nicht verstanden. Es gab kein Biotop aus Pharma-Haudegen, mit allen Wassern gewaschenen ehemaligen Biotech-Gründern, Experten für bestimmte Entwicklungsthemen, erfahrenen Mitarbeitern für alle Unternehmensbereiche, Unternehmern und eben Investoren, vom Business Angel über Risikokapitalgesellschaften und Family Offices bis zum milliardenschweren Private-Equity-Investor. Diese Elemente des Biotops sind aber typischerweise erforderlich, um sich gemeinsam und gegenseitig so zu verstärken, dass Raketenstarts wie der von Moderna in Boston zustande kommen können.

Und ein solches Biotop folgt leider erst allmählich und zögerlich den oben diskutierten Standortfaktoren. Wenn wir erreichen wollen, dass sich ein Einhorn-Biotop aus solchen Wachstumsfaktoren entwickeln kann, dann müssen wir den Nährboden dafür bereiten. Wir müssen den Standort attraktiv machen und dann geduldig bleiben. Allem voran müssen wir dafür sorgen, dass sich Kapital in Deutschland und Europa wohlfühlt und in Innovation fördernde Anlageformen fließt. Solange die Standortbedingungen schlecht sind, wird sich kein Nährboden für innovative, disruptive oder transformative Technologien und nachhaltigen Wohlstand in Deutschland – oder anderswo – entwickeln.

Warum hat es CureVac dennoch geschafft? Da gab es zunächst einen Doktoranden mit der visionären Idee, Medikamente technologisch einmal ganz anders als bisher zu denken. Er wurde zum Gründer, der einen Ansatz reizvoll fand, den alle vor ihm als nicht praktikabel erachteten. Der sich zusammen mit seinem Gründerteam von nichts entmutigen ließ. Der unter prekären finanziellen Voraussetzungen und mit Unterstützung seitens der Eberhard-Karls-Universität, der Stadt Tübingen, des Landes Baden-Württemberg, der Forschungsförderung, der kommunalen Kreditwirtschaft, der Kreditanstalt für Wiederaufbau und eines kleinen unscheinbaren VC-Investors ohne Biotech-Erfahrung ein Unternehmen zum Laufen brachte. Dem es gelang, begeisterungsfähige Mitstreiter um sich zu versammeln, die die technologische Mission aufnahmen und mit knappem Geld vorantrieben.

Dann kam ein erfahrener und das Risiko nicht scheuender Biotech-Pionier, wurde auf die Sache aufmerksam, hielt sie für sensationell und machbar und ebnete den Weg zu einem Investor, der Entschlossenheit, Risikobereitschaft, tiefe Taschen und Geduld mitbrachte und neben der wirtschaftlichen auch eine ethische Vision besaß.

Das klingt eigentlich nach gar nicht so viel, oder? Visionäre Ideen, erfahrene und sogar anständige Geschäftsleute gibt es überall und in großer Zahl. Auch an Geld fehlt es nicht. Tatsächlich sind die

Zutaten so geläufig, dass in den letzten Jahren fast 500 Einhörner aus dieser Mixtur hervorgegangen sind. An Standorten, die ihrem Wachstum förderlich waren: in San Francisco, in Boston, in Hong Kong und in Shanghai. Auf einem technologischen wie wirtschaftlichen Inselchen wie Israel und unter den Skihängen und Almen in der Schweiz. Und ausnahmsweise auch einmal in Tübingen in der Wüste.

Danksagung

Die Entstehung dieses Buches wurde durch eine Vielzahl von Menschen unterstützt, denen ich an dieser Stelle ausdrücklich danken möchte.

Den Weg von der Idee zum Buch hat Susanne Armbruster begleitet, die meinen anfänglichen Hilferuf und meine fortwährenden Zweifel auf sehr ermutigende Weise mit kompetentem Rat und Aufmunterung beantwortet hat. Ich weiß nicht, wo es ohne ihre Hilfe geendet hätte. Herzlichen Dank!

Dass auch bisweilen kontroverse inhaltliche Auseinandersetzung zu fruchtbaren Ergebnissen führen kann, zeigte die Zusammenarbeit mit dem Campus Verlag, allen voran Programmmacherin Waltraud Berz. Danke für den Mut, einem Rookie eine Chance zu geben! Und danke für die umfassende Unterstützung, sei es in rechtlichen Fragen durch Sarah Klein über akribisches Lektorat mit zahllosen souveränen Formulierungsvorschlägen durch Jan W. Haas bis hin zur Umsetzung meiner etwas hilflosen Skizzen in gefällige Abbildungen durch Alexander Hofmann.

Viele ehemalige Kollegen und Weggefährten bei CureVac haben Inhalte beigesteuert, die dem Buch mit zahlreichen detaillierten Informationen, aber auch mit Anekdoten und Zitaten Leben eingehaucht haben. Die meisten sind als Protagonisten im Buch erkennbar: In etwa in der Reihenfolge ihres Auftretens im Text waren dies Ingmar Hoerr, Florian von der Mülbe, Steve Pascolo, Professor Günther Jung, Professor Hans-Georg Rammensee, Götz Hoyer, Sven Riethmueller, Friedrich von Bohlen, Chris Tanner und Mariola Fotin-Mleczek. Einige andere werden nicht namentlich erwähnt, haben aber dennoch wesentlich zum Inhalt beigetragen. So war beispielsweise Anita Buck bereit, das Thema Patente mit mir zu besprechen. Thorsten Mutzke wiederum hat mir vor Jahren das Bild vom Kochbuch und der Rezeptkopie für DNA und RNA geschildert, das ich mir erlaubt habe, für das Buch noch ein wenig auszubauen. Allen, die wissentlich oder unwissentlich zum Inhalt beigetragen haben, meinen herzlichen Dank!

Dass ich ein Fan von Dietmar Hopps Art und Weise bin, mit seinem großen Vermögen umzugehen, wird im Buch deutlich. Auch ihm vielen Dank für den herzlichen Austausch und die daraus hervorgegangenen Inhalte.

Fachliche Unterstützung bei der Ausarbeitung des Standortkapitels habe ich von sehr unterschiedlicher Seite erhalten. Aus dem Kreis enger Freunde half mir beispielsweise Andreas Mayr mit Rentabilitätsabschätzungen. Michael Burnet wies mich überhaupt erst auf das Thema Altersvorsorge hin. Aber auch Götz Hoyer, mit dem ich viele Jahre nicht gesprochen hatte, oder Menschen wie Frédéric Bouquet oder Norbert Kuhn, die ich erst vor Kurzem auf das Thema ansprach, diskutierten bereitwillig über die vielen Gründe dafür, dass wenig Kapital zur Finanzierung disruptiver Erfindungen in unserem Land zu finden ist.

Besonderen Dank schulde ich den Testlesern, die das ganze Manuskript durchgearbeitet und mit hilfreichem Feedback zum Ergebnis beigetragen haben. Besonders hervorheben möchte ich Susanne Armbruster, Andreas Mayr, Michael Läufer, Florian von der Mülbe und Roland Mirow.

Last but not least gilt ein ganz besonders liebevoller Dank meiner Familie, die mich in den Monaten des Recherchierens und Schreibens ausgehalten hat, auch wenn ich bisweilen abwesend oder übernächtigt war.

Anmerkungen

Einleitung: CureVac – ein deutsches Einhorn

1 Hurun Research Institute, »Hurun Global Unicorn List 2019«, Oktober 2019, https://www.hurun.net/en-US/Info/Detail?num=A38B8285034B (abgerufen am 25.06.2020)

1 CureVacs Anfänge: Von der Doktorarbeit zur Unternehmensgründung

1 »Gentherapie: Nach erstem Todesfall müssen ›alle Fakten auf den Tisch‹«, *Deutsches Ärzteblatt*, 05.11.1999, https://www.aerzteblatt.de/archiv/19705/Gentherapie-Nach-erstem-Todesfall-muessen-alle-Fakten-auf-den-Tisch (abgerufen am 16.06.2020)
2 Boczkowski, D., Nair, S.K., Snyder, D., Gilboa, E., »Dendritic cells pulsed with RNA are potent antigen-presenting cells in vitro and in vivo«, in: *J Exp Med* 1996, 184(2), S. 465–472, doi:10.1084/jem.184.2.465
3 Ebd.
4 Hoerr, I., »Motivation oder der Kampf mit RNA«, unveröffentlichter Brief an Friedrich von Bohlen, 08.11.2004
5 Ebd.
6 Ebd.
7 »Nobelpreis: Curevac-Gründer Ingmar Hoerr ist nominiert«, *Schwäbisches Tagblatt*, 10.02.2021, https://www.tagblatt.de/Nachrichten/Nobelpreis-Curevac-Gruender-Ingmar-Hoerr-ist-nominiert-489506.html (abgerufen am 01.03.2021)

8 Gurdon, J. B., Lane, C. D., Woodland, H. R., Marbaix, G., »Use of frog eggs and oocytes for the study of messenger RNA and its translation in living cells«, in: *Nature* 1971, 233(5316), S. 177–182, doi:10.1038/233177a0

9 Malone, R. W., Felgner, P. L., Verma, I. M., »Cationic liposome-mediated RNA transfection«, in: *Proc Natl Acad Sci USA* 1989, 86(16), S. 6077–6081, doi:10.1073/pnas.86.16.6077

10 Wolff, J. A., Malone, R. W., Williams, P., et al., »Direct gene transfer into mouse muscle in vivo«, in: *Science* 1990, 247(4949 Pt 1), S. 1465–1468, doi:10.1126/science.1690918

11 Jirikowski, G. F., Sanna, P. P., Maciejewski-Lenoir, D., Bloom, F. E., »Reversal of diabetes insipidus in Brattleboro rats: intrahypothalamic injection of vasopressin mRNA«, in: *Science* 1992, 255(5047), S. 996–998, doi:10.1126/science.1546298

12 Martinon, F., Krishnan, S., Lenzen, G., et al., »Induction of virus-specific cytotoxic T lymphocytes in vivo by liposome-entrapped mRNA«, in: *Eur J Immunol* 1993, 23(7), S. 1719–1722, doi:10.1002/eji.1830230749

13 Hoerr, I., »A successful founder off the beaten path«, in: *Nat Biotechnol* 2017, 35(10), S. 900–903, doi:10.1038/nbt.3975

14 Eisenach, C., »Corona-Impfstoff: Immunologe testet im Selbstversuch«, *NZZ am Sonntag*, 08.08.2020, https://nzzas.nzz.ch/wissen/corona-impfstoff-immunologe-testet-im-selbstversuch-ld.1570273 (abgerufen am 10.12.2020)

15 Ebd.

2 Die schwierige Suche nach Geld für Forschung und Entwicklung

1 Behm, M., »Haste mal 'ne Million?«, *ZEIT online*, 27.05.2004, https://www.zeit.de/2004/23/I-Venture_Capital/seite-2 (abgerufen am 18.06.2020)

2 Weinkopf, R., »Dietmar Hopp ist neuer Aktionär von Leonardo Venture«, *Mannheimer Morgen online*, 10.01.2006

3 Garde, D., Saltzman, J., »The story of mRNA: How a once-dismissed idea became a leading technology in the Covid vaccine race«, *STAT*, 10.11.2020, https://www.statnews.com/2020/11/10/the-story-of-mrna-

how-a-once-dismissed-idea-became-a-leading-technology-in-the-covid-vaccine-race (abgerufen am 20.01.2021)
4 »Rund ums Tübinger Schimpfeck«, *Tübinger Wochenblatt*, 10.04.2003, S. 2.
5 »Größeres Defizit wegen leerer Labors«, *Schwäbisches Tagblatt*, 24.07.2003, S. 21.
6 Hoerr, I., »Motivation oder der Kampf mit RNA«, unveröffentlichter Brief an Friedrich von Bohlen, 08.11.2004.
7 Müller, E., Noé, M., »Dietmar Hopp – Hopp und Ex? Das Biotech-Cluster des SAP-Mitgründers«, *manager magazin*, 08.11.2017, https://www.manager-magazin.de/magazin/artikel/biotech-dietmar-hopps-dievini-hopp-biotech-holding-a-1174600.html (abgerufen am 06.10.2020)
8 »Lion Bioscience: Ausgebrüllt«, *manager magazin*, 15.12.2003, https://www.manager-magazin.de/unternehmen/karriere/a-278376.html (abgerufen am 16.06.2020)
9 Hofmann, S., Brors, P., »Interview: Dietmar Hopp glaubt an seine Biotechs: ›Wir werden unseren Einsatz verdreifachen‹«, *Handelsblatt*, 05.12.2018, https://www.handelsblatt.com/unternehmen/industrie/interview-dietmar-hopp-glaubt-an-seine-biotechs-wir-werden-unseren-einsatz-verdreifachen/23719548.html (abgerufen am 04.07.2020)
10 Müller, E., Noé, M., »Dietmar Hopp – Hopp und Ex? Das Biotech-Cluster des SAP-Mitgründers«, *manager magazin*, 08.11.2017, https://www.manager-magazin.de/magazin/artikel/biotech-dietmar-hopps-dievini-hopp-biotech-holding-a-1174600.html (abgerufen am 06.10.2020)
11 Palan, D., »Dietmar Hopp – Der zweite Coup«, *manager magazin*, 16.10.2020, https://www.manager-magazin.de/unternehmen/curevac-der-zweite-coup-des-dietmar-hopp-nach-sap-a-00000000-0002-0001-0000-000173293408 (abgerufen am 24.10.2020)
12 Giving Pledge, »About – The Giving Pledge«, https://givingpledge.org/About.aspx (abgerufen am 11.11.2020)

3 Wachstum mit Investoren aller Couleur und CureVacs Börsengang

1 Gates SIF, »Strategic Investment Fund of the Bill and Melinda Gates Foundation«, 2020, https://sif.gatesfoundation.org/ (abgerufen am 17.04.2020)

2 Smolka, K. M., »Biotechgesellschaft Curevac: Gates steigt in deutsche Arzneiforschung ein«, *FAZ.net*, 06.03.2015, https://www.faz.net/1.3467924 (abgerufen am 24.08.2020)

3 Flaig, I., »Biotech-Unternehmen Curevac: Warum Bill Gates in Tübingen investiert«, *Stuttgarter Nachrichten*, 27.03.2015, https://www.stuttgarter-nachrichten.de/inhalt.biotech-unternehmen-curevac-warum-bill-gates-in-tuebingen-investiert.378f15d1-45fb-4d79-b04b-10bd64eea5de.html (abgerufen am 18.06.2020)

4 Bill and Melinda Gates Foundation, »CureVac Collaboration«, Januar 2015, https://www.gatesfoundation.org/Media-Center/Press-Releases/2015/03/CureVac-Collaboration (abgerufen am 18.06.2020)

5 Baillie Gifford, »Our Story«, https://www.bailliegifford.com/en/uk/about-us/our-story/ (abgerufen am 25.10.2020)

6 Baillie Gifford, »Long-term Active Asset & Investment Trust Manager«, https://www.bailliegifford.com/en/uk/about-us/ (abgerufen am 24.10.2020)

7 CureVac, »Lilly und CureVac entwickeln gemeinsam mRNA-Krebsimmuntherapien«, 17.10.2017, https://www.curevac.com/2017/10/17/lilly-und-curevac-entwickeln-gemeinsam-mrna-krebsimmunthe rapien/ (abgerufen am 14.07.2020)

8 CureVac, »Genmab und CureVac gehen strategische Partnerschaft zur Entwicklung von mRNA-basierten Antikörper-Therapeutika ein«, 19.12.2019, https://www.curevac.com/news/genmab-and-cure vac-enter-strategic-partnership-to-develop-mrna-based-antibody-therapeutics (abgerufen am 14.07.2020)

9 Altmaier, P., Hopp, D., Haas, F.-W., »Peter Altmaier und Dietmar Hopp verkünden die Beteiligung der Bundesregierung an CureVac«, Bundesministerium für Wirtschaft und Energie, 15.06.2020, https://www.bmwi.de/Redaktion/DE/Videos/2020/20200615-mitschnitt-pressestatement.html (abgerufen am 24.06.2020)

10 Ebd.

11 Ebd.

12 Ebd.

13 »Trump Meets with Coronavirus Task Force and Pharma Execs as Death Toll Increases in U. S.«, *CBSN*, 2020, https://www.youtube.com/watch?v=LJ--faf-IwU (abgerufen am 10.09.2020)

14 CureVac, »CureVac mit Neuigkeiten zum Vorstand«, 16.03.2020, https://www.curevac.com/2020/03/16/curevac-mit-neuigkeiten-zum-vorstand/ (abgerufen am 19.12.2020)

15 CureVac, »CureVac ernennt Dr. Franz-Werner Haas zum Chief Executive Officer, Dr. Igor Splawski wird Chief Scientific Officer«, 04.08.2020, https://www.curevac.com/2020/08/04/curevac-ernennt-dr-franz-werner-haas-zum-chief-executive-officer-dr-igor-splawski-wird-chief-scientific-officer/ (abgerufen am 23.12.2020)

16 Karberg, S., »Niemand glaubte an seine Idee: Dieser Mann hat den Corona-Impfstoff erst möglich gemacht«, *Der Tagesspiegel*, 10.11.2020, https://plus.tagesspiegel.de/gesellschaft/niemand-glaubte-an-seine-idee-dieser-mann-hat-den-corona-impfstoff-erst-moeglich-gemacht-67601.html (abgerufen am 20.11.2020)

17 Dostert, E., »Die Genesung«, *Süddeutsche Zeitung*, 24.12.2020, https://www.sueddeutsche.de/wirtschaft/curevac-corona-ingmar-hoerr-1.5156925 (abgerufen am 26.12.2020)

18 Dams, J., »Donald Trump greift nach deutscher Impfstoff-Firma«, *WELT*, 15.03.2020, https://www.welt.de/wirtschaft/article206555143/Corona-USA-will-Zugriff-auf-deutsche-Impfstoff-Firma.html (abgerufen am 10.09.2020)

19 CureVac, »To make it clear again on coronavirus«, Twitter-Meldung, 16.03.2020, https://twitter.com/CureVacAG/status/1239535638359281664 (abgerufen am 03.07.2020)

20 Caliskan, M., »Curevac stellt klar: Nie Angebot von Trump erhalten«, *Mannheimer Morgen*, 16.03.2020, https://www.morgenweb.de/mannheimer-morgen_artikel,-coronavirus-curevac-stellt-klar-nie-angebot-von-trump-erhalten-_arid,1618522.html (abgerufen am 10.09.2020)

21 Rzepka, D., »Corona-Medikament: Spahn: Impfstoff wird für ganze Welt entwickelt«, *ZDF*, 15.03.2020, https://www.zdf.de/uri/abc96905-e519-4ef7-9159-0be49614daab (abgerufen am 11.11.2020)

22 »Deutschland steht nicht zum Verkauf«, Bericht aus Berlin, *tages-*

schau.de, 15.03.2020 https://www.tagesschau.de/multimedia/sendung/bab/bab-4895.html (abgerufen am 11.11.2020)

23 »Bund steigt bei CureVac ein – Impfstoff wäre Blockbuster«, *Deutsche Welle*, 15.06.2020, https://www.dw.com/de/bund-steigt-bei-curevac-ein-impfstoff-w%C3%A4re-blockbuster/a-53811064 (abgerufen am 10.09.2020)

24 »Bund steigt bei Corona-Impfstoff-Entwickler Curevac ein«, *WELT*, 15.06.2020, https://www.welt.de/newsticker/dpa_nt/infoline_nt/wirtschaft_nt/article209594201/Bund-steigt-bei-Corona-Impfstoff-Entwickler-Curevac-ein.html. (abgerufen am 10.09.2020)

25 »Bayaz begrüßt staatliche Beteiligung – trotz Risiken«, *Mannheimer Morgen*, 17.06.2020, https://www.morgenweb.de/schwetzinger-zeitung_artikel,-schwetzingen-bayaz-begruesst-staatliche-beteiligung-trotz-risiken-_arid,1651532.html (abgerufen am 11.09.2020)

26 »Curevac-Beteiligung: Warum der Staat bei der Biotech-Firma einsteigt«, *Handelsblatt*, 16.06.2020, https://orange.handelsblatt.com/artikel/67089 (abgerufen am 11.09.2020)

27 McGinley, L., Abutaleb, Y., Dawsey, J., Johnson, C. Y., »Inside Trump's pressure campaign on federal scientists over a covid-19 treatment«, *Washington Post*, 30.08.2020, https://www.washingtonpost.com/health/convalescent-plasma-treatment-covid19-fda/2020/08/29/e39a75ec-e935-11ea-bc79-834454439a44_story.html (abgerufen am 11.09.2020)

28 Lapid, N., »Beyond politics, gold-standard COVID-19 trials test malaria drug taken by Trump«, *Reuters*, 22.05.2020, https://www.reuters.com/article/us-health-coronavirus-hydroxychloroquine-idUSKBN22Y2R3 (abgerufen am 11.09.2020)

29 Nakamura, D., »›Maybe I have a natural ability‹: Trump plays medical expert on coronavirus by second-guessing the professionals«, *Washington Post*, 07.03.2020, https://www.washingtonpost.com/politics/maybe-i-have-a-natural-ability-trump-plays-medical-expert-on-coronavirus-by-second-guessing-the-professionals/2020/03/06/3ee0574c-5ffb-11ea-9055-5fa12981bbbf_story.html (abgerufen am 11.09.2020)

30 »Trump suggests injecting disinfectant to fight coronavirus«, *Sky News*, 24.04.2020, https://www.youtube.com/watch?v=MMAT3B4nDpU (abgerufen am 11.11.2020)

31 Blake, A., »Trump injects himself into the vaccine approval process – yet again«, *Washington Post*, 11.12.2020, https://www.washingtonpost.com/politics/2020/12/11/trump-injects-politics-into-vaccine-again-most-inopportune-time/ (abgerufen am 15.12.2020)

32 Sagonowsky, E., »FDA will require 50% efficacy for COVID-19 vaccines, WSJ says. How high is that bar?«, FiercePharma, 30.06.2020, https://www.fiercepharma.com/vaccines/fda-to-require-at-least-50-efficacy-for-covid-19-vaccines-wsj (abgerufen am 01.07.2020)

33 Kaplan, S., Thomas, K., »Two P.R. Experts at F.D.A. Have Been Ousted After Blood Plasma Fiasco«, *The New York Times*, 28.08.2020, https://www.nytimes.com/2020/08/28/health/blood-plasma-fda.html (abgerufen am 05.10.2020)

34 Thomas, K., »9 Drug Companies Pledge to ›Stand With Science‹ on Coronavirus Vaccines«, *The New York Times*, 08.09.2020, https://www.nytimes.com/2020/09/08/health/9-drug-companies-pledge-coronavirus-vaccine.html (abgerufen am 19.09.2020)

35 Gehr, S., »Beteiligung birgt potenzielle Gefahr«, *Mannheimer Morgen*, 16.06.2020, https://www.morgenweb.de/mannheimer-morgen_artikel,-wirtschaft-beteiligung-birgt-potenzielle-gefahr-_arid,1650989.html (abgerufen am 12.11.2020)

36 »Monopolkommission für schnellen Ausstieg des Staates bei Curevac«, *Reuters*, 17.08.2020, https://de.reuters.com/article/deutschland-curevac-monopolkommission-idDEKCN25D0E7 (abgerufen am 12.11.2020)

37 Waschinski, G., »Ohne Exit-Strategie: Der Staatseinstieg bei Curevac ist ein Problem«, *Handelsblatt*, 16.06.2020, https://www.handelsblatt.com/meinung/kommentare/kommentar-ohne-exit-strategie-der-staatseinstieg-bei-curevac-ist-ein-problem/25921642.html (abgerufen am 11.09.2020)

38 Ettel, A., »Curevac: Ökonomen kritisieren Einstieg des Staates«, *WELT*, 21.06.2020, https://www.welt.de/wirtschaft/article210020733/Curevac-Oekonomen-kritisieren-Einstieg-des-Staates.html (abgerufen am 11.09.2020)

39 Moderna, Inc., »Moderna Announces Award from U.S. Government Agency BARDA for up to $483 Million to Accelerate Development of mRNA Vaccine (mRNA-1273) Against Novel Coronavirus«, 16.04.2020, https://investors.modernatx.com/news-releases/news-

release-details/moderna-announces-award-us-government-agency-barda-483-million/ (abgerufen am 26.07.2020)
40 Moderna, Inc., »Moderna Announces Expansion of BARDA Agreement to Support Larger Phase 3 Program for Vaccine (mRNA-1273) Against COVID-19«, 26.07.2020, https://investors.modernatx.com/news-releases/news-release-details/moderna-announces-expansion-barda-agreement-support-larger-phase/ (abgerufen am 26.07.2020)
41 »Curevac im Fokus: Impfstoffhoffnung sorgt für Feuer unter dem Kessel«, *Börsen-Zeitung*, 24.08.2020, https://m.boersen-zeitung.de/dpa-meldung/2020-08-24/1319739/curevac-im-fokus-impfstoffhoffnung-sorgt-fuer-feuer-unter-dem-kessel (abgerufen am 14.09.2020)
42 »Bund steigt bei Corona-Impfstoff-Entwickler Curevac ein«, *WELT*, 15.06.2020, https://www.welt.de/newsticker/dpa_nt/infoline_nt/wirtschaft_nt/article209594201/Bund-steigt-bei-Corona-Impfstoff-Entwickler-Curevac-ein.html (abgerufen am 10.09.2020)
43 »Curevac Börsengang: Termin offenbar im Herbst«, *Süddeutsche*, 20.7.2020, https://www.sueddeutsche.de/wirtschaft/curevac-boersengang-termin-1.4972726 (abgerufen am 20.07.2020)
44 Preuß, S., »Curevac an die Nasdaq: Börsengang mit Impfstoff-Bonus«, *FAZ.net*, 10.08.2020, https://www.faz.net/1.6898570 (abgerufen am 14.09.2020)
45 Brors, P., Hofmann, S., »Der Risikoinvestor: Dietmar Hopp will mit Curevac ›Rennen um besten Impfstoff gewinnen‹«, *Handelsblatt*, 04.09.2020, https://www.handelsblatt.com/unternehmen/management/der-risikoinvestor-dietmar-hopp-will-mit-curevac-rennen-um-besten-impfstoff-gewinnen/26154156.html (abgerufen am 11.09.2020)
46 Ebd.
47 »Curevac im Fokus: Impfstoffhoffnung sorgt für Feuer unter dem Kessel«, *Börsen-Zeitung*, 24.08.2020, https://m.boersen-zeitung.de/dpa-meldung/2020-08-24/1319739/curevac-im-fokus-impfstoffhoffnung-sorgt-fuer-feuer-unter-dem-kessel (abgerufen am 14.09.2020)
48 CureVac, »CureVac kündigt die vollständige Ausübung der Option der Zeichner zum Kauf weiterer Stammaktien an«, 04.02.2021, https://www.curevac.com/2021/02/04/curevac-kuendigt-die-vollstaendige-ausuebung-der-option-der-zeichner-zum-kauf-weiterer-stammaktien-an/ (abgerufen am 28.02.2021)

4 Die Grundlage der CureVac-Technologie: mRNA

1 Dambeck, H., »Genvergleich: Schimpanse und Mensch fast identisch«, *SPIEGEL Online*, 31.08.2005, https://www.spiegel.de/wissenschaft/natur/genvergleich-schimpanse-und-mensch-fast-identisch-a-372341.html (abgerufen am 11.09.2020)
2 Thess, A., Grund, S., Mui, B. L., et al., »Sequence-engineered mRNA Without Chemical Nucleoside Modifications Enables an Effective Protein Therapy in Large Animals«, in: *Mol Ther J Am Soc Gene Ther* 2015, 23(9), S. 1456–64, doi:10.1038/mt.2015.103
3 Alberts, B., Johnson, A., Lewis, J., Raff, M., Roberts, K., Walter, P., »The Shape and Structure of Proteins«, in: *Molecular Biology of the Cell*, 4. Aufl., New York, 2002, https://www.ncbi.nlm.nih.gov/books/NBK26830/ (abgerufen am 06.07.2020)
4 Wilhelm, M., Schlegl, J., Hahne, H., et al., »Mass-spectrometry-based draft of the human proteome«, in: *Nature* 2014, 509(7502), S. 582–587, doi:10.1038/nature13319

5 CureVacs Technologie: ein natürliches Molekül verbessern

1 Schlake, T., Thess, A., Fotin-Mleczek, M., Kallen, K.-J., »Developing mRNA-vaccine technologies«, in: *RNA Biol* 2012, 9(11), S. 1319–1330, doi:10.4161/rna.22269
2 Ketterer, T. D., Mülbe, F. von der, Mutzke, T., Reidel, L., »Verfahren zur Reinigung von RNA im präparativen Maßstab mittels HPLC«, Google Patents, 26.06.2008, https://patents.google.com/patent/DE102006061015A1/en?oq=curevac (abgerufen am 07.07.2020)
3 Karikó, K., Muramatsu, H., Ludwig, J., Weissman, D., »Generating the optimal mRNA for therapy: HPLC purification eliminates immune activation and improves translation of nucleoside-modified, protein-encoding mRNA«, in: *Nucleic Acids Res* 2011, 39(21), S. e142, doi:10.1093/nar/gkr695
4 Kudla, G., Lipinski, L., Caffin, F., Helwak, A., Zylicz, M., »High Guanine and Cytosine Content Increases mRNA Levels in Mammalian Cells«, in: *PLoS Biol* 2006, 4(6), doi:10.1371/journal.pbio.0040180

5 Hanson, G., Coller, J., »Codon optimality, bias and usage in translation and mRNA decay«, in: *Nat Rev Mol Cell Biol* 2018, 19(1), S. 20–30, doi:10.1038/nrm.2017.91
6 Rodnina, M. V., »The ribosome in action: Tuning of translational efficiency and protein folding«, in: *Protein Sci Publ Protein Soc* 2016, 25(8), S. 1390–1406, doi:10.1002/pro.2950
7 Galloway, A., Cowling, V. H., »mRNA cap regulation in mammalian cell function and fate«, in: *Biochim Biophys Acta BBA – Gene Regul Mech* 2019, 1862(3), S. 270–279, doi:10.1016/j.bbagrm.2018.09.011
8 Jena Bioscience, »Cap Analogs – Enhance mRNA stability and translation efficiency«, 13.07.2020, https://www.jenabioscience.com/nucleotides-nucleosides/nucleotides-by-application/on-rna/5-capping?gclid=CjwKCAjwjLD4BRAiEiwAg5NBFlQHwtRyJO_zTPuTQ-0Uk0OPPGXVmWP7mDD2osGbvhsns3F5af51NRoCZ-MQAvD_BwE (abgerufen am 13.07.2020)
9 Baumhof, P., »Method for increasing expression of RNA-encoded proteins«, Google Patents, 29.06.2016, https://patents.google.com/patent/EP3036330A1/en?oq=EP3036330A1 (abgerufen am 13.07.2020)
10 Mayr, C., »What Are 3' UTRs Doing?«, in: *Cold Spring Harb Perspect Biol* 2019, 11(10), S. a034728, doi:10.1101/cshperspect.a034728
11 Schlake, T., Thess, A., Fotin-Mleczek, M., Kallen, K.-J., »Developing mRNA-vaccine technologies«, in: *RNA Biol* 2012, 9(11), S. 1319–1330, doi:10.4161/rna.22269
12 Kowalski, P. S., Rudra, A., Miao, L., Anderson, D. G., »Delivering the Messenger: Advances in Technologies for Therapeutic mRNA Delivery«, in: *Mol Ther* 2019, 27(4), S. 710–728, doi:10.1016/j.ymthe.2019.02.012
13 Sahay, G., Querbes, W., Alabi, C., et al., »Efficiency of siRNA delivery by lipid nanoparticles is limited by endocytic recycling«, in: *Nat Biotechnol* 2013, 31(7), S. 653–658, doi:10.1038/nbt.2614
14 Arcturus Therapeutics, »Proprietary Technologies«, https://arcturusrx.com/proprietary-technologies/ (abgerufen am 06.07.2020)
15 Acuitas Thearpeutics, »About Our Technology«, 2020, https://acuitastx.com/technology/, (abgerufen am 07.07.2020)

6 Schlüssel-Know-how: Die Herstellung von mRNA

1 Moderna, Inc., »Moderna Ships mRNA Vaccine Against Novel Coronavirus (mRNA-1273) for Phase 1 Study«, 24.02.2020, https://investors.modernatx.com/news-releases/news-release-details/moderna-ships-mrna-vaccine-against-novel-coronavirus-mrna-1273/ (abgerufen am 27.06.2020)

2 Elton, C., »The Untold Story of Moderna's Race for a COVID-19 Vaccine«, *Boston Magazine*, 04.06.2020 https://www.bostonmagazine.com/health/2020/06/04/moderna-coronavirus-vaccine/ (abgerufen am 06.10.2020)

3 Blankenship, K., »Pfizer, Moderna's coronavirus shot rollouts could freeze up, experts say, citing cold-storage needs«, FiercePharma, 28.08.2020 https://www.fiercepharma.com/manufacturing/pfizer-moderna-s-covid-19-shot-rollouts-could-be-ice-as-analysts-question-cold (abgerufen am 06.10.2020)

4 Stitz, L., Vogel, A., Schnee, M., et al., »A thermostable messenger RNA based vaccine against rabies«, in: *PLoS Negl Trop Dis* 2017, 11(12), doi:10.1371/journal.pntd.0006108

5 Groß, J., »CureVac-Chefin Fotin-Mleczek: ›Enorme Erwartungshaltung‹«, *finanzen.net*, 05.10.2020, https://www.finanzen.net/nachricht/aktien/curevac-macht-tempo-curevac-chefin-fotin-mleczek-34-enorme-erwartungshaltung-34-9306717, (abgerufen am 06.10.2020)

6 CureVac, »CureVacs COVID-19-Impfstoffkandidat CVnCoV für Logistik bei Kühlschranktemperatur geeignet«, 12.11.2020, https://www.curevac.com/2020/11/12/curevacs-covid-19-impfstoffkandidat-cvncov-fuer-logistik-bei-kuehlschranktemperatur-geeignet/ (abgerufen am 17.11.2020)

7 CureVac, »CureVac erhält von deutschen und belgischen Zulassungsbehörden grünes Licht zum Start der klinischen Phase 1 mit seinem SARS-CoV-2 Impfstoffkandidaten«, 17.06.2020, https://www.curevac.com/2020/06/17/curevac-erhaelt-von-deutschen-und-belgischen-zulassungsbehoerden-gruenes-licht-zum-start-der-klinischen-phase-1-mit-seinem-sars-cov-2-impfstoffkandidaten/ (abgerufen am 27.06.2020)

8 CureVac, »CureVac-CEO Daniel Menichella berät mit US-Präsident Donald Trump und Mitgliedern der Corona Task Force Entwick-

lungsmöglichkeiten eines Coronavirus-Impfstoffes«, 03.03.2020, https://www.curevac.com/2020/03/03/curevac-ceo-daniel-menichella-beraet-mit-us-praesident-donald-trump-und-mitgliedern-der-corona-task-force-entwicklungsmoeglichkeiten-eines-coronavirus-impfstoffes/ (abgerufen am 27.06.2020)
9 CureVac, »CEPI vergibt einen Vertrag über 34 Millionen US-Dollar an CureVac zur weiteren Entwicklung des The RNA Printer™ – eine disruptive transportable Plattform zur Herstellung von mRNA-Impfstoffen für die schnelle Bekämpfung zahlreicher Krankheiten«, 27.02.2019, https://www.curevac.com/2019/02/27/cepi-vergibt-einen-vertrag-ueber-34-millionen-us-dollar-an-curevac-zur-weiteren-entwicklung-des-the-rna-printer/ (abgerufen am 28.06.2020)
10 Panah, B. Y., Roos, T., Kunze, M., et al., »Bioreactor for RNA in vitro transcription«, Google Patents, 02.01.2020, https://patents.google.com/patent/WO2020002598A1/en (abgerufen am 03.07.2020)
11 »Curevac: Tesla baut angeblich ›RNA-Minifabriken‹ für deutsche Impfstoff-Firma«, *Handelsblatt*, 02.07.2020, https://www.handelsblatt.com/technik/medizin/curevac-tesla-baut-angeblich-rna-minifabriken-fuer-deutsche-impfstoff-firma/25970128.html (abgerufen am 03.07.2020)
12 Preuß, S., »Tesla und Curevac: Wird Elon Musk zum Heilsbringer in der Corona-Pandemie?« *FAZ.net*, 02.07.2020, https://www.faz.net/1.6843234 (abgerufen am 03.07.2020)
13 CureVac, »CEPI vergibt einen Vertrag über 34 Millionen US-Dollar an CureVac zur weiteren Entwicklung des The RNA Printer™ – eine disruptive transportable Plattform zur Herstellung von mRNA-Impfstoffen für die schnelle Bekämpfung zahlreicher Krankheiten«, 27.02.2019, https://www.curevac.com/2019/02/27/cepi-vergibt-einen-vertrag-ueber-34-millionen-us-dollar-an-curevac-zur-weiteren-entwicklung-des-the-rna-printer/ (abgerufen am 28.06.2020)
14 Dettmer, M., Hage, S., Kröger, M., Smoltczyk, A., »Curevac: Was will Elon Musk in Tübingen?«, *SPIEGEL Online*, 02.09.2020, https://www.spiegel.de/wirtschaft/besuch-in-tuebingen-was-will-elon-musk-von-curevac-a-9c469e67-0096-4c34-b89f-a560403c9ef2-amp?__twitter_impression=true&s=09 (abgerufen am 07.09.2020)

7 Die Zukunft der Medizin: mRNA in vielen Anwendungen

1 Dunbar, C. E., High, K. A., Joung, J. K., Kohn, D. B., Ozawa, K., Sadelain, M., »Gene therapy comes of age«, in: *Science* 2018, 359(6372), doi:10.1126/science.aan4672

2 Ebd.

3 Hohmann-Jeddi, C., »Covid-19-Vakzine: Warum mRNA-Impfstoffe nicht das Erbgut verändern«, *Pharmazeutische Zeitung online*, 20.11.2020, https://www.pharmazeutische-zeitung.de/warum-mrna-impfstoffe-nicht-das-erbgut-veraendern-121972/ (abgerufen am 07.12.2020)

4 »Paul-Ehrlich-Institut wirft Corona-Impfgegnern unbegründete Angstmache vor«, *Neue Osnabrücker Zeitung*, Presseportal, 19.11.2020, https://www.presseportal.de/pm/58964/4767685 (abgerufen am 07.12.2020)

5 Lutz, J., Lazzaro, S., Habbeddine, M., et al., »Unmodified mRNA in LNPs constitutes a competitive technology for prophylactic vaccines«, in: *Npj Vaccines* 2017, 2(1), S. 29, doi:10.1038/s41541-017-0032-6

6 CureVac, »CureVac berichtet positive Ergebnisse aus niedrig dosierter 1 µg Phase-1-Studie mit Tollwut-Impfstoff«, 07.01.2020, https://www.globenewswire.com/news-release/2020/01/07/1967128/0/de/CureVac-berichtet-positive-Ergebnisse-aus-niedrig-dosierter-1-%C2%B5g-Phase-1-Studie-mit-Tollwut-Impfstoff.html (abgerufen am 20.12.2020)

7 CureVac, »GSK und CureVac verkünden strategische mRNA-Technologiepartnerschaft«, 20.07.2020, https://www.curevac.com/2020/07/20/gsk-und-curevac-verkuenden-strategische-mrna-technologiepartnerschaft/ (abgerufen am 20.07.2020)

8 Hofmann, S., »Impfstoffentwicklung: Glaxo-Smithkline steigt beim Tübinger Biotech-Unternehmen Curevac ein«, *Handelsblatt*, 20.07.2020, https://www.handelsblatt.com/unternehmen/industrie/impfstoffentwicklung-glaxo-smithkline-steigt-beim-tuebinger-biotech-unternehmen-curevac-ein/26019218.html (abgerufen am 20.07.2020)

9 »Pharmakonzerne: Sanofi und GSK erleiden Rückschlag bei Corona-Impfstoffprojekt«, *Handelsblatt*, 11.12.2020, https://www.handelsblatt.com/unternehmen/industrie/pharmakonzerne-sanofi-und-

gsk-erleiden-rueckschlag-bei-corona-impfstoffprojekt/26709022.html (abgerufen am 20.12.2020)
10 CureVac, »GSK und CureVac entwickeln mRNA-Impfstoff der nächsten Generation gegen COVID-19«, 03.02.2021, https://www.curevac.com/2021/02/03/gsk-und-curevac-entwickeln-mrna-impfstoff-der-naechsten-generation-gegen-covid-19/ (abgerufen am 27.02.2021)
11 CureVac, »Bill & Melinda Gates Stiftung investiert in CureVac zur Entwicklung innovativer Impfstoffe«, 07.03.2015, https://www.curevac.com/2015/03/05/bill-melinda-gates-stiftung-investiert-in-curevac-zur-entwicklung-innovativer-impfstoffe/ (abgerufen am 20.12.2020)
12 CureVac, »Ausbau der Kooperation zur Entwicklung mRNA-basierter Impfstoffe«, 04.08.2015, https://www.curevac.com/2015/08/04/ausbau-der-kooperation-zur-entwicklung-mrna-basierter-impfstoffe/ (abgerufen am 20.12.2020)
13 Taylor, P., »CureVac's lead mRNA drug is down but not out, says CEO«, *FierceBiotech*, 12.01.2017, https://www.fiercebiotech.com/biotech/curevac-s-lead-mrna-drug-down-but-not-out-says-ceo (abgerufen am 13.12.2020)
14 Schlake, T., Thess, A., Thran, M., Jordan, I., »mRNA as novel technology for passive immunotherapy«, in: *Cell Mol Life Sci* 2019, 76(2), S. 301–328, doi:10.1007/s00018-018-2935-4
15 Thess, A., Grund, S., Mui, B. L., et al., »Sequence-engineered mRNA Without Chemical Nucleoside Modifications Enables an Effective Protein Therapy in Large Animals«, in: *Mol Ther J Am Soc Gene Ther* 2015, 23(9), S. 1456–1464, doi:10.1038/mt.2015.103
16 CureVac, »CureVac schließt exklusive Forschungskooperation mit der Yale-Universität zur Erforschung mRNA-basierter Arzneimittelkandidaten für die Behandlung von Lungenerkrankungen«, 13.08.2019, https://www.curevac.com/2019/08/13/curevac-schliesst-exklusive-forschungskooperation-mit-der-yale-universitaet-zur-erforschung-mrna-basierter-arzneimittelkandidaten-fuer-die-behandlung-von-lungenerkrankungen/ (abgerufen am 01.11.2020)
17 CureVac, »Exklusive Forschungskooperation zwischen CureVac und dem Schepens Eye Research Institute der Harvard Medical School«, 20.05.2019, https://www.curevac.com/2019/05/20/exklu

sive-forschungskooperation-zwischen-curevac-und-dem-schepens-eye-research-institute-der-harvard-medical-school/ (abgerufen am 01.11.2020)

18 NobelPrize.org, »The Nobel Prize in Chemistry 2020«, Royal Swedish Academy of Sciences, 07.10.2020, https://www.nobelprize.org/prizes/chemistry/2020/press-release/ (abgerufen am 23.12.2020)

19 CureVac, »CRISPR Therapeutics und Casebia Therapeutics entwickeln zusammen mit CureVac mRNA für CRISPR-basierte Programme«, 13.11.2017, https://www.curevac.com/de/news/crispr-therapeutics-and-casebia-collaborate-with-curevac-on-mrna-for-gene-editing-programs (abgerufen am 28.06.2020)

8 Transformative Innovation: Brauchen wir sie und muss sie so aufwendig sein?

1 Heidenreich, M., »Innovationen und soziale Sicherung im internationalen Vergleich«, in: *Soz Welt* 2004, 55(2), S. 125–143, doi:10.5771/0038-6073-2004-2-125

2 Müller, E., Noé, M., »Dietmar Hopp – Hopp und Ex? Das Biotech-Cluster des SAP-Mitgründers«, *manager magazin*, 08.11.2017, https://www.manager-magazin.de/magazin/artikel/biotech-dietmar-hopps-dievini-hopp-biotech-holding-a-1174600.html (abgerufen am 06.10.2020)

3 Herper, M., »The Cost Of Developing Drugs Is Insane. That Paper That Says Otherwise Is Insanely Bad«, *Forbes*, 16.10.2017, https://www.forbes.com/sites/matthewherper/2017/10/16/the-cost-of-developing-drugs-is-insane-a-paper-that-argued-otherwise-was-insanely-bad/ (abgerufen am 13.12.2020)

4 DiMasi, J. A., Grabowski, H. G., Hansen, R. W., »Innovation in the pharmaceutical industry: New estimates of R&D costs«, in: *J Health Econ* 2016, 47, S. 20–33, doi:10.1016/j.jhealeco.2016.01.012

5 Taylor, P., »CureVac's lead mRNA drug is down but not out, says CEO«, *FierceBiotech*, 12.01.2017, https://www.fiercebiotech.com/biotech/curevac-s-lead-mrna-drug-down-but-not-out-says-ceo (abgerufen am 13.12.2020)

6 ClinicalTrials.gov, »Trial of RNActive®-Derived Prostate Cancer Vaccine in Metastatic Castrate-Refractory Prostate Cancer«, U.S.

National Library of Medicine, 17.02.2017, https://clinicaltrials.gov/ct2/show/NCT01817738 (abgerufen am 10.12.2020)

9 Der Standort Deutschland: eine Weide für Einhörner?

1 Gillmann, B., »Globaler Vergleich: Deutschland verliert den Anschluss bei Innovationen«, *Handelsblatt*, 17.02.2020, https://www.handelsblatt.com/politik/deutschland/globaler-vergleich-deutschland-verliert-den-anschluss-bei-innovationen/25553894.html (abgerufen am 24.06.2020)
2 Europäische Kommission, »Bewertung der Lissabon-Strategie«, Arbeitsdokument der Kommissionsdienststellen, 02.02.2010, https://www.kowi.de/en/Portaldata/2/Resources/fp/lisbon-strategy-evaluation-wd-de.pdf
3 World Bank, »Research and development expenditure (% of GDP) – Israel«, 2020, https://data.worldbank.org/indicator/GB.XPD.RSDV.GD.ZS?locations=IL (abgerufen am 06.01.2021)
4 Eurostat, »R&D expenditure in the EU at 2.19% of GDP in 2019«, 27.11.2020, https://ec.europa.eu/eurostat/web/products-eurostat-news/-/DDN-20201127-1 (abgerufen am 06.01.2021)
5 »Vom Attempto Service zum Selfservice«, *Schwäbisches Tagblatt*, 21.07.2004
6 Weible, R., »Nur fünf Minuten in Freiheit«, *Schwäbisches Tagblatt*, 20.10.2004
7 »Fördergelder als Risikokapital«, *Schwäbisches Tagblatt*, 23.07.2004
8 »Das traurige Ende einer Karriere«, *Reutlinger General-Anzeiger*, 16.07.2004, https://www.gea.de/neckar-alb/kreis-tuebingen_artikel,-das-traurige-ende-einer-karriere-_arid,397901.html (abgerufen am 15.07.2020)
9 Weible, R., »Nur fünf Minuten in Freiheit«, *Schwäbisches Tagblatt*, 20.10.2004
10 Hülsbeck, M., Lehmann, E., Starnecker, A., »Performance of technology transfer offices in Germany«, in: *J Technol Transf* 2013, 2013(38), S. 199–215, doi:10.1007/s10961-011-9243-6
11 Harvard Office of Technology Development, »Productivity Highlights«, 2020, https://otd.harvard.edu/about-otd/productivity-highlights/ (abgerufen am 24.12.2020)

12 Nag, D., Gupta, A., Turo, A., »The Evolution of University Technology Transfer: By the Numbers«, *IPWatchdog*, 07.04.2020, https://www.ipwatchdog.com/2020/04/07/evolution-university-technology-transfer/id=120451/ (abgerufen am 06.01.2021)
13 Ebd.
14 Bundesministerium der Finanzen, »Die wichtigsten Steuern im internationalen Vergleich«, BMF-Monatsbericht August 2019, August 2019, https://www.bundesfinanzministerium.de/Monatsberichte/2019/08/Inhalte/Kapitel-3-Analysen/3-2-wichtigste-steuern-im-internationalen-vergleich.html (abgerufen am 24.06.2020)
15 Australian Taxation Office, »Research and development tax incentive«, 2020, https://www.ato.gov.au/Business/Research-and-development-tax-incentive/?default (abgerufen am 05.10.2020)
16 RSM Australia, »Accounting for the R&D Tax Incentive«, 15.08.2019, https://www.rsm.global/australia/insights/tax-insights/accounting-rd-tax-incentive (abgerufen am 05.10.2020)
17 Fourel, E., Lhermitte, M., »La compétition de la relance – Baromètre de l'attractivité de la France«, 2020, https://assets.ey.com/content/dam/ey-sites/ey-com/fr_fr/topics/advisory/attractivite-2020/barometre-ey-attractivite-de-la-france-2020-synthese.pdf (abgerufen am 17.10.2020)
18 Salies, E., »Etudes d'impact du crédit d'impôt recherche (CIR) – Une revue de la littérature«,2017, https://cache.media.enseignementsup-recherche.gouv.fr/file/CIR/83/9/Evaluation_CIR_OFCE_avril_2017_755839.pdf (abgerufen am 18.10.2020)
19 Wiebe, G., »Competitive Alternatives – KPMG's guide to international business locations costs«, 2016, https://assets.kpmg.com/content/dam/kpmg/pdf/2016/03/ca-competitive-alternatives-2016-canada.pdf (abgerufen am 18.10.2020)
20 Bouquet, F., Persönliche Kommunikation über CIR in Frankreich, 06.11.2020
21 Rödl & Partner, »Die neue Verlustverrechnung nach § 8d KStG: Nutzen für Start-up-Unternehmen«, 25.01.2017, https://www.roedl.de/themen/start-up-finanzierung/8c-kstg-verlustverrechnung-neuregelung-8d-verlustnutzung (abgerufen am 23.12.2020)
22 Altmaier, P., Hopp, D., Haas, F.-W., »Peter Altmaier und Dietmar Hopp verkünden die Beteiligung der Bundesregierung an CureVac«, Bundesministerium für Wirtschaft und Energie, 15.06.2020, https://

www.bmwi.de/Redaktion/DE/Videos/2020/20200615-mitschnitt-pressestatement.html (abgerufen am 24.06.2020)

23 Bundesministerium der Finanzen, »Die Struktur des Bundeshaushaltes«, 2020, https://www.bundeshaushalt.de/# (abgerufen am 19.11.2020)

24 CalPERS, »Investment & Pension Funding – Facts at a Glance for Fiscal Year 2018–19«, https://www.calpers.ca.gov/page/about/organization/facts-at-a-glance (abgerufen am 07.11.2020)

25 Wissenschaftliche Dienste Deutscher Bundestag, »Zur Bedeutung der Pensionskassen bei der Venture Capital Finanzierung«, 2019, https://www.bundestag.de/resource/blob/661644/d3d01bbee96e6e523b66730bbbef545b/WD-4-098-19-pdf-data.pdf (abgerufen am 7.11.2020)

26 CalPERS, »Investment & Pension Funding – Facts at a Glance for Fiscal Year 2018–19«, https://www.calpers.ca.gov/page/about/organization/facts-at-a-glance (abgerufen am 07.11.2020)

27 Hall, M., Hodgson, T., Urwin, R., Yin, L., Collie, B., »Pensions & Investments World 300 – 2019«. Think Ahead Institute, 2019 https://www.thinkingaheadinstitute.org/en/Library/Public/Research-and-Ideas/2020/08/PI_300_2020 (abgerufen am 07.11.2020)

28 Mietsch, A. (Hrsg.), *Biotechnologie Jahrbuch No. 33 – Kursbuch Biopolitik*, BIOCOM AG, 2020

29 Hall, M., Hodgson, T., Urwin, R., Yin, L., Collie, B., »Pensions & Investments World 300 – 2019«. Think Ahead Institute, 2019 https://www.thinkingaheadinstitute.org/en/Library/Public/Research-and-Ideas/2020/08/PI_300_2020 (abgerufen am 07.11.2020)

30 Bundesamt für Justiz, »Anlagenverordnung (AnlV)«, 01.04.2015, http://www.gesetze-im-internet.de/anlv_2016/ (abgerufen am 07.11.2020)

31 CalPERS, »Investment & Pension Funding – Facts at a Glance for Fiscal Year 2018–19«, https://www.calpers.ca.gov/page/about/organization/facts-at-a-glance (abgerufen am 07.11.2020)

32 Deutsche Bundesbank, »Geldvermögensbildung und Außenfinanzierung in Deutschland im dritten Quartal 2020«, 15.01.2021, https://www.bundesbank.de/de/presse/pressenotizen/geldvermoegensbildung-und-aussenfinanzierung-in-deutschland-im-dritten-quartal-2020-773208 (abgerufen am 18.01.2021)

33 Bundesministerium für Wirtschaft und Energie, »INVEST – Zu-